AF583289

RÓMULO E. DURÓN

BIOGRAFÍA DEL DOCTOR MARCO AURELIO SOTO

TEGUCIGALPA, HONDURAS, DICIEMBRE DE 2023

ÍNDICE

DR. MARCO AURELIO SOTO

Prominente hondureño que, por su esclarecido talento, su habilidad política y su admirable tino como conductor de pueblos, será tenido siempre como un modelo de gobernantes.

NOTA DEL EDITOR

Se le admire o se le rechace, una cosa es cierta: Marco Aurelio Soto fue el mejor presidente de Honduras en el siglo XIX. Gracias a él —y a Ramón Rosa, su primo— el país dejó el camino de la anarquía y las matanzas, y comenzó a sentar las bases de la modernidad.

Con la Reforma Liberal llegó la primavera a Honduras. El gobierno de Soto construyó hospitales, escuelas y carreteras, impulsó la agricultura, instaló el telégrafo, organizó la administración pública, abolió el diezmo, sacó al país de la bancarrota y lo abrió al mundo.

Y trajo la paz.

"Es preferible gastar plata a gastar plomo", decía el doctor Soto, refiriéndose a la millonaria inversión social que realizó durante sus gobiernos (presidente provisional 27 de agosto de 1876-30 de enero de 1877; presidente constitucional 30 de mayo de 1877-1 de febrero de 1881; 2 de febrero de 1881-19 de octubre de 1883).

En cuanto al diezmo, Soto señalaba que: "La contribución del diezmo, abolida en todas partes del mundo, ha quedado solo en Honduras. Tal observación debería chocar a los hondureños. Con tal motivo emití el decreto de abolición del diezmo el día 30 de enero anterior".

La educación hondureña recibió un apoyo sin precedentes durante la presidencia de Soto.

En ese sentido, expresaba que "los pueblos que se instruyen y educan son necesariamente pacíficos, progresistas, ricos y dichosos".

Como es de esperarse en un político, Soto no está exento de las críticas.

"Cuando llegó al poder, don Marco Aurelio no era cualquier perico de los palotes. Era ya un empresario minero que le iba muy bien y que le fue mejor, cuando ´confundiendo´ los intereses de la nación con los suyos, aprovecha su mineral, consiguiendo inversiones extranjeras a una empresa de la cual ¡era socio! y a la cual otorgó concesiones venales", escribió el periodista Carlos Méndez en el artículo titulado *Marco Aurelio Soto, ¿presidente corrupto?*, publicado en Diario El Heraldo.

Pero las travesuras de Soto —agrega Méndez— llegaron a más, como cuando vendió su propia casa al gobierno que él mismo presidia por 50,000 pesos o como cuando recibió 10,000 libras esterlinas para gastos de representación en Estados Unidos y Europa, asunto que no dio cuenta de los gastos a nadie y que lo obligó incluso a presentar su renuncia como presidente de la Republica en 1883.

El dato no es del todo exacto, pues Soto renunció el 10 de marzo de 1883 (cuando envió una nota al Congreso Nacional argumentando una afección hepática) para evitar una guerra con Rufino Barrio, el presidente guatemalteco empecinado en erigirse como amo de Centro América y decidido a meterle fuego a la región con tal de lograr ese propósito.

En este libro, escrito por Rómulo E. Durón, y prologado por Esteban Guardiola, no hay críticas para Marco Aurelio Soto. No obstante, es una valiosa obra que nos permite ver parte de su dimensión como presidente.

Agradezco las atenciones del personal de la Sala Colección Hondureña de la Universidad Nacional Autónoma de Honduras (UNAH), por permitirnos la digitalización de la Biografía del Doctor Marco Aurelio Soto; a Zona Creativa por el levantamiento de texto y al equipo de Colección Erandique (Ingeniero José Azcona, Tesla Rodas, Andrea Rodríguez, Jéssica Cordero y Juan Pagoaga), por el apoyo que me brindan en este bello proyecto que busca reconstruir la memoria histórica del país.

¡Qué cada libro nos sirva para fortalecer nuestra identidad nacional y amar más a Honduras!

Óscar Flores López
Colección Erandique

PRÓLOGO

La Historia de Honduras, demuestra de una manera palmaria, que, desde el 16 de septiembre de 1824, en que subió a la Jefatura del Estado, don Dionisio de Herrera, han sido muy pocos los gobernantes que se han distinguido en el desempeño de sus cargos. Unos han sido verdaderas nulidades, hombres mediocres, débiles de carácter, en extremo ambiciosos ignorantes, megalómanos, neurasténicos o locos.

En medio de esos personajes surgió en 1876, el Doctor Marco Aurelio Soto, de grandes capacidades intelectuales, de voluntad firme y bien intencionada y sobre todo patriota. Por su brillante y fecunda actuación en los negocios públicos, es acreedor a que se le llame Gobernante Modelo.

Algunos de los que le han sucedido en el mando, no han tenido ni siquiera la habilidad de seguir sus luminosas huellas. Fue un gobernante creador y todo lo que de bueno existe en Honduras, es obra de él. Para concluir con el estado anárquico del país tuvo que borrar de un modo absoluto las divisiones partidaristas, introducidas por la ambición y estulticia.

Cuando después de hacer el bien vio que Honduras podía ensangrentarse por influencias extrañas y nocivas, renunció del poder y se retiró a vivir en países extranjeros. Es verdad que él había venido a gobernar a Honduras por la influencia de gobernantes vecinos, pero cuando creyó que se había consolidado la paz y se había entrado en una verdadera y sana organización, quiso concluir con ese funesto dominio, pero fracasó desgraciadamente porque esta maléfica influencia continuó después para vergüenza o baldón del patriotismo hondureño. Hoy parece que ha terminado tan nocivo dominio y que los hondureños concluirán por darse el gobernante que más les plazca.

A pesar de todo, el Doctor Soto ha tenido formidables enemigos, y, parece mentira, que aún aúllan alrededor de su tumba las hienas hambrientas y feroces de la maledicencia y del rencor. Claro es que tuvo defectos, como todo ser humano, pero sus excelsas cualidades superaron con mucho tales defectos.

Algunos piensan que se mide la grandeza de una persona por el número de sus enemigos y en ese caso, la talla del Doctor Soto es muy elevada.

Al par que adversarios implacables, ha tenido también y en mayor número sinceros admiradores que tienen plena confianza en que la Historia justiciera le dará el puesto que dignamente merece entre los grandes directores de los pueblos.

¿Y quiénes son los enemigos del doctor Soto? Hombres de gran miopía intelectual, envidiosos y llenos de rencores porque en la época de su gobierno no gozaron de prebendas, ni ellos ni sus familiares, o fueron castigados por la ley, por contrabandistas o perturbadores del orden social.

Se hacen diversos cargos y acusaciones contra el Doctor Soto, ya falsos, ya antojadizos, se dice que a la sombra del poder hizo negociaciones personales ventajosas, lo que en nada oscurece su reputación de hombre honrado, puesto que él podía hacer en lo privado negocios lícitos.

Los que tratan de manchar su reputación de gobernante lo acusan como ladrón de los caudales públicos, nada menos al que con dieciocho reales que encontró la Aduana de Amapala, hizo subir de modo fabuloso las rentas públicas, a golpe de talento, de previsión y de felices combinaciones económicas.

El tiempo se ha encargado de demostrar de manera concluyente que las groseras calumnias levantadas contra la honradez del Doctor Soto no han tenido razón de ser.

Por perversas sugestiones de un gobernante vecino, que por falta de comprensión, envidia y tendencia dominadora, odiaba al Doctor Soto, influyó poderosamente en un débil gobernante hondureño para que mandara a organizar un Comité que juzgara la conducta administrativa del Doctor Soto, pero que después de una larga prórroga y de minuciosas pesquisas no pudo encontrar un solo cargo que formular contra la persona juzgada y antes bien aparecieron culpables muchas personas distinguidas de aquellas épocas.

El Doctor Soto no solo hizo una administración brillante en el orden político, sino que influyó poderosamente en el mejoramiento de las costumbres sociales e introdujo el buen gusto y refinamiento de otros lugares de avanzada cultura. En Tegucigalpa no se conocía la vida confortable, ni las exquisiteces de la alimentación, ni el lujo en las habitaciones. De niños pedíamos permiso para ir a la retreta (hoy concierto) que se daba frente a la Casa Presidencial. Por ventanas abiertas y a través de las cortinas de punto veíamos los candelabros y arañas llenos de prismas multicolores y los trémoles que copiaban los demás muebles; y en nuestro arrobamientos nos parecía que estábamos contemplando un rinconcito de la gloria. Todo fue obra de aquel hombre superior.

Nos contaba el Doctor Ramón Rosa, que al venir a Honduras con el Doctor Soto, tenían el propósito de residir en Comayagua, la antigua capital del país; pero que se les hizo allí la vida imposible. Apenas llegaban a la ciudad velas de sebo y jabón de pelota de La Paz; los mozos tardaron quince días en barrer las telarañas de las casampulgas y otros arácnidos; que para evitar equivocaciones en las oficinas de Gobierno, se buscó un pinto de apellido Bones y como éste sólo dibujaba una letra al día, hubo que prescindir de aquel trabajo; que no se encontraba tinta en las tiendas de la ciudad y había que fabricarla con nacascolo; que la pintura que había que llevarla de Tegucigalpa o de Amapala, etcétera.

Tegucigalpa, aunque estaba relativamente atrasada ofrecía mayores comodidades.

Hoy, afortunadamente se nota un renacimiento en la ciudad de Comayagua. Los edificios, tantos civiles como militares y religiosos han sido restaurados y modernizados. Se ha introducido el agua potable, se ha instalado la luz eléctrica y se han construido cloacas para la higienización. Esto lo consignamos con placer porque nos merece tanto cariño la ciudad que fundara un día Alonso de Cáceres como todos los otros lugares que forman parte de nuestra amada Honduras y con ella el solar glorioso de la antigua Patria.

Lo único que a pesar de nuestro cariño no podemos alterar, ya se trate de Tegucigalpa o de otra población es la verdad histórica; porque aunque seamos amigos de Cicerón o de Plauto, somos amigos de la verdad. Dos son los puntos culminantes en la historia del Dr. Soto.

El primero en que se instaló el Comité de Investigación que no formuló un solo cargo y el segundo en 1902, cuando influido por el Gral. Sierra viene a Honduras y lanza su candidatura para la presidencia de la República. En esos momentos pudieron sus adversarios enrostrarle su conducta incorrecta y aun pedir el castigo de sus delitos; pero nada de eso, él con la frente levantada esperó impávido las acusaciones de sus enemigos.

La Sociedad de Geografía e Historia de Honduras al presentar a la consideración de sus conterráneos la figura luminosa del Reformador de Honduras no pretende convertirse en un tribunal histórico, sino que más bien lo pone en manos de la crítica justiciera para que en mejores días cuando hayan desaparecido por completo los rencores y calumnias, surja espléndida la figura del eminente estadista.

La misma Sociedad queriendo rendir un cumplido homenaje a la memoria del Dr. Soto ha dispuesto, con ocasión del primer centenario del nacimiento del prócer, publicar el presente folleto en que aparece el homenajeado como un hombre de superior inteligencia, como un patriota decidido y como un modelo de gobernante.

Tegucigalpa, D. C., 18 de noviembre de 1946.

Por la Comisión, E. GUARDIOLA.

BIOGRAFÍA DEL DOCTOR SOTO

Nació en Tegucigalpa el 13 de Noviembre de 1846.[1]

Era hijo del Dr. D. Máximo Soto, natural, y de Da. Francisca Martínez.

Comenzó sus estudios en la Universidad de Honduras, de que su ilustre padre fue uno de los fundadores, y en 1857, se trasladó a Guatemala en donde obtuvo el título de Abogado, en 1867.

Durante sus estudios forenses, recibió del gran literato e historiador centro-americano, D. José Milla, lecciones de Literatura en unión de los jóvenes más distinguidos de Guatemala y de las Repúblicas vecinas, entre quienes se contaban: Antonio Batres Jáuregui, Ricardo Casanova, Salvador Falla y Ramón Rosa.

El señor Soto, que supo distinguirse por sus prendas morales e intelectuales, fue, desde muy joven, llamado al desempeño de importantes puestos, que solían confiarse sólo a personas de avanzada edad y de alta posición social. Así fue, Secretario de la Sociedad Económica de Guatemala, Síndico del Consulado de Comercio y Secretario de la Legación de Honduras, que desempeñaba su padre. Y por sus merecimientos en la carrera del Foro, fue nombrado Miembro del Colegio de Abogados.

En enero 1870, tuvo la desgracia de perder a su padre.

Entre tanto, Guatemala empezaba a conmoverse. La palabra del General D. Miguel García Granados, había vibrado en la Asamblea Legislativa, preparando una renovación política y social. A la lucha parlamentaria emprendida, siguió pronto la lucha armada, y el 30 de junio de 1871, victoriosa la revolución en la batalla de San Lucas, entró el General García Granados a la capital, como Presidente Provisional de la República, poniendo fin al régimen absolutista que había imperado por treinta años.

PAGS 4, 5 y 6

[1] "Número 246. Dn la I. P. de San Miguel de Tegucigalpa, a catorce de noviembre de mil ochocientos cuarentiséis, con mi licencia, el Presbítero Leonardo Carías, bautizó solemnemente a Marco Aurelio, que nació a trece del mismo h. n. de Francisca Martínez, su Pno. Juan J. Soto. A quien y firmé. _T. Estrada. Al márgen Marco Aurelio". Así en el Libro copiador de partidas de bautismo de los años 1845, 1846 y 1847, pág. 84 llevado por el Concejo del D. Central.

Soto como un hombre que se encargaba de entregar su país a una dominación extraña, para predisponer los ánimos contra los propósitos humanitarios que traía a su patria, rechazó la oferta en estos términos: "Jamás, conciudadanos, cometeré una acción que no sea decorosa y que no honre mi nombre. Jamás consentiré que mi patria se desmembre, ni para dominarla me prestaré nunca a ser agente de ningún Gobierno. Puedo decir fundadamente que la ambición nada ha influido ni influye en mi ánimo. En 1873 el señor Leiva propuso a los Presidentes de El Salvador y Guatemala que me hiciera cargo de la Presidencia de Honduras. Posteriormente y en diversas fechas igual proposición han hecho en Guatemala los señores Lic. Arias y General Medina. Siempre he rehusado porque no tengo ambición de mando y porque creo inconvenientes para Honduras los Gobiernos impuestos que derivan un poder precario de la fuerza de bayonetas extrañas y no un poder estable y legítimo, emanado de la voluntad de los pueblos. Mal podía, pues, en esta época de complicaciones y trastornos, prestar mi nombre humilde pero honrado para llevar a cabo fines destructores de la integridad y de la honra de mi país nativo".

Medina, que había hecho reclamaciones por el Convenio de Chingo, aceptó, a reserva de proceder más tarde como le conviniera[2], las explicaciones que le dieron el General Barrios y D. José María Samayoa, Ministro de Guerra, encargado del Gobierno de Guatemala. Reconocido por éste su Gobierno Provisional, hizo causa común con Guatemala contra El Salvador. El resultado de la guerra fue la caída de Valle y González; la organización de un nuevo Gobierno de El Salvador, presidido por el Dr. D. Rafael Zaldívar, y el Tratado de Cedros, por el cual se separó de la Presidencia D. Ponciano Leiva y deposit6 el General Medina el mando provisional en el Lic. D. Marcelino Mejía. Este, por decreto dictado en Tegucigalpa el 18 de junio, lo depositó en el Lic. D. Crescencio Gómez, quien se trasladó a Comayagua, asiento del Gobierno.

---

[2] Lo que hizo Medina fue convenir con el General D. Yndalecio Miranda, primer jefe de las fuerzas hondureñas auxiliares de Guatemala, en abril de 1876, en que se proclamaría Presidente de El Salvador al triunfar en San Miguel y marcharían de acuerdo. En efecto, Miranda se proclamó y empezó a funcionar como Presidente; pero Barrios hizo surgir a Zaldívar.

Conforme al artículo 6° del Tratado de Cedros, se convocaría a elecciones de Presidente de Honduras dentro de tres meses de ratificado aquél. Este plazo vencería el 8 de septiembre. Dos meses después se reuniría el Congreso Legislativo para que hiciera el escrutinio de votos, declarara al Presidente electo y lo posesionara de su destino.

Antes de que se firmara este Tratado, el señor Leiva había, enviado a Guatemala un Comisionado especial, el General D.Enrique Gutiérrez, a manifestar al Dr. Soto que estaba dispuesto a confiarle el Poder constitucional que aún representaba, como único medio de evitar mayores conflictos y desastres al país. Manifestación igual hizo el General Gutiérrez, en nombre del señor Leiva, a los Presidentes de El Salvador y Guatemala, excitándolos para que mediasen en los asuntos de Honduras para poner término a la guerra civil. A la llegada del General Gutiérrez, que fue a principios de junio, ya el Dr. Soto había recibido representaciones de hondureños notables que con encarecimiento lo llamaban al Poder. En el mes de Julio, en las principales poblaciones de la República, Tegucigalpa, Comayagua, Amapala, Santa Rosa, Juticalpa y otras, se celebraron actas en que las personas más caracterizadas proclamaban al señor Soto para la Presidencia, porque inauguraría un Gobierno recto e ilustrado, imparcial y justo, y en el alto puesto a que se le llamaba, concurriría con sus talentos y con sinceridad y energía a la realización del gran pensamiento de unión Centroamericana.

El General Medina, por su parte, procuraba que el Presidente de Honduras fuera el Lic. D. Manuel Colindres, que había figurado en la facción del Sherman, que era uno de los Ministros actuales en el Gabinete del señor Gómez, y en favor del cual contaba con las simpatías del General D. Tomás Guardia, quien estaba para volver a la Presidencia de Costa Rica, del Dr. Saldívar, Presidente de El Salvador y del Lic. D. Buenaventura Selva, quien era adicto a Guardia y aspiraba a la Presidencia de Nicaragua, para lo que se trataba de derrocar al Presidente D. Pedro Joaquín Chamorro. Pero Barrios trastornó los planes de Medina, declarándose a favor del Dr. Soto, a quien le dijo: "Ya sabe Ud. que nunca he querido que Ud. se separe de mí; pero ahora estamos en peligro si ponen a Colindres en Honduras. Ud. tiene que sacrificarse por su país, por mi, que soy su amigo, por nuestro partido y por Guatemala, que es también su patria. Es necesario que Ud. vaya a Honduras a deshacer esa coalición de los cachurecos".

El llamamiento de los hondureños y la excitativa del General Barrios decidieron al Dr. Soto, después de haberse negado repetidas veces, a venir a Honduras a hacerse cargo de la Presidencia.

El General Barrios se puso de acuerdo con el Dr. Zaldívar, y los Gobiernos de Guatemala y El Salvador enviaron un Comisionado confidencial a Comayagua, el señor D. Roderico Toledo.

Este llegó a principios de Agosto, y manifestó al Presidente Provisorio, las fatales consecuencias que traería consigo la prolongación del estado de anarquía y pública desconfianza que alejaba la probabilidad de que se verificasen las próximas elecciones bajo los auspicios de la imparcialidad y del sufragio libre; y le expresó que el único medio de evitar tantos males, que acabarían de arruinar a Honduras y el honor de Centro América, era el que el Gbno. del señor Gómez hiciese causa común con la voluntad de los pueblos, encargando el Gobierno al señor Soto, persona señalada de antemano por sus conciudadanos como el único hondureño capaz de salvar la difícil y excepcional situación de la República.

La misión confidencial del señor Toledo fracasó, pues el señor Gómez se negó a entregar el Poder al Dr. Soto, y con fecha 12 de aquel mes dictó un decreto confiriéndolo al General Medina. Barrios escribió a Medina, que el 5 de Agosto había sabido que Gómez había desechado la propuesta del Comisionado de El Salvador y Guatemala e indicado que se entendiera con él, y que habiéndole él expresado su buena disposición para realizar el pensamiento de que el Dr. Soto viniera a encargarse de la Presidencia, esperaba que tomara luego el Poder y diera el Decreto transfiriéndolo a Soto. Decíale, además, que por aquella actitud había mandado suspender la salida de una columna de Chiquimula a ocupar los departamentos de Occidente, salida que había ordenado con motivo del ataque de las fuerzas de Barahona a las de Jerez. Y concluía diciéndole, que el General Guardia volvía al Poder, y entonces las cuatro Repúblicas de Centro América estarían compactas para mantener la paz, abrir una era de progreso y fraternidad, y para aniquilar a los pocos enemigos que se le opusieran.

Medina, que estaba dispuesto a hacer resistencia al nuevo orden de cosas que, bajo la Presidencia del Sr. Soto, se trataba de establecer en Honduras, había manifestado a Barrios que asumiría el Poder interinamente para asegurar el buen éxito de la elección del señor Soto, debiendo éste venir a encargarse del Ministerio General. Barrios se negó a admitir la idea de que se hiciera la elección de Presidente bajo otra Administración que no fuese la de Soto. Después, dijo Medina a Barrios, que estaba de acuerdo en conceptuar al señor Soto como la persona más propósito para gobernar el país en las actuales circunstancias; pero que desearía que ese resultado se obtuviese como consecuencia de la elección del pueblo hondureño. Barrios, le contestó que no tenía confianza en que la elección se practicara teniendo el Gobierno empleados que habían tratado de comprimir a viva fuerza las manifestaciones pacíficas que los hondureños habían hecho en favor de Soto, lo que sí era grave tratándose de emitir una simple opinión, más lo sería cuando se tratase de una elección definitiva; y por ello la elección debía ser presidida por un hombre imparcial, como lo sería el señor Soto, que estaba llamado al Gobierno por comisiones de hombres notables de distintos partidos y por actas, que carecía de compromisos particulares con las fracciones políticas de Honduras lo que garantizaba su imparcialidad, y que contaría con el apoyo decidido de los Gobiernos de Guatemala, El Salvador y Costa-Rica. Y le anunciaba que el Dr. Soto vendría pronto a presidir esa elección, después de haber dado una amnistía general y restablecido el orden y la confianza en el país.

El 14 de Agosto le escribía de San Salvador el General Guardia al General Medina que poderosos obstáculos le privaban de concurrir al punto que le había indicado; pero que en su lugar llegaría el Licenciado D. Buenaventura Selva, a quien esperaba le diera crédito en todo lo que le manifestara en su nombre, relativamente al estado actual de cosas y a los pasos que en su concapto debía dar para conservar, en todas circunstancias, una posición digna como se la deseaba.

El señor Selva no pasó de Sensuntepeque y, el 19, escribió al General Medina, al pueblo de Candelaria, diciéndole que no se creía bastante el Manifiesto que proponía para llamar al Poder al Doctor Soto, y que se insistía en que emitiera el decreto de depósito, por lo que creía que era indispensable que lo diera y se lo remitiera a aquella ciudad o a San Salvador, bajo el concepto de no presentarlo si al fin era acogida la idea del Manifiesto, en lo que se trabajaba. "Los verdaderos intereses de Honduras-le decía demandan el más perfecto acuerdo de los Gobiernos de Guatemala, El Salvador, Costa Rica y el Partido Liberal de Nicaragua con el que Ud. representa" El Manifiesto de que se trataba había sido firmado por el General Medina el 18 en Gualsince.

El 20 le escribía el Dr. Zaldívar al General Medina, expresándole su satisfacción por el Manifiesto en que llamaba al Dr. Soto a la Presidencia de Honduras, y lo invitaba a ir a El Salvador y a visitar el Viejo Mundo. El 21 le dirigían un telegrama conjunto los señores Zaldívar, Guardia y Soto, diciéndole que el Manifiesto nada dejaba que desear y lo felicitaban porque de un modo tan patriótico se hubieran allanado las dificultades. Este mismo día dictaba el General Medina el siguiente decreto:

JOSE MARIA MEDINA,
Presidente Provisorio de la República de Honduras.

Considerando: que, por decreto de 12 del corriente, el encargado del Gobierno, señor Lic. D. Crescencio Gómez, me ha conferido el Mando Supremo de la República por los motivos que el mismo decreto expresa.

Considerando: que si bien se me ha considerado como Presidente, en virtud de la revolución, en el manifiesto de 11 de junio expresé de una manera terminante que no volvería a ejercer el mando del Ejecutivo, cuyas protestas no me veo en el caso de quebrantar; y Considerando: que la República no puede estar acéfala, porque sería entregarla a los horrores de la anarquía; y que para que cese este peligro, es necesario que se haga cargo del Gobierno un conciudadano que por sus luces y patriotismo sea digno de ponerse al frente de los destinos de los hondureños; y que estas cualidades las reúne el señor Licenciado D. Marco Aurelio Soto, quien ha sido proclamado por una parte de la sociedad;

DECRETA:

Artículo 1. Se le encarga el Gobierno Provisorio de la República al ciudadano Licenciado D. Marco Aurelio Soto.

Artículo. 2. Una comisión que se nombrará al efecto pondrá en manos del señor Soto el presente decreto.

Dado en Erandique a 21 de agosto de 1876.

El Dr. Soto había pensado venir a Honduras por la vía de Chiquimula; pero a última hora se dirigió a San Salvador de donde pasaría a Amapala, prefiriendo esta ruta porque su llegada a la capital sería más breve. De San Salvador dirigió al General Medina el telegrama que firmó con los señores Zaldívar y Guardia, y le escribió, manifestándole que su firme propósito era el de inaugurar una política imparcial, y que no teniendo compromisos en el interior ni en el exterior, debía estar seguro de que obraría con toda independencia, sin someterse a las influencias de ningún partido exclusivista. El 25 le escribía de La Libertad, informándole de haber recibido de manos del Lic. Selva el decreto en que le transfería el mando supremo de la República y de que en esa fecha tomaba el vapor para Amapala, en donde organizaría su Gobierno para enseguida poder dirigirse al interior.

El Doctor Soto se embarcó en la fecha indicada, acompañado del Doctor D. Ramón Rosa, y desembarcó el 27 en Amapala.[3]

Pudo haber traído consigo ejércitos de Guatemala y El Salvador, por sus relaciones de amistad con los Presidentes Barrios y Zaldívar, quienes se los ofrecieron; pero no aceptó el ofrecimiento y antes bien mandó embarcar, inmediatamente, para La Unión la fuerza salvadoreña que encontró en aquel puerto. El Dr. Soto, quería establecer con su Gobierno la Paz y restablecer el principio de que es a los hondureños a quienes toca decidir de su suerte como hijos de una República independiente.

En aquella fecha, que será memorable para Honduras, como iniciación de una época de reparación y justicia, de regeneración y progreso; dictó el Doctor Soto el decreto de inauguración de su Gobierno. En él, fundándose en las actas y representaciones en que los pueblos lo habían proclamado Presidente Provisional, y en que el ex-Gobernante Provisional, General D. José María Medina se había adherido al voto espontáneo de aquéllos, llamándolo al ejercicio del Poder Ejecutivo en su Manifiesto del 18 de agosto y en el Decreto de

[3] Don Enrique Guzmán en su Diario Íntimo de 1876 que presenció la toma de posesión del Dr. Soto de la Presidencia de la República dice: que éste llegó el 26 día sábado a Amapala desembarcando a las tres de la tarde, acompañado del Dr. Ramón Rosa, del Presidente de Costa Rica Gral. Tomás Guardia y de los Doctores Céleo Arias y Adolfo Zúniga, que regresaban de la emigración. Nota de la Revista.

21 del mismo mes, declaró: que aceptaba el Poder que le confería la voluntad de sus conciudadanos y, en consecuencia, asumía el Gobierno Provisional de la República.

Nombró Secretario General al señor Licenciado D. Ramón Rosa, hondureño de reconocida ilustración y patriotismo. Declaró que el Gobierno ejercería las facultades discrecionales necesarias para mantener el orden público; anunció que oportunamente se convocaría a los pueblos a elección de Presidente Constitucional; e hizo un llamamiento a los hondureños que, por motivos políticos, permanecieran fuera de su patria, ofreciéndoles seguridad y protección.

Al mismo tiempo expidio un Manifiesto, en el que renovaba sus declaraciones anteriores, diciendo que era ajeno a las antiguas rivalidades y odios de partido que habían labrado la ruina del país, por lo cual le era posible mantener el Gobierno bajo los auspicios de la justicia y de la imparcialidad: que no le ligaban compromisos interiores ni exteriores que pudieran desviarlo de esa línea de conducta: que veía a todos los hondureños probos y laboriosos igualmente acreedores al aprecio y a la protección eficaz del Gobierno, y con respecto a los Gobiernos amigos de Centro América, reconocía en ellos verdaderas garantías para la paz y prosperidad de Honduras, pues contaba con su fraternal benevolencia y con su desinteresado apoyo.

Al inaugurar su Gobierno el Doctor Soto, la existencia de la caja era la de 18 reales. El país estaba en completa anarquía. En Choluteca, el General José María Baraona, apoyado por el Gobierno de Nicaragua, esperaba el ataque de la falange de emigrados nicaragüenses que en Nacaome se aprestaba a invadir aquella República.

Yoro y Trujillo estaban a merced de jefes militares que los oprimían. En Olancho habían hecho pronunciamientos los Generales Andrés García y Albino C. Cruz y otros jefes. Los restos del Gobierno de Leiva estaban en actitud hostil en Santa Bárbara y en otras regiones del país. En Gracias e Intibucá había fuerzas dispuestas a sostener aun al General Medina. Fuerzas de éste, que ocupaban Tegucigalpa, hicieron un motín el 4 de septiembre. Y en Comayagua, la capital, el 30 de agosto se había proclamado Presidente el Coronel D. Salvador Cruz, quien nombró Ministro de Relaciones a D. Luis Portillo y de Hacienda y Guerra a D. Francisco Montes. El Gobierno de Cruz fue reconocido solamente en la ciudad de Comayagua, según dice un autor[4], quien añade que "este seudo Gobierno o este escándalo, hijo de una orgía clerical, duró solamente cinco días". Hay que hacer constar, sin embargo, en honor de Cruz, que antes de saber que el Doctor Soto había inaugurado su Gobierno en Amapala, pero presumiéndolo, dictó un decreto el 31, reconociéndolo y nombró una comisión para que saliera a su encuentro a expresarle su obediencia, poniendo a sus órdenes las fuerzas que tenía. Formaron la comisión los señores: D. Joaquín Meza, D. José María Fiallos y el Doctor D. Pedro Francisco de la Rocha, con quienes fueron como representantes del clero, nombrados por el Vicario Capitular, los Presbíteros D. Adolfo David y D. A. Ortega. En nota de 2 de septiembre, decía Cruz al Dr. Soto: que en vano se había esperado el aviso de su llegada y de la inauguración de su Gobierno, y que su pronunciamiento había tenido por objeto fortificarse, porque en Santa Bárbara despuntaban pretensiones baldías a la Presidencia.

El Doctor Soto emprendió su labor de pacificación por medios conciliatorios, y logró realizarla sin disparar un tiro ni derramar una gota de sangre. Supo atraerse al General Baraona, quien disolvió sus fuerzas, admitió los servicios que le ofrecieron los emigrados nicaragüenses, quienes durante el poco tiempo que formaron una sección de la fuerza armada del país, siempre fueron obedientes a las órdenes del Gobierno, sin que hubieran realizado un solo acto de hostilidad contra el de Nicaragua; y dejando va en paz el departamento de Choluteca, salió de Amapala el 17 de septiembre con dirección a Tegucigalpa, a donde hizo su ingreso el 22. En el camino, los pueblos le habían hecho cordiales manifestaciones de adhesión y en Tegucigalpa fue espléndidamente recibido. Aquí dietó las medidas necesarias para la organización del departamento y de los departamentos de El Paraíso y Olancho y del puerto de Trujillo. El 11 de octubre salió para Comayagua, a donde llegó el 13, habiendo sido recibido con las mayores demostraciones de respeto y entusiasmo. Allí procedio a la organización de los demás departamentos de la República. Los jefes en armas se habían ido sometiendo poco a poco. El orden renacía. A nadie se perseguía y a nadie se le quitó la más pequeña cantidad por empréstito forzoso o voluntario, y conforme a un decreto

[4] Antonio R. Vallejo: Historia Social y Política de Honduras. Tomo I. 1882. Página 108.

dictado en Amapala, se mandó remunerar todo servicio y se garantizó la propiedad. Se llamó a los puestos públicos a los ciudadanos más distinguidos por su honradez y sus aptitudes. Se prescindio de la política preventiva para evitar proceder por las sugestiones del interés, la pasión y el odio, y se inspiró a todos los funcionarios en el deber de aplicar una política estricta y severamente represiva, sin tomar en cuenta para el castigo de los delitos ni de la posición social ni los nombres propios más o menos distinguidos de las personas que faltaran ni los antecedentes políticos ni las denominaciones de bandería relativas a los partidos, pues era forzoso que la justicia no se revistiera de los caracteres del favoritismo o de la venganza, de modo que hubiera imparcialidad cumplida pero jamás impunidad alguna. El naciente Gobierno inspiró plena confianza dentro y fuera de Centro América y se hizo acreedor, en particular, a las simpatías de los Gobiernos Centroamericanos. La paz, afirmándose, empezó a producir sus preciados frutos.

En esta situación y recordando la promesa que hizo en el Decreto del 27 de agosto, con que inauguró su Gobierno, dictó en la ciudad de La Paz, el 22 de marzo de 1877, un Decreto convocando al pueblo hondureño para que el día 22 del próximo mes de abril, eligiera Presidente Constitucional de la República, debiendo practicarse la elección de conformidad con la ley electoral vigente.

El mismo día convocó a los pueblos para que el 25 de abril eligieran Representantes a un Congreso Extraordinario. El número de Diputados sería el establecido para los Congresos ordinarios y la elección se haría conforme a la ley citada. El Congreso se ocuparía: 1° De declarar quien era el ciudadano popularmente electo Presidente Constitucional de la República; y 2° De resolver los asuntos que el Gobierno sometiera a su consideración. El día 25 de mayo se instalaría el Congreso en la capital de la República.

Con esos Decretos, el Doctor Soto, expidio un Manifiesto en que hizo un exacto resumen de la situación en el momento. "Los principios que presidieron el establecimiento del nuevo Gobierno" decía:

"Se han convertido en hechos merced a la cordura y a la noble conducta de los pueblos. Desde que inauguré el Gobierno Provisional, a la inquietud de los ánimos, sucedio la confianza; al desquiciamiento y ruina de los intereses particulares, sucedio el trabajo reparador y fecundo; y al estado de completa anarquía social y política, sucedio el estado de perfecta y bienhechora paz. Esta situación bonancible se ha sostenido inalterable: así es que, investido de facultades discrecionales, no he necesitado hacer uso de ellas para remover obstáculos políticos: durante los siete meses que llevo de ejercer el Mando Supremo, le ha sido dable a mi Gobierno seguir un curso regular y sentar, por medio de sus trabajos administrativos, algunas de las bases de la reorganización y del progreso del país. Prueba elocuente de que, sin destierros ni persecuciones, sin ultrajar al derecho, sin atentar a la propiedad, sin vejaciones de ninguna clase puede sostenerse por este valiente y generoso pueblo un sistema de Gobierno justo, imparcial y progresista, que sea un remedio eficaz para ver desarraigados males que parecían incurables, que sea firme sostén de los derechos de los asociados; que sea en suma, prenda segura de la prosperidad y grandeza de la República hondureña".

Luego contrayéndose a que era llegada la oportunidad de efectuar la convocatoria a elecciones, pues la paz interior y exterior de la Nación y las garantías de los ciudadanos estaban sólidamente afianzadas; decía a los hondureños:

"Abierto tenéis el campo electoral: confiad en que la intervención gubernativa, que desde luego rechazo, no desvirtuará las respetables garantías del sufragio. Amparados por la paz y la justicia, con amplia libertad, elegid Presidente Constitucional de la República al ciudadano que conceptuéis capaz de labrar la verdadera felicidad de los pueblos y de enaltecer la honra y el nombre de la Patria". El Ministro General, Dr. D. Ramón Rosa, dirigió el 3 de abril una circular a los Gobernadores Políticos, encareciéndoles hacer respetar el voto de los electores.

Las elecciones fueron verdaderamente libres y recayeron para Presidente en el Doctor Soto y para Diputados en prominentes ciudadanos, entre los que figuraban personas de la talla de José María Medina, Céleo Arias y Luis Bográn.

El Congreso se instaló solemnemente en Comayagua el 27 de mayo, y ante él dio cuenta el Doctor Soto, en su Mensaje, de los actos realizados por el Gobierno Provisional en los nueve meses transcurridos.

Por decreto del 29, el Congreso declaró, popularmente electo, al señor Doctor D. Marco Aurelio Soto, Presidente Constitucional de la República, en atención a haber obtenido 16.603 sufragios en una base de 20.635. El Doctor Soto prestó la promesa de ley el 30.

Este Congreso nombró Magistrados de las Cortes Supremas de Justicia de Comayagua y Tegucigalpa, facultó ampliamente al Poder Ejecutivo para el sostenimiento del orden público y la reorganización del país en todos los ramos de la Administración declaró vigente la Constitución Política de 1865, en todo lo que no se opusiera a las leyes que de este Congreso emanaran: facultó al Poder Ejecutivo para convocar a elecciones de Representantes a una Asamblea Constituyente que emitiera la Carta Fundamental en armonía con las necesidades e intereses del país y aprobó la conducta administrativa del Doctor Soto en el período discrecional que acababa de terminar.

El 3 de junio cerró sus sesiones. En julio siguiente se tuvo noticia de que se había intentado un asalto al cuartel de Santa Rosa de Copán, donde había considerable número de armas y enseres de guerra. Pronto se descubrió que había un plan de rebelión y que el jefe era el ex-Presidente General D. José María Medina, en connivencia con los que formaban el resto de su partido personal y con algunos revolucionarios del exterior. El Comandante General de los departamentos de Gracias y Copán, a quien correspondía seguir la causa, recibió orden de seguirla con arreglo a la ley.

El General Medina escribió, al Presidente Barrios, el 31 de agosto respecto al viaje a Europa, que le había insinuado el Presidente Zaldívar y para cuyos gastos le había ofrecido éste que le ayudaría en unión de Barrios y Guardia. El Presidente Barrios le contestó, el 10 de octubre, que procuraría que su asunto fuese arreglado en términos satisfactorios e indicándole que en el mes entrante celebraría una conferencia en la frontera con el Doctor Zaldívar, a la que lo invitaría "para mejor tratar ese asunto y obtener así la entrega de la cantidad que Zaldívar le tenía ofrecida ". También le prometió recomendarlo, como ya lo había hecho antes, al Doctor Soto, a quien no presumía falto de voluntad para que lo atendiera. Después de esta contestación, Medina hizo un viaje a Chiquimula, y el 24 de diciembre le escribió a Barrios que, a su vuelta, había sido preso. ¿Tenía este viaje relación con la conspiración descubierta?

Cuando Medina se pronunció contra Leiva, en 1875, estaba recién llegado de otro viaje a la República de Guatemala.

El Comandante continuó la causa: en ella resultó comprometido y en connivencia con Medina el indio Calixto Vásquez, a quien por su ferocidad se le había dado el sobrenombre de Corta Cabezas y quien se había alzado en las montañas de Santa María, comenzando por dar muerte al Comandante local de aquel pueblo y a algunos de sus leales compañeros. Barrios, interesándose en favor de Medina, pretendía que la facción del indio Vásquez tenía su origen en El Salvador.

Decía que no cabía duda de que el indio, que había permanecido asilado en aquella República, se había proporcionado elementos por medio de Baraona, y éste sólo pudo conseguirlos de Zaldívar, que era quien había combinado y auxiliaba directamente la facción; y decía, además, que Vásquez era enemigo de Medina y no podía estar de acuerdo con él.

La causa fue sometida al Consejo de Guerra reunido en Santa Rosa, el que estaba formado por el Comandante General de División, D. Emilio Delgado, Presidente, y los Jueces, Generales D. Eusebio Toro y D. Luis Bográn; Coroneles efectivos, D. Inocente Solís, D. Belisario Villela, D. Manuel Bonilla y D. Antonio Cerro; siendo Fiscal el General D. Agustín Aguilar y Auditor de Guerra, el Licdo. D. Justo Cálix. A las 12 de la noche del 23 de enero de 1878, el Consejo pronunció sentencia, condenando a la pena de muerte al Capitán General D. José María Medina, General de Brigada D. Ezequiel Marín, D. Rafael Villamil. Coronel D. Servando Medina; Capitanes D. Roque Rosales y Anselmo Moya; Tenientes D. Ysrael Álvarez y D. José María Espinosa; Sargento 1°, Juan Rivera, Licdo. Carlos Madrid y D. Daniel Casaca, por los delitos de conspiración, instigación a la rebelión, traición y ocultación de armas; absolviendo de todo cargo y responsabilidad a D. Joaquín Villa y a D. Ramón Medina. Elevada en consulta la sentencia al Consejo Supremo de Guerra, fue aprobada en resolución de 29 de enero, en cuanto a los señores Medina y Marín, y en cuanto a los absueltos: habiéndose conmutado la pena capital a los señores Álvarez y Rivera con la de diez años de presidio en Omoa e indultando a los restantes. Medina y Marín fueron ejecutados el 8 de febrero, a las ocho de la mañana frente al cementerio de Santa Rosa de Copán.

El 9 de marzo de 1879, se reunió el Congreso en Tegucigalpa, residencia del Gobierno desde Agosto de 1877. Este Congreso dijo en la contestación al Mensaje del Presidente Soto respecto a la condena de los revolucionarios de Copán, que "no podía menos que aprobar explícitamente la conducta del Gobierno en ese acto de justicia nacional".

Entretanto el indio Vásquez continuaba en sus actividades perturbadoras. El 31 del citado mes de marzo intentó, a la cabeza de una partida de indios, apoderarse del cuartel de la ciudad de La Paz. Los asaltantes, que fueron rechazados, tuvieron algunos muertos. Varios quedaron prisioneros y los demás huyeron, buscando su salvación en la espesura de la montaña. Aun que se les persiguió con actividad, no fue posible capturar a Vásquez sino hasta el 26 de agosto, en un despoblado llamado El Picacho, cerca de Colomoncagua. Lo capturó el Sub-Comandante de Santa Elena con diez milicianos. Conducido a La Paz, fue sometido al Consejo Ordinario de Guerra, el que lo condenó a muerte. La sentencia se ejecutó en dicha ciudad, a las cinco de la tarde del 17 de septiembre.[5]

En 4 de junio de 1880, el doctor Soto, estando el país en plena paz y habiendo cesado los motivos que indujeron al Gobierno a reasumir todos los Despachos del Ejecutivo en una sola Secretaría General, reorganizó el Ministerio, nombrando al General D. Enrique Gutiérrez, Secretario de Estado en los Despachos de Gobernación, Justicia, Negocios Eclesiásticos y Fomento; y a D. Abelardo Zelaya, Secretario de Estado en los Despachos de Hacienda y Crédito Público; quedando el doctor D. Ramón Rosa encargado de las Carteras de Relaciones Exteriores, Instrucción Pública y Guerra.

En estos días, en el deseo de visitar a Guatemala y Correspondiendo a las invitaciones que le habían dirigido sus amigos, el doctor Soto se resolvió a hacer un viaje a aquella República; y el 11 de junio, acompañado de algunos hondureños notables, salió para Amapala, en donde tomaría el próximo vapor. Conforme al decreto que dictó el 10, durante su ausencia ejercería el Poder Ejecutivo de la República el Consejo de Ministros. El 18, asociado del doctor Zaldívar y comitiva, llegó a San José, en donde encontraron al General Barrios con la suya, que se componía como de doscientas personas, entre las cuales figuraban los Secretarios y Sub-Secretarios de Estado, Magistrados, Jueces, Diputados, Ministros extranjeros y Comisionados de todas las Corporaciones establecidas en la capital. El 19 tomaron el ferrocarril a Escuintla que se inauguraba ese día. El 20 ingresaron a Guatemala, y el 21 salió de regreso el Dr. Zaldívar, a consecuencia de

[5] Véase el artículo "Captura del indio Calixto Vásquez", publicado en el No. 1°, tomo IX de la Revista del Archivo y Biblioteca Nacionales, correspondiente al 31 de julio de 1930; artículo de que es autor D. P. Vásquez López.

la gravedad de su esposa. El Consejo de Ministros de Honduras, en telegrama del 29, hizo presente su sincero reconocimiento al Presidente Barrios por la muy amistosa y honorífica recepción que hizo al Presidente doctor Soto. Durante su permanencia en Guatemala, el señor Soto fue objeto de una constante ovación por parte del Gobierno y de todas las clases sociales; y el 18 de julio, víspera de su salida para Honduras, dirigió a los guatemaltecos una cordial manifestación de despedida. En ella les expresó su reconocimiento por las brillantes demostraciones de afecto, estimación y simpatía que le habían prodigado las que apreciaba en todo su valor y aceptaba, en lo particular, como amigo, y como Jefe de un pueblo hermano que había confundido su suerte con la de Guatemala; les decía que sus antecedentes acreditaban la íntima y sincera amistad y los estrechos vínculos que lo unían al General Barrios; y les ofrecía que si alguna vez llegase a amenazar a la revolución liberal, que ya se había abierto mucho camino y dominaba en todas las esferas sociales, el más ligero peligro, entonces le verían correr de los primeros a agruparse bajo la hermosa bandera triunfante en 1871. El Presidente Barrios vino a despedir al señor Soto hasta el muelle de San José, acompañado de su señora esposa y de su primera hija, linda niña de cinco años. El doctor Soto llegó a Tegucigalpa, el 30 de julio, y en esa fecha volvió a encargarse del Poder Ejecutivo.

Mientras el Doctor Soto realizaba su viaje a Guatemala, una nueva conspiración se fraguaba en Honduras. El Teniente Coronel Abelino Cobos entró, por la frontera de Nicaragua, al departamento de Choluteca, acompañado de varios individuos; permaneció oculto algunos días, dando cita a sujetos con quienes creyó poder contar, y no encontrando las armas que él sabía estaban allí escondidas, pues ya habían sido entregadas al Gobierno, se dirigió a San Miguel a comprar pólvora, tubos y plomo, con el propósito de regresar, en seguida, a asaltar el cuartel de Choluteca, que era el punto objetivo y la base del movimiento.

Al ser tomado el cuartel, vendrían los hombres que quedaban listos en Nicaragua, armas y cartuchos por el estero de San Bernardo, por donde años atrás había penetrado con una partida de filibusteros el General Tinoco. El General Miranda, que llegó con toda oportunidad a Chinandega, reemplazaría a Cobos en el mando de los revolucionarios, y después se dirigirían sobre Tegucigalpa. El General D. Lisandro

Letona, Comandante de Armas de San Miguel, descubrió en aquella ciudad el objeto del viaje de Cobos y compañeros, y los hizo capturar con los elementos de guerra que ya habían comprado: el Gobierno de El Salvador, aliado y amigo del de Honduras, los entregó a las autoridades de esta República. Eran los entregados: el referido Cobos, el Capitán Octaviano Velásquez, el Teniente Miguel García, el Teniente Benigno Baquedano y Ricardo Aguiluz. Sometidos a enjuiciamiento, el Consejo de Guerra de Oficiales Generales, presidido por el Comandante General del departamento de Choluteca, dictó sentencia el 30 de agosto, condenando a los reos por el delito de traición, a la pena capital; y elevó el fallo al conocimiento del Ejecutivo para el efecto de que usara o no del derecho de gracia respecto a los sentenciados. El Poder Ejecutivo resolvió no haber lugar a ejercer el derecho de gracia respecto al teniente coronel Abelino Cobos; conmutó la pena a los demás sentenciados con la de diez años de presidio en el Castillo de Omoa, y ordenó que fuera degradado el Teniente Baquedano. En cuanto al General Miranda, el Gobierno de Nicaragua que colocó fuerzas de observación en la frontera al saber que se conspiraba contra la paz de Honduras, lo mandó concentrar; pero Miranda, no queriendo obedecer la orden de concentración, salió de aquel país, dirigiéndose a Costa Rica.

A este tiempo, el Doctor Soto, había realizado en el ejercicio del Poder, una vasta y fecunda labor. Había creado la Hacienda Pública con recursos suficientes para pagar el presupuesto de los gastos de la Nación y para facilitar el desarrollo de la cultura y la riqueza: de $ 260.000.00 que aproximadamente producían las rentas en 1875, había hecho subir su producto depurado en 1878 a cerca de setecientos mil pesos. Consolidó la deuda pública y creó los medios de amortizarla. Suprimió los diezmos. Extinguió el fuero eclesiástico. Secularizó los cementerios y los bienes de fundación piadosa, como cofradías, archicofradías, etc., cediendo tales bienes en favor de los hospitales mandados crear en cada cabecera departamental y en Amapala, San Pedro Sula y Tegucigalpa. Estableció la libertad de enseñanza y la instrucción primaria, bajo el principio de obligatoria, laica y gratuita. Protegió el cultivo del café, liberándolo de impuestos y dando auxilios para las plantaciones. Dictó la Ley de Agricultura, extendiendo sus privilegios a los empresarios de potreros de repasto, lo mismo que a los cultivadores de cocos y a los de plátanos, debiéndose a lo último la industria bananera, que ha convertido a la Costa Norte en un emporio de riqueza. Organizó el servicio de Correos, incorporando a Honduras en la Unión Postal Universal y creó el de telégrafos. Estableció el servicio militar obligatorio. Fundado en el principio de la igualdad democrática en la contribución de sangre. Abrió una Exposición Nacional, que dio a conocer los productos naturales e industriales de Honduras y las capacidades de sus laboriosos hijos. Favoreció la industria minera. Recobró e hizo reconstruir la línea férrea entre Puerto Cortés y La Pimienta. Abrió la Casa de Moneda y dictó la ley de acuñación, adoptando el patrón de plata. Estableció escuelas de niñas y un colegio de señoritas. Hizo efectiva la anexión a Honduras de las Islas de la Bahía, estableciendo allí la organización legal como en los demás departamentos. Fundó la Biblioteca Nacional. Organizó el Archivo. Declaró a los centroamericanos en libertad para ejercer sus profesiones en Honduras, sin más requisitos que la autenticidad de sus títulos. Y mientras cuidaba de fomentar muy rigorosamente el progreso en el interior del país cultivaba las más amistosas y cordiales relaciones con los Gobiernos de Centro América y con las naciones extranjeras.

El Doctor Soto, apoyado en el artículo 26, inciso 4º de la Constitución de 1865, y con la autorización necesaria del Congreso, dictó el 27 de agosto de 1880, los Códigos Civil, Penal, de Procedimientos, de Comercio y de Minería, cuya redacción había confiado a los Doctores D. Adolfo Zúniga y D. Carlos Alberto Uclés y al Licdo. D. Jerónimo Zelaya. En esta legislación se establecieron importantes reformas, como la absoluta libertad de testar, la prohibición de censos, fideicomisos y toda clase de vinculaciones y el matrimonio civil.

La obra de reformador en Honduras era continuación de la que, como Ministro, había iniciado en Guatemala, donde se recuerda que fue obra suya la ley de 1871 que organizó la enseñanza, en que arrebato al pasado el dominio absoluto sobre la conciencia y el espíritu de la juventud: que secundó activamente el proyecto de códigos nuevos que emanciparon al país del fuero juzgo, ley del feudalismo, y de las siete partidas, ley de la monarquía; y que había iniciado sus funciones suscribiendo el decreto de desamortización, que emancipa la propiedad y le quita repugnantes y nocivas trabas.

El Congreso de 1879, en la contestación al Mensaje del Presidente Soto, se había manifestado en favor de la emisión de una nueva Ley Fundamental, cuya conveniencia había reconocido el de 1877, por lo que, en decreto de 2 de junio, había facultado al Poder Ejecutivo para convocar, cuando lo juzgase oportuno, a elecciones de Representantes a una Asamblea Constituyente. En presencia de tal voto y autorización, el Dr. Soto convocó a Elecciones de Diputados a la Constituyente, por decreto de 5 de febrero de 1880. Por decreto de 2 de agosto convocó a los Diputados electos para que se reunieran en Tegucigalpa el 1° de septiembre[6]. Esta Asamblea dictó la Constitución el 1° de noviembre. En ella se estableció el *Habeas Corpus,* la libertad del esclavo que pisara el territorio de Honduras, la libertad de cultos, la de imprenta, la de profesiones, oficios e industrias y de asociación, de enseñanza, de navegación y comercio; la igualdad como base de los impuestos; y el reconocimiento de otros derechos como la inviolabilidad de la vida humana y de la propiedad, del domicilio y de la correspondencia. Consagrada con la libertad de cultos la separación de la Iglesia y el Estado[7], esta época se enlazó con la de las radicales reformas

---

[6] El acta de la sesión preparatoria de 30 de agosto de 1880, publicada en el N° 85 de La Gaceta, correspondiente al 18 de septiembre del mismo año, está encabezada así:

Tegucigalpa, 30 de agosto de 1880.

"SESION PREPARATORIA DE LA ASAMBLEA NACIONAL CONSTITUYENTE, CONVOCADA POR DECRETO SUPREMO DE 2 DE AGOSTO DEL CORRIENTE AÑO".

Sin embargo, el decreto de instalación solemne, del 1° de septiembre, comienza así:

"La Asamblea Nacional Constituyente, convocada por decreto supremo de 2 de mayo del corriente año". El mismo 2 de mayo se cita en el preámbulo del Proyecto de Constitución redactado por los Diputados Arias, Zúniga, Gómez y Bográn: en el preámbulo de las Enmiendas propuestas por los Diputados Lardizábal, Fiallos y Villamil; y en el preámbulo de la Constitución, tal como se firmó el 1° de noviembre.

Es inexplicable este error: no hay tal decreto de a de mayo: Jos decretos son los de las fechas citadas, en el texto: el de 5 de febrero que convoca a elecciones de Diputados; y el de 2 de agosto que convoca a los Diputados electos, para el 1° de septiembre.

[7] El artículo 99 de la Constitución dice: "Todos tienen libertad: _3° de profesar cualquier culto. El Estado no contribuirá al sostenimiento de ningún culto. Los cultos se sostendrán con lo que voluntariamente contribuyan los particulares. El Estado ejercerá el derecho de suprema inspección sobre los cultos, conforme a la ley y a los reglamentos de policía relativos a su ejercicio exterior".

establecidas en 1829 en Guatemala al influjo de Francisco Morazán, y en Honduras al influjo del Presbítero D. Francisco Antonio Márquez, y que habían desaparecido con la caída de la Federación en 1840.

El 30 de octubre la Asamblea declaró a Tegucigalpa, capital de la República. De conformidad con la nueva Constitución, fue elegido Presidente el Dr. Soto para un período de cuatro años, habiendo obtenido 24.521 votos en una base de 29.795 sufragantes; y tomó posesión de su cargo el 1° de febrero de 1881.

En el nuevo período el Dr. Soto continuó su vasta obra de organización. Dicto el Código de Instrucción Pública, el Penal Militar, la Ordenanza Militar, la ley de Tribunales, la de Notariado y el Código de Aduanas: creó el Departamento de Colón, el que hizo examinar y reconocer por una comisión técnica hasta el Cabo de Gracias a Dios: erigió en Tegucigalpa una estatua ecuestre de bronce a Francisco Morazán, una de mármol al sabio D. José Cecilio del Valle y bustos de mármol al Presbítero D. José Trinidad Reves y al General D. Trinidad Cabañas y por cuantos medios le fue posible, procuró elevar al país y dignificarlo. Respetó la independencia del Poder Judicial: protegió las ciencias, las artes y las letras: otorgó concesiones generosas a la inmigración y siempre fue su empeño el engrandecimiento de Honduras. A este tiempo, la producción de las rentas había alcanzado a más de un millón de pesos.

En la Administración del Dr. Soto habían colaborado los más notables hijos de Honduras, centroamericanos eminentes y distinguidos extranjeros. Máximo Jerez era profesor; José María Reina Barrios, que más tarde llegó a la Presidencia de Guatemala, fue Mayor de Plaza de Tegucigalpa; Carlos Ezeta que fue Presidente de El Salvador, había sido Ayudante del Estado Mayor del Presidente; D. Tomás Estrada Palma, que fue después el primer Presidente de Cuba, había sido Director General de Correos y Director del Colegio Nacional de 2ª Enseñanza; Máximo Gómez, el jefe de la revolución de Independencia de Cuba, había sido Comandante de Armas de Amapala, y Antonio Maceo, el famoso guerrillero de la misma, había sido Comandante de Armas de Puerto Cortés; J. Gabriel Cadalso y Adolfo Pierra habían sido colaboradores de la prensa oficial y Profesor el primero; y José Joaquín Palma, el cantor de la primera Exposición Nacional de Honduras, era Secretario particular del Presidente y Profesor de Literatura. Si hubieran de ser mencionados todos los ilustres colaboradores del Dr.

Soto, la lista llenaría muchas páginas.

Las municipalidades de la República, a excitativa de la de Tegucigalpa, de 13 de noviembre de 1881, acordaron al Doctor Soto, significándole su gratitud por los bienes que, durante su próspera y pacífica Administración, había derramado largamente en Honduras, una medalla de honor. Esta le fue entregada el 22 de febrero de 1883. En aquel acto, honrando su obra, pronunciaron hermosos y justicieros discursos: el ex Presidente Licdo. D. Crescencio Gómez, en nombre de los municipios del país, el Licdo. D. Jerónimo Zelaya, el Licdo. D. Rafael Alvarado Manzano, D. Tomás Estrada. Palma, el ex-Presidente D. Francisco Cruz y el joven D. Ramón Reyes. El Doctor Soto dio las gracias, hondamente conmovido, aceptando como una demostración de simpatía y no de merecimiento la medalla que, en nombre del pueblo hondureño se le ofrecía; y expresó que había que dejar a la posteridad que formara el juicio debido, severo e imparcial, sobre aquella época en que, sin quererlo ni buscarlo, le había tocado tomar participación en la vida pública de nuestra Patria.

No obstante haberse desatado después una tempestad de odios y calumnias contra el Dr. Soto, la posteridad ha sabido hacerle justicia y ha consagrado con su aprobación aquel homenaje.

El 15 de septiembre de 1880, en una velada en que se conmemoraba la Independencia, el Dr. Soto pronunció un elocuente brindis en que deploraba que no existiera la Nación Centroamericana. "Se me presenta- decía- la sombra majestuosa del gran mártir, y veo que con semblante severo pide a la juventud estrecha cuenta del encargo que le hiciera en sus últimos sublimes momentos. El testamento del General Morazán casi no se conoce, cuando es la hoja en que debieran aprender a leer los niños de Centro América. Ese documento venerable es la oración de patriotismo que las madres debieran hacer rezar a sus hijos al dormirlos en sus blancas camas, para que todo centroamericano, desde la infancia, sepa que no tiene Patria". Y decía que no nos cruzáramos de brazos, esperándolo todo del tiempo ni fiáramos a la fuerza, aunque viniera coronada de laureles, la marcha de los destinos de Centro América, y que la obra de restaurar la Patria debía ser la del convencimiento y no la de un genio que con la punta de la espada vencedora escribiera desde los Cuchumatanes hasta el Chiriquí la palabra sagrada de unión entre relámpagos de gloria. Por lo cual era de rigor combatir con perseverancia el egoísmo, la indiferencia y el personalismo, llevando hasta la mente del último aldeano la persuasión de que la unión es la única que puede dar positiva prosperidad y grandeza a Centro América.

El 15 de Septiembre de 1882, el Dr. Soto hizo la declaración oficial de que estaba dispuesto a dejar el Poder, comprometiéndose a trabajar por el buen éxito de un Gobierno Centro Americano, y a no aceptar ninguna participación, una vez establecido, en ninguno de los puestos que creara la nueva organización política de Centro América; y esperaba que desde aquella fecha le tomaran la palabra los pueblos y Gobiernos centroamericanos.

Esta declaración, que contaba en su favor con el artículo 1º de la Constitución, de Honduras, despertó los celos y la suspicacia del General Barrios, Presidente de Guatemala.

Barrios, a principios de 1888, intentó hacerse Presidente de Centro América. Recién llegado de su viaje de los Estados Unidos de América, llamó al Presidente, Dr. D. Rafael Zaldívar, con quien celebró un convenio privado para llevar a cabo la Unión. El proyecto quedó en secreto, y esto alarmó a Centro América, porque la prensa extranjera había publicado ya que el Presidente Barrios traía hechos los planos, dividiendo la América Central en pequeños departamentos para organizar la Federación de nuevo.

En el mes de enero del año citado, llegaron a Tegucigalpa los señores D. Delfino Sánchez y Dr. D. Salvador Gallegos, con el carácter de Ministros Plenipotenciarios de Guatemala y El Salvador, respectivamente. En la primera entrevista que tuvieron con el Presidente Soto, le entregaron dos cartas, una del Presidente Zaldívar y otra del Presidente Barrios y un ejemplar del convenio sobre la unión centroamericana, hecho en Guatemala y firmado por ambos Presidentes. En las cartas, que eran muy amistosas, le decían al Dr. Soto, que podía modificar el convenio en el sentido que creyese mejor para realizar la Unión.

El Dr. Soto, sus Ministros y algunos de sus principales amigos examinaron el convenio, y todos concluyeron que si éste se cumplía, el Presidente de Guatemala sería de hecho el Presidente de Centro-América. Algunos opinaban que lo firmara el Presidente Soto, y otros dejaron a éste la decisión del grave caso que se presentaba para el país y para el Gobierno.

Al mismo tiempo que llegaron los Ministros Sánchez y Gallegos, el

Dr. Soto estaba recibiendo noticias de la frontera de Honduras, de que en Esquipulas había una fuerza guatemalteca al mando del General Ezequiel Palma, quien decía, públicamente, que si el Gobierno del Dr. Soto no aceptaba el convenio que traían aquellos, invadiría Honduras. El Dr. Soto mostró a los Ministros los telegramas originales y, les dijo: que mientras el General Palma estuviese en la frontera propalando tales especies, no podría tratar con ellos sobre el asunto de su misión. Sorprendidos ellos, telegrafiaron a sus Gobiernos: El General Palma fue retirado de la frontera y, entonces, empezaron las conferencias sobre la Unión.

El Dr. Soto no aceptó el convenio, porque con él, desaparecería la autonomía hondureña y no quería entregar el país al General Barrios para que lo gobernara como gobernaba a Guatemala. Tampoco quería provocar una guerra centroamericana por satisfacer la ambición de Barrios. Al negarse a firmar el convenio, sabía que se atraería la enemistad del Presidente de Guatemala, pero estaba dispuesto a aceptar las consecuencias que le acarrearía el cumplimiento de su deber. Sin embargo, deseoso de cooperar a la Unión, manifestó a los Ministros que el proyecto, tal como estaba concebido, sería rechazado por los Gobiernos de Nicaragua y Costa Rica, como lo rechazaba el de Honduras; pero que podría presentarse en otra forma, preparando a los pueblos y Gobiernos para que aceptaran la Unión y no proponérseles de sorpresa. Propusieron por ello los Ministros un nuevo proyecto, conforme al cual se reuniría el 15 de marzo próximo, en Santa Tecla o Ahuachapán, un Congreso de Plenipotenciarios de las cinco Repúblicas, con plenos poderes para discutir las bases de la reorganización de Centro-América y para formular la Constitución Nacional y las leyes orgánicas. El Gobierno del Dr. Soto aceptó este proyecto y, también, lo aceptaron los de Nicaragua y Costa Rica; pero el de Costa Rica desistió a última hora y no envió sus comisionados al Congreso.

Se ha dicho que el Dr. Soto fue inconsecuente con el Presidente Barrios. Esto es falso. El Dr. Soto no tenía compromiso alguno con el Presidente de Guatemala, alianza ni pacto de ningún género, ni verbal ni escrito. El Dr. Soto era amigo del General Barrios y amigo de Guatemala. A nada más estaba obligado. Cumplió como Gobernante y como amigo.

El 2 de febrero, al salir para Nicaragua los Ministros Sánchez y

Gallegos, el Dr. Soto escribió al General Barrios, una carta en que le manifestaba lo ocurrido con ellos y le explicaba que le parecían mejores que el proyecto que habían traído, las bases que de acuerdo con él habían propuesto y que el Gobierno de Honduras aceptó y recomendó a los de Nicaragua y Costa Rica. El Dr. Soto, que ya le había hablado a Barrios de hacer un viaje a Europa en busca de salud, le dijo, también, que estaba resuelto a realizarlo, al dar cuenta de sus actos al Congreso y que depositaría el Poder en una persona que pudiese mantener las mismas relaciones amistosas existentes con Guatemala y El Salvador. En igual sentido escribió al Dr. Zaldívar.

El General Barrios le contestó el 19 de febrero, disimulando su desagrado por el rechazo de su proyecto, que celebraba que estuviera de acuerdo sobre un punto tan importante, ya que había firmado las bases propuestas por los Comisionados de Guatemala y El Salvador. Luego le decía: "Yo. creo que tanto Ud. Como yo hemos hecho lo que debíamos en el puesto que ocupamos, y si no hemos de procurar la unión de las cinco Repúblicas, aprovechando las bellas circunstancias de paz y tranquilidad, es mejor que nos retiremos, puesto que nada tenemos que hacer. Por lo que hace a la persona que lo sustituya durante su ausencia en la Presidencia de la República, yo no podría designarle persona determinada, pero en mi opinión es bueno que sea uno de los hondureños honrados y patriotas, que sean de las mismas ideas para que todo marche bien y así lo encuentre Ud. a su regreso".

Este lenguaje se explicaba porque el Dr. Soto estaba en el Poder y, Barrios, que había tratado ya de revolucionar a Honduras por medio de los señores Arias y Bográn, a quienes les había enviado comisionados, no había logrado éxito. Hubo quien dijera que, si hubiera contado con el General Medina, que fue su dócil instrumento, el trastorno habría aparecido, aunque habría sido sofocado en el acto, pero ya no podía utilizársele.

El Dr. Soto envió al Congreso, el 10 de marzo, un Mensaje en que renunciaba la Presidencia de la República. Manifestaba en él que el orden reinaba en el interior del país y los vínculos de fraternidad que ligaban a Honduras con sus hermanas de Centro-América, eran prenda segura de que se conservaría la paz exterior; por lo que su separación del Poder no podría ocasionar perturbación alguna en la marcha pacífica de la República. Por otra parte hallábase sufriendo de una grave afección al hígado, y estando enfermo no podía desempeñar cumplidamente las tareas que corresponden al Primer Magistrado de la Nación. Una comisión fue nombrada para abrir dictamen sobre la renuncia: la mayoría, formada por los Diputados Gómez, Ferrari y Arias, fue de parecer que no se admitiera, y que se le concediera licencia al Dr. Soto, de la que podría usar a su arbitrio y por el tiempo que fuera necesario, para ausentarse de la República, con motivo de la alteración de su salud. La minoría, formada por los Diputados Zúniga y Alvarado, estuvo por la admisión, expresando que altos motivos del patriotismo, que el tiempo se ocuparía de descubrir y justificar, así lo demandaban imperiosamente.

El Congreso no admitió la renuncia, pero prestó su asentimiento para que el Dr. Soto se ausentara del país, lo que podía hacer conforme a sus facultades constitucionales.

Resuelto el Dr. Soto a separarse, temporalmente, del Poder y a emprender su viaje a los Estados Unidos de América y Europa, en el mes de abril próximo, el Congreso le confirió amplias facultades para que arreglara de la manera más conveniente la parte de la deuda federal, correspondiente a Honduras: para que arreglara, así mismo, la deuda procedente de los empréstitos contratados en Londres y París para la construcción del ferrocarril interoceánico: y para que promoviera y concluyera contratos sobre inmigración, colonización, canalización y navegación de los ríos y lagos, construcción de ferrocarriles, explotación de minas y bosques, y sobre toda clase de empresas industriales y agrícolas que tendieran al desarrollo de las riquezas naturales del país. El Congreso le acordó L.10.000 para gastos en el desempeño de su comisión.

En 9 de mayo, el Dr. Soto, dictó un decreto encargando el Poder Ejecutivo, para mientras durase su ausencia del territorio de la República, al Consejo de Ministros, formado por los señores:

General D. Enrique Gutiérrez, Secretario de Estado en los Despachos de Relaciones Exteriores, Guerra y Fomento. General D. Luis Bográn, Secretario de Estado en los Despachos de Gobernación, Justicia e Instrucción Pública. Y, Licenciado D. Rafael Alvarado Manzano, Secretario de Estado en los Despachos de Hacienda y Crédito Público.

El mismo día dirigió un Manifiesto a los hondureños, en que les decía: que tan pronto como lograra los objetos de su viaje volvería al seno de la Patria a terminar su periodo constitucional; y que transmitir, legalmente, el Poder al ciudadano que eligiera pueblo hondureño, sería para él, como republicano, una de las satisfacciones más grandes y, como Jefe de la Nación, la más preciada de sus glorias. Y concluía expresando la inmensa gratitud que sentía por las constantes pruebas de afecto y simpatía que el pueblo le había prodigado, y que su puesto sería siempre el que le señalara el patriotismo.

El Dr. Soto salió en la misma fecha de esta capital para embarcarse en Amapala con dirección a los Estados Unidos. A despedirse había dicho a los Ministros: "Mi renuncia queda siempre puesta. En el momento que vean que soy un obstáculo para las buenas relaciones de ustedes con los Gobiernos de El Salvador y Guatemala, como lo espero pronto, convoquen el Congreso para presentarla". Indicándoles que Barrios conspiraría contra su Gobierno, protestaron al Dr. Soto su lealtad, y en General Bográn le dijo: "Si es necesario resistiremos y aceptaremos la guerra". El Dr. Soto contestó que debía hacerse lo posible por evitarla: que mientras se tratara solamente de su persona no se preocuparan, pues no consentiría que se defendiera su Presidencia a costa de los sacrificios de una guerra: pero que, si el honor de la Nación se ponía en peligro, entonces volvería a correr la suerte del Gobierno, del Consejo de Ministros. La previsión del Dr. Soto era fundada.

A favor del desagrado de Barrios por el fracaso del proyecto de Unión traído en enero a Tegucigalpa, desagrado que había hecho público en la carta que el 24 de febrero dirigió a sus amigos políticos de Centro América, los descontentos y enemigos del Dr. Soto empezaron a preparar agitaciones revolucionarias contra Honduras. Hicieron creer a Barrios que había un pacto de alianza con Nicaragua, y para romperlo empezó a trabajar contra el Dr. Soto.

Este entretanto llegaba a San Francisco de California. No obstante que oficialmente el Gobierno de Honduras había comunicado al de los Estados Unidos que el Dr. Soto viajaba como un simple particular, el Secretario de Estado de Washington había dado instrucciones a las autoridades de San Francisco para que lo recibieran con los honores debidos, y se le recibió con ellos. Inmediatamente comenzó el Dr. Soto a desempeñar las comisiones que le había conferido el Congreso. Hizo publicaciones para dar a conocer a Honduras. Exhibió muestras de nuestros minerales, de nuestro café, de nuestras maderas y de otros productos. En una sesión a que lo invitó la Cámara de Comercio de San Francisco pronunció un discurso y presentó un informe sobre

Honduras. Considerable número de capitalistas acudieron al Dr. Soto, proponiéndole proyectos de empresas sobre agricultura y minas, y enviar sus agentes y peritos a estudiar el país. De allí pasó a Chicago, en donde en una sola de las visitas que le hicieron se contó que entre los visitantes había representados más de cincuenta millones.

El Dr. Soto siguió para la capital de la Unión Americana, a emprender negociaciones para un tratado de reciprocidad, y su idea fue muy bien acogida. Habiendo manifestado su deseo de visitar la tumba de Washington, el Encargado de la Secretaría de Estado invitó a los principales funcionarios y a los miembros del Cuerpo Diplomático, y en un vapor del Gobierno, donde se sirvió un espléndido lunch, fue a Mount Vernon con el Dr. Soto y compañeros. Pasó en seguida a Nueva York a continuar su propaganda, y recibió innumerables visitas que le hablaban de diversos proyectos y le consultaban sobre diferentes negocios que deseaban realizar en Honduras.

Los señores Hance y Waterbury, empresarios del ferrocarril interoceánico, según la contrata que el Congreso había aprobado en marzo último, le presentaron los capitalistas importantes que componían la Compañía del ferrocarril, y habiéndole pedido su cooperación para concluir sus arreglos con los tenedores de bonos de Londres, él se los prometió. Con este objeto estaba preparándose para embarcarse con dirección a Inglaterra tan pronto como enviara al Consejo de Ministros, como en efecto se los envió, armas y pertrechos que hacían falta y le habían pedido a San Francisco, cuando llegó un comisionado del Consejo, el señor D. Julio Lozano, con correspondencia en que le daban noticia de la situación.

Antes de su salida de San Francisco había recibido el Dr. Soto cartas en que se le informaba de los trabajos de sus enemigos políticos y de todos los movimientos del Presidente Barrios para derrocar su Gobierno. Con este motivo, el 6 de julio le había dirigido al General Barrios una carta en que decía saber que había llamado a Guatemala al General D. Ricardo Streber para invitarlo a tomar parte en el desarrollo de sus planes de trastorno en Honduras, y como su Gobierno había sido para el de Guatemala un amigo leal y no había faltado a los tratados ni realizado acto alguno que pudiera inspirar ni aun sospecha de enemistad, conceptuaba que los motivos que tenía para alentar los propósitos que le expresó al señor Streber, eran enteramente personales, y en esta creencia y no queriendo que, por su persona, Honduras se anarquizara y entrara en una guerra desastrosa, estaba dispuesto a dejar el poder y a verificar en la más perfecta paz un cambio legal en la persona que en su lugar debía ejercerla. Repetiría su renuncia ante el Congreso; trabajaría con empeño en que se la admitiera, y se practicaría una elección que diera por resultado el advenimiento a la Presidencia, de otra persona que cuadrara mejor con la situación política de estos países. Hacíale este ofrecimiento, aunque tenía poder suficiente en Honduras para ahogar en el acto cualquier facción que pudiera promover y para defender el país de cualquier agresión injusta, pues no quería que hubiera más luchas estériles y "nuestras pequeñas cuestiones políticas no valen la pena de que se derrame una sola gota de sangre". Esperaba, pues, que le hablara con franqueza.

Hubo quienes aconsejaran al Dr. Soto que no enviase esta carta y le dijeron: "Ya usted sabe lo que es Barrios y de cuánto es capaz. Usted será la víctima". El Dr. Soto contestó: "Lo primero es que se salve la paz en Honduras. Cumpla yo con mi deber, con lo que yo creo mi deber en la situación actual, y lo demás no importa".

Barrios le contestó el 3 de agosto, dirigiéndole una larga carta, en la que cada párrafo es una explosión de violenta cólera y una serie de insultos, en medio de las cuales sustancialmente se reduce a decir que no era obstáculo para que el Dr. Soto volviera a Honduras ni para que entrara de nuevo al ejercicio del Poder; pero que protestaba contra cualquier responsabilidad o participación que pudiera atribuírsele si el pueblo hondureño no lo dejaba volver o si durante su ausencia ocurría cualquier conmoción o se verificaba cualquier cambio.

En la correspondencia del Consejo de Ministros conducida por el señor Lozano, se le decía al Dr. Soto que el Consejo había tratado de ponerse en relaciones con todos los Gobiernos de Centro América, y respondieron satisfactoriamente los de El Salvador, Nicaragua y Costa Rica; más como guardara silencio el de Guatemala y corrían rumores que anunciaban un inmediato rompimiento de parte de Guatemala y El Salvador contra Honduras, envió un comisionado a cada uno de estos Gobiernos a pedir explicaciones y a darlas, con el objeto de evitar un trastorno por falta de inteligencia. Zaldívar y Barrios contestaron en sus cartas, que habían carecido de fundamento los rumores del rompimiento aludido y que abrigaban, como antes, el firme propósito de cultivar con Honduras las mejores relaciones; pero al mismo tiempo verbalmente aseguraron a cada uno de los comisionados respectivamente que era una cosa resuelta y meditada entre ellos que el Dr. Soto no volvería al poder público de Honduras, añadiendo el General Barrios que su "disgusto era personalmente con él, y que si hubiera dilatado otros días más su marcha, le habría hecho la guerra".

Esto y los viajes de los agentes de Barrios en connivencia con sus amigos de Honduras, que recorrían los departamentos e incitaban a los pueblos para que se pronunciaran contra el Presidente Soto revela, claramente, que Barrios era quien preparaba la conmoción a cambio de que hablaba en su respuesta al Dr. Soto y pretendía que tal conmoción o cambio fueran tenidos como obra de la opinión del pueblo hondureño que, disgustado del Gobierno del Dr. Soto, aprovechaba su ausencia para desconocerlo.

En presencia de los informes del Consejo de Ministros y de las demás noticias que le había comunicado el señor Lozano y que había obtenido de otras fuentes respecto a las amenazas e intrigas del General Barrios, el Dr. Soto desistió de embarcarse para Inglaterra y dispuso regresar a San Francisco, desde donde podía entenderse más fácilmente con el Consejo y procurar salvar a Honduras del conflicto en que se hallaba. Envió a su Secretario particular D. José Joaquín Palma a Tegucigalpa con instrucciones completas para que el Consejo dictara las medidas capaces de conservar el orden y la paz en la República; y ansioso de que no se perdiera en un mes de guerra lo que se había logrado alcanzar en favor del progreso durante su Administración, resolvió, a los siete años de haberla inaugurado en Amapala, enviar su segunda renuncia de la Presidencia. Hela aquí:

"SEÑORES DIPUTADOS:

Vuelvo a presentaros mi formal renuncia de la Presidencia de la República, Espero que ahora la aceptaréis, convencidos, como yo, de que la sangre del pueblo hondureño no debe derramarse por causas personales. En su oportunidad explicaré a la Nación los motivos que justifican mi conducta. Yo confío en el juicio de la posteridad y en el fallo de la historia que a todos ha de juzgarnos.

MARCO A. SOTO

San Francisco, California, 27 de Agosto de 1883".

“El envío de mi renuncia” , decía el Dr. Soto al Consejo de Ministros en la nota que con ella les dirigió "habiendo en el fondo de todo una cuestión personal, que no quiero ni debo confundir con una cuestión de Estado, es lo que puede garantizar la paz exterior de Honduras". Y anunció su envío por el cable para que lo supieran los Gobiernos de El Salvador y Guatemala, y Barrios cesara en sus siniestros propósitos de trastornar el orden público en el país.

Mientras la renuncia venía en camino, murió el 11 de Septiembre el General D. Enrique Gutiérrez, Presidente del Consejo de Ministros. Esa muerte inclinó hacia el General Bográn, que era grande amigo del General Barrios, las probabilidades para ascender a la Presidencia de la República. El desaparecimiento del señor Gutiérrez, amigo fiel del Dr. Soto, fue celebrado como un triunfo por la prensa de El Salvador y Guatemala.

Pocos días después vino a Tegucigalpa el Dr. D. Salvador Gallegos, Ministro Plenipotenciario de El Salvador, a pedir en nombre de los Presidentes Zaldívar y Barrios, al Consejo de Ministros, el desconocimiento del Presidente Soto y a comprometer al General Bográn para que. llegando a la Presidencia secundara el proyecto de unión centroamericana que deseaba realizar el General Barrios, no obstante que en su carta del 24 de Febrero había dicho que no volvería a promover esa cuestión y que puesto que su iniciativa era traducida por sed de mando y deseo de subyugar a los otros Estados, en lo de adelante se limtaría a sostener y a secundar la idea de nacionalidad y los trabajos que se emprendieran para realizarla en la parte que los pueblos creyeran su cooperación indispensable.

El Consejo de Ministros, en la conferencia celebrada el 22 de Septiembre, manifestó al señor Gallegos que, sin necesidad de recurrir a vías de hecho, podían lograrse por los medios legales los propósitos de los Gobiernos de Guatemala y El Salvador: que el Consejo, en vista de la situación y considerando que el señor Soto era ya un obstáculo para la paz con las Repúblicas vecinas y para el progreso de Honduras, le había dirigido un comisionado especial que le indicase la necesidad de dirigir su renuncia, a lo cual había accedido aquél: que para conocer de dicha renuncia habían convocado ya el Congreso para el 15 de Octubre; y que tenían la seguridad de que sería aceptada, inmediatamente después de lo cual se convocaría a la elección de Presidente. En cuanto al proyecto de Unión, el General Bográn no obstante su carácter de Ministro, firmó un convenio secreto con el señor Gallegos. Conforme a este convenio, Guatemala, El Salvador u Honduras proclamaría la Unión Nacional, y a esta proclamación adherirían los otros dos Estados. Organizado un Gobierno Provisional, que sería presidido por Barrios o Zaldívar, se enviaría una Comisión diplomática a Nicaragua y Costa Rica, sin hacer uso de la fuerza sino como el último recurso. En este caso extremo cada estado confederado daría su contingente militar, correspondiendo a Honduras 1.500 hombres armados y sostenidos de su cuenta.

El Congreso se instaló solemnemente el 17 de Octubre, y por decreto del 19, se admitió la renuncia del Dr. Soto, declarando que ella conducía al afianzamiento de la paz. Fue así como dejó el Poder de Honduras el Dr. Soto y no como lo Quería Barrios, que lo creía el único obstáculo para hacerse Presidente de Centro-América. Barrios maniobró, por medio de sus agentes, con el pueblo de Honduras, primero, y con el Consejo de Ministros, después, para que se desconociera al Presidente Soto, y fracasó en su empeño. Es verdad que en las discusiones a que dio lugar la renuncia, el argumento principal de los Diputados que estaban por su admisión, era el de que, si no la admitían, Barrios haría la guerra inmediatamente a Honduras. Pero esto constituye la mayor gloria del Dr. Soto, pues por evitar esa guerra había presentado su renuncia, porque la sangre del pueblo no debe derramarse por causas personales.

El Dr. Soto, al renunciar la Presidencia, creyó de su deber, para dejar en libertad al nuevo Gobierno, renunciar también las comisiones que le había encargado el Congreso. La renuncia le fue admitida y en esta virtud devolvió las diez mil libras que se le habían acordado para gastos. De suerte que su viaje a los Estados Unidos no costó un centavo a la Nación y sí le reportó beneficios.

Al salir del país había dejado la Hacienda en estado de florecimiento. Las rentas en seis años hasta el 31 de julio de 1882 habían dado un producto líquido de $\$\ 4.486.770.31^{5/8}$. Sólo el aumento de $\$\ 290.340.57^{1/4}$ que hubo de 1876 a 77 es mayor que el producto de las rentas de 1875, en tiempo del Gobierno del señor Leiva, que tenía que llenar el déficit con empréstitos. En 1877 se elevaron a $\$\ 402.452.93^{3/8}$ y en 31 de julio citado de 1882 habían subido a $\$\ 1.032.344.40^{5/8}$. Al emprender su viaje el Dr. Soto no había concluido el año económico de 1882-83, y el Gobierno que le sucedio contó con una situación halagadora para atender a todas las necesidades del Estado, quedando asegurada la vida y marcha regular de la Administración Pública.

Elegido Presidente el General Bográn, tomó posesión de su cargo el 30 de noviembre. Al principio de su Gobierno, mantuvo buenas relaciones con el ex Presidente Soto y sus amigos. En noviembre de 1884, el Dr. Soto había regresado a Nueva York de un viaje a Europa, casi moribundo. Venía de tomar las aguas de Carlsbad, que le salvaron la vida. Recibió entonces una carta del Dr. D. Adolfo Zúniga, en la que éste lo excitaba para que trabajase por Honduras, organizando compañías mineras, agrícolas e industriales. En enero de 1885, cuando el Dr. Soto pudo escribir, le contestó que nada podía hacer porque los capitalistas no tenían confianza en la situación de Centro-América, a causa de que Barrios continuaba conspirando y preparándose para lanzarse sobre las demás Repúblicas. El Dr. Zúniga mostró su contestación al General Bográn, y éste le dijo que no había nada que temer, mostrándole una carta del Dr. Zaldívar en que le informaba que el Dr. Gallegos acababa de regresar de Guatemala a San Salvador y manifestaba que Barrios le había dicho que no había ni que pensar siquiera en la obra de unión centro-americana. El Dr. Zúniga le escribió al Dr. Soto lo que le había dicho el General Bográn, y cuando su carta llegó a Nueva York, ya se sabía allí por cable que el 28 de febrero el General Barrios se había proclamado Jefe Supremo Militar de Centro-América.

En efecto, poco después, de haber recibido el General Bográn la carta que mostró al Dr. Zúniga, vino a Tegucigalpa el General D. Salvador Barrutia con cartas autógrafas de los Presidentes Barrios y Zaldívar, manifestando a aquél que su misión principal era la de tratar sobre la manera de llevar a cabo la Unión Nacional; y cuando firmaban el protocolo de sus conferencias, que tenían por base el convenio celebrado en septiembre de 1883 con el Dr. Gallegos, recibió sorprendido el General Bográn el aviso de la proclamación de Barrios.

Para el señor Barrutia, no debe haber sido sorpresa, porque con la misión de que hablaba trajo otra: creyendo Barrios seguro su triunfo y que por lo mismo habría de hacerse una elección para Presidente de Centro-América, en la que los amigos del Dr. Soto podrían proclamar la candidatura de éste, le dio instrucciones para exigir del Gobierno del General Bográn que se diera un decreto dañando la reputación del Dr. Soto. El Congreso dictó entonces el decreto de 5 de marzo, creando un comité para investigar los actos fiscales de la Administración Soto. A los dos días, o sea el 7, dictaba el decreto de adhesión al movimiento iniciado por el General Barrios. Ya se sabe que la campaña terminó con el desastre de Chalchuapa y el tratado de Namasigüe.

La participación del Gobierno del General Bográn en esa campaña y los males que provinieron de ella levantaron contra él una fuerte oposición, en la que figuraban algunos amigos del Dr. Soto. Creyendo que éste era el alma de esa oposición, el General Bográn empezó a atacarlo de todas maneras. El Dr. Soto lanzó entonces contra él las expediciones marítimas del Dorian y del City of México, armados en los Estados Unidos, las que fracasaron, como fracasó también la invasión del Gral. Delgado, favorecida por él. Bográn hizo embargar en Tegucigalpa y en Guatemala los bienes del Dr. Soto. Este no había sido citado siquiera, de modo que el procedimiento no era legal: era absolutamente político. El Dr. Soto obtuvo el desembargo de sus bienes en Guatemala, y en Nueva York sentencias a su favor contra el Gobierno de Honduras.

En aquella ciudad se le puso pleito por la calumnia que inventó Barrios respecto a que Soto debía a Guatemala cincuenta mil pesos. El Dr. Soto se defendio haciendo declarar ante el Tribunal y en presencia de los Abogados del Gobierno hondureño al General D. Martín Barrundia, Ministro de la Guerra del Gobierno de Barrios que había firmado la nota que servía de pretexto para el juicio. El General Barrundia confesó la verdad. Dijo que el Dr. Soto nunca había debido ni un centavo siquiera al Gobierno de Guatemala: que la nota en que eso se decía había sido dirigida al Gobierno del General Bográn para que éste la usara como un arma política contra el Dr. Soto; y que ni el mismo General Barrios habría aprobado que se usara como se estaba usando. El General Barrundia aclaró esa calumnia confesando hasta su propia culpa; y el resultado fue que los Abogados del Cónsul de Honduras, General D. Jacobo Braiz, fueron completamente derrotados.

Las investigaciones de la conducta fiscal del Dr. Soto no produjeron ni podían haber producido cargo alguno contra él; y por ello no existe contra él ninguna sentencia condenatoria: ningún fallo puede arrojar una sombra sobre su nombre[8].

---

[8] Desde a principios del año de 1885, el ejecutivo y el Congreso Nacional comenzaron una persecución activa contra el ex-Presidente, Dr. Marco Aurelio Soto, a quien se imputaban los delitos de concusión y dilapidación de los caudales

El Dr. Soto vino a Costa Rica en 1886; a principios de 1887 volvió a los Estados Unidos, y más tarde se estableció en Paris. En 1895 vino a Guatemala, bajo el Gobierno del General D. José María Reina Barrios, y allí se encontró con el General D. Luis Bográn, ex-Presidente de Honduras. Serenados ya los espíritus y reconocidos de una y otra parte los errores que se habían cometido, el general Bográn había vuelto sobre sus pasos y querido reanudar sus relaciones con el Doctor Soto. Recordando la entrega del poder al general D. Ponciano Leiva en Comayagua, había dicho que el gran error de su vida pública había sido no llamar al Doctor Soto para que viniera a ocupar la Presidencia. El último deseo del General Bográn fué el de ver al Doctor Soto de Presidente de Honduras otra vez, y trabajaba en Guatemala, dispuesto hasta comprometer su vida para lograrlo, pero enfermó gravemente y falleció el 9 de julio de aquel año. El Doctor Soto asistió a su entierro, presidiéndolo.

De regreso a París, varios amigos escribieron al doctor Soto a principios de 1898, excitándolo a consentir en que se lanzara su candidatura a la presidencia. Él contestó en marzo, de Bagnéres de Bigorre, Villa-Salut, que consentiría en que se usara su nombre si había posibilidades de entablar una campaña electoral verdadera, sin abusos del poder ni peligro de provocara una anarquía que engendrara otra

---

públicos o nacionales durante el tiempo en que ejerció el Poder ejecutivo. Con tal fin el Congreso Nacional en decreto número 32, de 5 de marzo del año citado, dispuso: que el Ejecutivo designara a la mayor brevedad, dos o tres personas aptas y honradas para que formaran un Comité de Investigación, para el esclarecimiento de la verdad acerca de dichos delitos. El 2 de Octubre siguiente el Presidente Bográn, nombró vocales del Comité a los Doctores Rafael Padilla y Policarpo Bonilla y al Director General de Rentas D. Marcial Vijil. El Comité se instaló el 22 de dicho mes bajo la Presidencia del Lic. D. Crescencio Gómez, Ministro de Gobernación. El Comité trabajó desde su instalación y gran parte del año de 1886, consignando los datos en un libro aparte, que después envió al Ministerio de Hacienda. De esta oficina fue llevado al Congreso Nacional en sus sesiones ordinarias de 1887 y examinado se vio que la administración del Dr. Soto había pagado algunas cantidades de pesos al Diputado, D. Celeo Arias y don Tranquilino Bonilla, y como el Congreso quisiera conocer el motivo de tales pagos, el Diputado Bonilla, don Policarpo, se opuso por ser este último su tío. Continuado el examen resultó que también de orden del Dr. Soto se pagaron algunas cantidades de dinero al Presidente Bográn y algunos de sus Ministros, por lo cual de hecho se suspendio el mencionado examen y el Congreso no se pronunció en ningún sentido y el trabajo realizado no dio ningún resultado y el libro entro al Archivo Nacional en donde se encuentra. -- (Nota de la REVISTA.)

guerra civil, pues era enemigo de la política de partido, tenía horror por la sangre y un gobierno representado por un caudillo que ha conquistado el puesto mercede a la guerra civil no puede ser un gobierno nacional. Y recordaba con satisfacción haber trabajado en Amapala porque no se derramara una gota de sangre en 1876 y haber procurado ser en Honduras un elemento de orden, de paz, de unión y no de guerra, divisiones y discordias. Solo en Santa Bárbara, cuna del general Bográn, se proclamó su candidatura a la presidencia, con la del doctor D. Sotero Barahona para la vicepresidencia. En las elecciones que fueron libres y se practicaron el 30 de octubre y los dos días siguientes, obtuvo el doctor Soto 6,881 votos en la República, de los cuales 938 correspondían al departamento en el que se le había proclamado, en el que obtuvo 1.792 el general D. Terencio Sierra, candidato triunfante del Partido Liberal.

Si se hubieran organizado formalmente trabajos electorales por el Doctor Soto se habría manifestado una poderosa opinión en su favor. En el país se había hecho honor a su actitud respecto al movimiento revolucionario que en 1897 encabezó D. Enrique Soto de quien dijo en Nueva York: “Como hondureño y patriota desapruebo en absoluto su ataque contra Honduras”. El Doctor Soto vino en 1900, después de diecisiete años de ausencia, a visitar su tierra nativa. Desembarcó en Trujillo y allí proyectó la construcción de un ferrocarril que abriera el Valle del Aguán al comercio del mundo, y dio los primeros pasos al efecto. Pasó luego a Puerto Cortés y de allí vino a Tegucigalpa. Las recepciones que se le hicieron en todas partes fueron ovaciones inspiradas por el sentimiento de la gratitud popular hacia el ilustre expresidente. El 18 de julio se dio en su honor un espléndido baile en el Salón de Recepciones del Palacio Nacional. Durante su permanencia en Tegucigalpa varios de sus amigos le instaron para que los autorizara a efecto de emprender trabajos en favor de su candidatura a la Presidencia de la República para suceder al General Sierra: se convino en aplazar esos trabajos para más tarde. El 22 salió para Amapala, con dirección a Europa, habiéndolo despedido sus amigos, por encargo suyo , el General D. Manuel Bonilla quien se manifestaba partidario de su candidatura.

En junio de 1901 hizo un viaje a los Estados Unidos. En Nueva York fué entrevistado por un redactor de The New York Press, quien deseaba conocer sus impresiones e ideas sobra la política centroamericana. Dijo a éste respecto, a Honduras, que tenía completa fe en el Presidente Sierra, quien no solo cumpliría con los preceptos de la Constitución sino que vería por que la elección de su sucesor fuera absolutamente libre. De allí pasó a Washington, en donde D. Luis F. Corea dio en honor suyo un banquete, en que estuvieron representadas las cinco Repúblicas de Centro América, bajo la Presidencia del Embajador de los Estados Unidos de México. De Washington fue le Doctor Soto a Nueva Orleans, en donde recibió la visita de uno de los redactores del Daily States comunicó a éste su propósito de emprender el ferrocarril del Aguán y le dio conocimiento del estudio, ilustrado con mapas, que para él hizo el ingeniero D. Emilio Koeneman. También le facilitó la lectura de la redacción que le hizo el Ing. Americano Mr. E. M. Sargent, acerca de los puentes y producciones de riqueza del Valle del Aguán. Por causas independientes de la voluntad del Doctor Soto, no se pudo emprender la obra del ferrocarril. De Nueva Orleans se dirigió el Doctor Soto a la Habana, allí fue recibido con mayor entusiasmo por el General Leonardo Wood, gobernador de Cuba a la sazón, y por su gobierno, por sus numerosos amigos, defensores de la libertad de Cuba, a la cabeza de los cuales figuraba el ilustre General D. Máximo Gómez, igualmente que por españoles y cubanos, por liberales y autonomistas y por el pueblo.

En 1873, como Ministro de Relaciones Exteriores de Guatemala habían firmado el decreto en que se reconocía la Independencia de Cuba y después, bajo su Gobierno habiendo fracasado la revolución que proclamó aquella, Honduras había sido el hogar de los proscritos cubanos. El Doctor Soto fue objeto de muchos agasajos y de todo género de consideraciones y muestras de simpatía, varios periódicos ilustrados publicaron su retrato y con él la biografía de su brillante vida y dieron crónicas de las recepciones y paseos que hubo en su honor.

La nota principal entre tantas manifestaciones, fuera de la de reconocer en él un hombre superior, fue la de la gratitud por se conducta con los cubanos independientes. Durante ese viaje el Dr. Soto estuvo recibiendo correspondencia de sus amigos de Honduras interesados en su candidatura a la Presidencia, y viendo que había unanimidad en favor de ésta en el país, dispuso al volver a Europa prepararse para emprender oportunamente su regreso a la Patria para corresponder a los propósitos de sus partidarios.

El 22 de febrero de 1902 convocó el Congreso a elecciones de

Presidente, Vice-Presidente y Magistrados de la Corte Suprema de Justicia para el nuevo período constitucional. Con este motivo se activó la correspondencia con el Dr. Soto y uno de sus amigos, al instarlo como los demás que viniese a Honduras, le habló de la conveniencia de dirigir un Manifiesto al pueblo, ya en carácter de candidato. El Dr. Soto contestó con la cartque,e Paris, 7 rue Cinarosa, de 25 de Marzo, en la que manifestaba que creía un deber suyo corresponder a las solicitaciones de sus amigos, y en este concepto se proponía tomar parte en la próxima elección para procurar la unión de sus compatriotas y que en paz y armonía se escogiera la persona que mejor pudiera servir en aquellas circunstancias la Presidencia: no debiendo buscarse hombres de partido que tuvieran odios que vengar o partido que favorecer, pues se necesitaban hombres de Estado que fundaran un Gobierno Nacional, en el que tomaran parte todos los hondureños sin distinción de clases ni opiniones, que él no solicitaba ni deseaba la Presidencia: pero repetía lo que había dicho antes, esto es, que si sus compatriotas creían que podía ser útil al país, estaba a su disposición para ocupar el puesto que le designaran que después que viera el resultado de los trabajos que emprendería para que se llegara a un entendimiento claro sobre lo que convenía a los intereses de la Patria, decidiría de acuerdo con sus amigos la conducta que debería observar en las elecciones presidenciales: y, que por eso se abstenía de enviar el Manifiesto solicitado.

El Dr. Soto salió de París el 4 de Abril y llegó a Nueva York con el propósito de pasar de allí a Costa Rica; pero la correspondencia que encontró en aquella ciudad le hizo seguir directamente a Honduras. Dirigióse a Nueva Orleans, y el 21 se embarcó en el vapor Harald para Puerto Cortés, en donde desembarcó el 25. Venía en unión de sus hijos D. Juan José y D. Marco y del Lic. D. Antonio S. Maradiaga, quien fue en comisión especial a Nueva York a su encuentro. Después de visitar Omoa vino a San Pedro Sula, de donde pasó a Santa Bárbara. En aquella y esta ciudad se le reunieron otras comisiones; pasó con ellas a Comayagua, y el 16 de Mayo ingresó a Tegucigalpa acompañado de una numerosa comitiva.[9] El 18 el Presidente Sierra le dio un banquete

[9] Es por demás curiosa la anécdota siguiente: el día 16 de Mayo en que el Dr. Soto hizo su entrada a la capital con gran acompañamiento de amigos el Presidente Sierra y su Ministro de Gobernación Lic. D. César Bonilla, se encontraban en la esquina del Corredor alto, de la Casa Presidencial casi al frente del Puente Mallol

en Toncontín, donde estaba de temporada. Entre tanto, habían aparecido las candidaturas del General D. Manuel Bonilla, que se desligaba del Dr. Soto, y la del Dr. D. Juan Ángel Arias, que era Ministro de Justicia e Instrucción Pública del Gobierno del General Sierra. El 1° de Junio se organizó, con el nombre de Unión Patriótica, una asociación para proclamar y sostener la candidatura del Dr. Soto, de la que fue órgano el periódico La Paz. Otras publicaciones aparecieron en Juticalpa, San Pedro Sula y otras ciudades apoyando la causa de la Unión Patriótica.

El General Sierra, al tomar posesión de la Presidencia el 10 de Febrero de 1899, había dicho a su antecesor el Dr. D. Policarpo Bonilla: "Al recibir de vuestras manos un ejemplar de la Constitución, como símbolo de depósito del Poder Supremo, expreso mi firme determinación de entregarlo también a mi legitimo sucesor el 1° de Febrero de 1903". Olvidando esta promesa y pretendiendo continuar en la Presidencia, el General Sierra fomentaba ahora la división entre los tres candidatos. La prensa que defendía las candidaturas de los señores Bonilla y Arias se había desbordado y la que luchaba en favor del Dr. Soto guardaba la mayor corrección, absteniéndose de ultrajes y de estimular las pasiones. Enardecidos los ánimos la situación que llegó a crearse era precursora del estallido de una tormenta revolucionaria. Entonces un agente del General Sierra, D. Maximiliano Sagastume, provocó en el mes de Julio una junta de partidarios de las tres candidaturas, la que se celebró en el Salón de Actos de la Universidad. A ella asistieron los Doctores D. Crescencio Gómez, D. Diego Robles y D. Trinidad Ferrari, representando la candidatura Bonilla; el mismo señor Sagastume, representando la candidatura Arias; y los señores Dr. D. Rafael Alvarado Manzano, D. Federico Travieso y D. Samuel Laínez, representando la candidatura Soto. Actuó como Presidente el Dr. Alvarado y como Secretario el señor Sagastume. Este expuso el objeto de la Junta, y propuso que se conviniera en hacer que el Congreso prorrogara al General Sierra el período presidencial por un año, durante el cual procuraría que se calmaran los ánimos para que en Octubre de 1903 se practicaran las elecciones tranquilamente (es decir, para que recayeran en él). Previo acuerdo con el Dr. Gómez, el Dr.

---

y cuando la comitiva entraba a este el Lic. Bonilla dijo al Presidente Sierra: "General allí viene su sucesor, a lo cual contestó Sierra; "No amigo, Soto fusiló a Medina". (Nota de la REVISTA).

Robles preguntó al señor Sagastume en qué carácter hacía la proposición, y contestó que en su carácter particular. El Dr. Robles manifestó entonces su sorpresa y dijo que tal proposición debía entenderse de carácter Oficial, y que sólo un Ministro, un Sub-Secretario o un agente del Presidente de la República debidamente autorizado podía hacerla; y no habiendo nada de esto, no era de tomarse en consideración siquiera. Y luego invitó a sus compañeros a retirarse, con lo que la junta se disolvió en el acto.

La Junta Directiva Central de la Unión Patriótica, en vista de que se habían organizado, de acuerdo con sus bases, más de 150 Juntas Departamentales y Locales en que figuraba número considerable de electores de Honduras, y que tanto esas Juntas como gran número de ciudadanos que por motivos especiales no habían figurado en ellas o no habían organizado otras, habían proclamado la candidatura del Dr. D. Marco Aurelio Soto a la Presidencia de la República para el período de 1903 a 1907; resolvió en 3 de Octubre creyendo llegado el momento, proclamar la expresada candidatura, aceptando así la promesa que el Dr. Soto en su carta de París hizo a sus compatriotas; y en la misma fecha dirigió un Manifiesto a los hondureños, en el que se complacía en declarar que no había tenido ni tenía empleado alguno a su favor, ni contaba con apoyo oficial de ninguna especie: que le había bastado para su feliz desarrollo, desde su fundación, tener la honra y la fortuna de ser secundada en todos los Departamentos, con pocas excepciones, por las mejores clases sociales, por los hombres ilustrados, por los propietarios, artesanos y trabajadores, por el pueblo honrado y laborioso: que había sido favorablemente acogida en el país, no obstante las irregularidades, o mejor dicho, los abusos que las autoridades había cometido: que su propaganda había sido franca y noble, ajena al fraude y la intriga, y en cuanto a su prensa no había podido ser más circunspecta y mesurada, pues había evitado las intemperancias de lenguaje y se había abstenido de la injuria, de la baja invectiva y la calumnia, armas vedadas e indignas que no convencen y sólo sirven para envenenar los ánimos y enconar las pasiones; y que proclamaba candidato al Dr. Soto por su ilustración, por su distinguida posición social y valiosas relaciones en Centro América, Estados Unidos y Europa, que lo habilitaban para trabajar con éxito por la felicidad del país, porque eran sobrado conocidos sus talentos para el difícil encargo de gobernar la República, talentos que había desarrollado con el estudio y la meditación en centros de refinada cultura y con el caudal de experiencia que le habían proporcionado la edad y el trato del mundo y porque abriría a la Patria nuevos horizontes, nuevas sendas de prosperidad como aquellas que él mismo iniciara cuando llegó a Honduras en 1876, en que en el ejercicio de la Presidencia correspondio de manera inopinada y espléndida a las esperanzas del país, haciendo surgir la vida del seno del caos.

Las elecciones se practicaron en la época legal: su resultado no fue grato al Presidente Sierra, y por ello hizo circular la noticia de que no había habido mayoría a favor de ninguno de los tres candidatos, y en este caso correspondería al Congreso practicar la elección entre ellos. Mas, como la idea de Sierra era la de no entregar el Poder y para esto se había entendido secretamente con el Presidente Zelaya, de Nicaragua, y con el Presidente Regalado, de El Salvador, con el objeto de apoyarse recíprocamente, preparó su plan para violar la Constitución.[10]

El 1° de Enero de 1903 se instaló solemnemente el Congreso: en los primeros quince días de este mes, debía este Congreso elegir Designados a la Presidencia: Sierra maniobró para que no se eligieran, porque podía recaer la elección en partidarios del Dr. Soto, del Dr. Arias o del General Bonilla, y no se eligieron ni en los primeros quince días ni en los últimos de Enero. Maniobró también Sierra para que la Comisión de escrutinio de los votos para la Presidencia no diera cuenta de su trabajo en todo el mes. De este modo se llegaría al 19 de Febrero, día en que empezaba el nuevo período constitucional sin Presidente declarado popularmente electo, o electo por el Congreso, y sin Designado que se hiciera cargo del Poder legalmente mientras se declaraba o se hacía la elección por el Congreso. Por otra parte, Sierra estaba seguro de que estallaría un movimiento armado y creía poder

[10] El Dr. Soto publicó en "El Noticioso", de San José de Costa Rica, su opinión cerca de los sucesos de Honduras así: "Cuando salí de Honduras, aún no había estallado la revolución. Pero ella era inminente. "El General Sierra no entregaría el Poder a Bonilla aleg3rando que el número de sufragios excedía a lo que racionalmente arrojaban los casos. Ello era cierto si se toman por base como deben tomarse los datos oficiales. El Congreso llamado a resolver este asunto estaba compuesto en su mayoría por partidarios de Sierra y procedio a gusto de éste. Pero debe tomarse en cuenta que 14 Diputados bonillistas en vista de lo que debía ocurrir se marcharon para la revolución a más de 10 diputados Sotistas que abandonaron la capital. Estos últimos favorecían también a Bonilla". Nota de la Revista.

dominarlo, y a favor de la victoria imponerse a los hondureños. Mientras llegaba el momento, se trasladó a su hacienda de Coray.

El Dr. Soto, al ver que se rompía el orden constitucional por no haber el Congreso elegido Designados a la Presidencia en la primera quincena de Enero, salió de Tegucigalpa el 17 del mismo para Amapala, con dirección a Costa-Rica; pero deseoso de despedirse del General Sierra se dirigió a Coray a donde llego el 20. Allí recibió, por medio de Sierra, invitación del General Zelaya, Presidente de Nicaragua, para visitar la ciudad de Managua. El Dr. Soto quiso atender la invitación, y el 22 se puso en camino para aquella República. Sierra fue a encaminarlo hasta Nacaome y al despedirse le dijo que iba a entregar el Poder al Consejo de Ministros, dejando como Presidente de él al Ministro de Gobernación, Dr. D. Rafael Alvarado Guerrero.

Sierra regresó a la capital, y el 30, habiendo renunciado la Cartera de Gobernación el Dr. Alvarado Guerrero para ir a unirse al General Bonilla, que estaba para levantarse en Amapala, reorganizó el Gabinete, y en él depositó el Poder Ejecutivo. El Consejo de Ministros quedaba constituido así: Dr. D. Juan Ángel Arias, Secretario de Estado en los Despachos de Gobernación y Relaciones Exteriores; General D. Máximo B. Rosales, Secretario de Estado en el Despacho de la Guerra; D. Daniel Fortín h., Secretario de Estado en el Despacho de Hacienda: D. Francisco Altschul, Secretario de Estado en el Despacho de Fomento: y Lic. D. Manuel S. López, Secretario de Estado en los Despachos de Justicia e Instrucción Pública. Este depósito era un golpe de Estado, porque el Consejo de Ministros ya no tendría sucesión legal el 1° de Febrero, pues sus funciones cesarían al mismo tiempo que las del Presidente que los había nombrado. Sierra se hizo nombrar por el Consejo Comandante General de las Armas, cargo que no existía conforme a la Constitución: de este modo quedaba con el poder efectivo de la República.

El Dr. Soto entretanto, pasando por Choluteca, había llegado a Nicaragua, y había sido muy bien recibido en aquella República, patria de su amigo Máximo Jerez. Permaneció pocos días en Managua, y luego se embarcó en Corinto para Costa-Rica, transido de dolor por la nueva tempestad que iba a desencadenarse sobre Honduras.

El movimiento armado que Sierra esperaba estalló. El General Bonilla se levantó en Amapala el 1° de Febrero. Prestó ante el Alcalde del puerto la promesa como Presidente Constitucional, seguro como estaba de haber obtenido la mayoría de votos en los comicios, y vino a situarse con una pequeña fuerza en el puerto del Aceituno: Sierra salió a combatirlo. Entretanto se había disuelto el Congreso por haberse retirado gran número de Diputados con motivo del golpe de Estado del 30 de Enero: pero el Consejo de Ministros hizo concurrir, empleando coacción, a algunos Diputados propietarios y Diputados Suplentes no incorporados anteriormente y cuyas credenciales no estaban calificadas. Al completarse el número, se consideró legalmente reintegrado el Congreso y continuó sus sesiones el 13 de febrero. Este Congreso eligió al Dr. Arias, Presidente Constitucional el 16. Arias tomó posesión el 18.

Sorprendido Sierra por estos sucesos, pues no había dado el golpe de Estado en provecho de otro, anunció que, después de vencer al General Bonilla, volvería sobre Tegucigalpa a deponer al Dr. Arias. Pero el resultado de la campaña no fue el que esperaba: fue derrotado en El Aceituno: a esta acción siguieron otras en diferentes puntos del país, desfavorables a su causa, y después de la segunda acción de Coray tuvo que escapar, internándose al territorio de El Salvador. El Presidente Regalado, en vez de apoyarlo, había apoyado al General Bonilla al ver que éste contaba con auxilios de Guatemala, y se había resuelto a entregar la Presidencia a D. Pedro J. Escalón, elegido para sucederle. El Presidente Zelaya nada hizo en su favor. El General Bonilla avanzó sobre Tegucigalpa, la que ocupó el 13 de Abril e hizo prisionero al Dr. Arias.

Terminada la campaña y reconocido por todo el país el General Bonilla, el Congreso se instaló en sesiones extraordinarias el 3 de Mayo, y el 5 declaró inconstitucional la reunión de los Diputados que celebró sesiones desde el 13 de Febrero hasta el 2 de Marzo. El 12 declaró al General Bonilla electo Presidente de la República, por haber obtenido en las elecciones mayoría absoluta de votos. El Congreso inconstitucional, para elegir al Dr. Arias, había declarado que no había mayoría para ninguno de los candidatos, por considerar nulas 66 actas, y así formó una base de 58.539 votos de los que reconoció 28.550 al General Bonilla, 25.118 al Dr. Arias, 4.857 al Dr. Soto, y 14 a otros candidatos, por lo que procedio a elegir entre los tres. Según el escrutinio de 12 de Mayo, la base electoral fue de 76.574 votos, de los que obtuvo el General Bonilla 41.786; el Dr. Arias, 27.764; el Dr. Soto 6.881 y varios candidatos 15; y siendo la mitad de la base 38.287, estaba electo el General Bonilla.[11]

Tal fue el resultado de las elecciones, respecto a las cuales el General Sierra no se condujo como el Dr. Soto en 1901, en Nueva York, había declarado esperarlo confiadamente y como lo había prometido el mismo Sierra el 1° de Febrero de 1899.

En el fracaso de la candidatura del Dr. Soto, hay que considerar otros factores, además de los expuestos: su indiscutible superioridad era temida de los Gobernantes vecinos, Estrada Cabrera, Regalado y Zelaya. Y por eso, desde el principio, estaba resuelto el primero a dar auxilios al General Bonilla, como se los dio: a última hora, como se ha dicho, se los dió también Regalado.

Esto desagradó a Estrada Cabrera que, enemigo de Zelaya, contaba con aprovechar el triunfo del General Bonilla para lanzar una revolución encabezada por el General D. Anastacio J. Ortiz que colocara a éste en la Presidencia de Nicaragua. Se había frustrado, pues, el plan del Presidente de Guatemala. Lo que pone en claro que se equivocó al apoyar al General Bonilla creyendo que podría dominarlo, como con razón temía no poder dominar al Dr. Soto. Estos son los errores de la política inspirada en los intereses personales y no en los intereses permanentes de los pueblos.

El Dr. Soto, al conocer el desenlace de los sucesos de Honduras, salió de San José de Costa-Rica para Nueva York y París, con el propósito de traer a su familia a aquella capital, a fines del año: pero no volvió hasta 1906. En Junio de este año se habían exacerbado las relaciones de Honduras y El Salvador con Guatemala, y fuerzas guatemaltecas invadieron por el lado de Ocotepeque. El General D. Miguel Oquelí Bustillo, quien se hallaba en Nicaragua, emigrado de Honduras, escribió al Dr. Soto el 17 de dicho mes sobre estos acontecimientos. El Dr. Soto le contestó el 15 de Julio con una carta en que se hallan estos hermosos párrafos: "La cuestión centro-americana del Predominio de Guatemala sobre El Salvador y Honduras está planteada. Han invadido los guatemaltecos el territorio hondureño. En este caso yo estoy por la unión de Honduras con El Salvador y por el triunfo de las armas hondureñas. Se trata de una cuestión internacional,

[11] La suma de los votos obtenidos por los candidatos según el escrutinio de Mayo, es la de 76.446. Faltan, pues, 128 votos para completar 76.574, base considerada. Sorprende este error, cuya causa es desconocida; pero no afecta la declaración de haber mayoría.

y creo que nuestro patriotismo exige que estemos con quien lleva la bandera hondureña, no importa a qué partido pertenezca. Más tarde, cuando la paz se haya celebrado, entonces podremos hablar de la cuestión interior de la política hondureña.

"Mi principio es ser patriota antes que todo. Muchos dirán que ahora es la ocasión de atacar a Manuel Bonilla. Yo no lo creo. Dirán también por esto que soy un Quijote; pero cuando se trata de asuntos de la Patria, Quijote seré siempre y Quijote moriré. Honduras antes que todo y sobre todo. Después de la paz las cosas tomarán naturalmente otro aspecto, y hay que estudiarlo".

Para poner término al conflicto, se celebró, a invitación del Gobierno de los Estados Unidos de América, una conferencia, a bordo del Marblehead, barco de guerra americano, cerca de Acajutla, por representantes de las tres Repúblicas, el 20 de Julio. Las negociaciones iniciadas allí dieron origen al Tratado General de Paz y Amistad firmado en San José de Costa Rica el 25 de Septiembre por Plenipotenciarios de las Repúblicas centroamericanas, con excepción de Nicaragua.

El 8 de Noviembre escribía el Dr. Soto al autor de este libro, sobre la necesidad de reformar la legislación, creando en Honduras lotes de familia, estableciendo así algo semejante al *homestead*, y formulaba las bases del proyecto de ley.[12] Tenía tal aprecio el Dr. Soto por su proyecto que, en otra carta, decía: "Como Ministro y Presidente he iniciado muchas leyes: todas las doy por la de lotes de familia". Quería por medio de ella beneficiar, principalmente, la clase pobre de nuestro pueblo que es más numerosa, pues es justo que los hondureños tengamos unos cuantos palmos de tierra en donde levantar nuestra casa, fundar nuestro hogar, tener nuestro refugio y vivir con seguridad al calor de la familia y al abrigo de la miseria. "La reforma que propongo -decía- es radical, pero es buena; tanto que, si yo fuera Presidente, con el despotismo que me achacan, tal vez para hacer el bien, haría obligatoria a todo hondureño o padre de familia, la posesión de un lote donde sembrar un número de árboles útiles y frutales, y construir una casa, un gallinero y un establo para tener una vaca por lo menos y un par de los amigos de San Antonio. Es necesario que lo que Enrique IV de Francia deseaba para su pueblo, nosotros lo realicemos para el

[12] Véase la carta con el título de la tierra hondureña para los hondureños, en la Revista de la Universidad: tomo 1, pág. 165.- Año de 1909.

bienestar del hondureño: que cada familia tenga una gallina en su puchero".

Creía el Dr. Soto que el General Bonilla sería el primero en apoyar el proyecto; pero no sucedió así: lo pasó a estudio de uno de sus consejeros, el Dr. Alvarado Manzano, y éste lo devolvió con voto adverso. Nada pudo hacerse por entonces. En España se dictó en 30 de Agosto de 1907 la Ley de Colonización[13]; y en Costa Rica se dictó el 12 de Noviembre de 1909 una Ley de concesión de lotes[14]: ambas leyes concuerdan con el proyecto del Dr. Soto para la institución de lotes de familia.

Este proyecto concluirá por conquistar la opinión en Honduras.[15]

Una revolución puso término al Gobierno del General Bonilla el 25 de Marzo de 1907, fecha en que entró a Tegucigalpa, con las fuerzas victoriosas, la Junta de Gobierno que un mes antes, las fue poyo de Nicaragua, se había organizado en San Marcos de Colón, formada por los señores D. Miguel Oquelí Bustillo, D. de Gimo B. Rosales y D. J. Ignacio Castro. Llamado por la Junta de Gobierno el General D. Miguel R. Dávila al ejercicio del Poder Ejecutivo, entró a sus funciones como Presidente Provisional el 18 de Abril. Pero la situación política que se había creado en el interior del país y con los Gobiernos de Centro-América era tan delicada que. preocupados de ella el Gobierno de los Estados Unidos de América y el de México, de común acuerdo, hicieron gestiones amistosas para que el Dr. Soto ocupara la Presidencia de Honduras. El Dr. Soto seguía en San José de Costa Rica, y se hallaba gravemente enfermo. Fue llamado a Washington; pero no pudiendo aceptar las proposiciones que allí se le hicieron, prestó grandes servicios a la paz y a la independencia de Honduras, lo mismo que a la paz y a la independencia de Centro América, habiendo sabido contribuir digna y noblemente al afianzamiento del General Dávila en la Presidencia.

De Washington volvió el Dr. Soto a Paris. En busca del restablecimiento de su salud, hizo un viaje a Alemania, del que regresó a principios de Noviembre, sin haber experimentado mejoría alguna. En este estado lo sorprendió la noticia del fallecimiento en Nueva York, de

[13] Revista de la Universidad: tomo 1, pág. 662.

[14] Revista de la Universidad: tomo 11, pág. 118.

[15] Esto se escribía en 1909.-Ya en 1916 el Foro hondureño, órgano de la Sociedad de Abogados, N° s 3 y 4, hacía propaganda a la idea de los lotes de familia. La Constitución de 1924 la ha aceptado.

su hijo menor, Alberto, la que no pudo resistir, y murió el martes 25 de Febrero de 1908. Así se extinguió aquella vida que fué fecunda en bienes para Honduras y que tanto hizo por Centro América. Los hondureños no supieron apreciar al Dr. Soto, en 1902: si secundando g la Unión Patriótica, lo hubieran elevado a la Presidencia entonces, de acuerdo con los 6.881 ciudadanos que sufragaron por él, habría imperado la paz y no habríamos visto la serie de revoluciones que, como consecuencia del error cometido, han traído al país la ruina y la desolación, y lo han conmovido tan profundamente que no es posible predecir cuándo se obtendrá punto de reposo.

Los venerados restos del Dr. Soto reposan en su capilla, en el Cementerio de Passy: ¡la tierra hondureña clama por ellos, que son honra y gloria de la Patria!

En Honduras se hicieron sentidas manifestaciones de duelo por la muerte del Dr. Soto. La Asamblea Constituyente, en decreto de la misma fecha en que acaeció, declaró que era su deber rendir un homenaje de respeto y simpatía a la memoria de aquel eminente ciudadano, que prestó a la Patria tantos y valiosos servicios en su calidad de Gobernante. siendo el primero que encauzara al país resueltamente en la vida de la civilización y de progreso; y ordenó suspender sus sesiones por tres días y que durante nueve llevaran luto todos sus miembros en señal de duelo: que la bandera de la República permaneciera a media asta por nueve días y se excitara con igual fin, por conducto del Ejecutivo, a los miembros del Cuerpo Consular acreditado ante el Gobierno de la Nación: que se dedicara una corona fúnebre en honor de la memoria del Dr. Soto para la cual se invitaría a los hondureños e hijos de Centro-América; y que un orador representara a la Asamblea en la velada fúnebre que celebraría el Poder Ejecutiva en honor del ilustre extinto.

La velada se celebró en el Salón de Actos de la Universidad Central el 29. En ella pronunciaron justicieros discursos el Dr. D. Ernesto Argueta, en nombre de la Asamblea; el General D. Miguel Oquelí Bustillo, en nombre del Poder Ejecutivo; el Dr. D. Alberto Uclés en nombre de la Corte Suprema de Justicia: y el Lic. D. Rómulo E. Durón, en nombre de la Universidad.

El Dr. Soto era Abogado de los Tribunales de Guatemala y El Salvador, miembro de la Sociedad Económica de la Habana, individuo de la Sociedad de Historia y de Geografía de París, de la de Economía

Social de Francia y de la Sociedad de Agricultura, miembro honorario de la Real Academia Española de la Lengua, individuo correspondiente de la Real Academia de la Historia y de la de Legislación y Jurisprudencia de Madrid, y Presidente de la Sociedad de Obreros de Gante.

De París, que fue la residencia de su predilección en Europa, hizo repetidos viajes de observación y estudio a Inglaterra, a Bélgica, a Alemania, a Austria-Hungría, a Italia, a Suiza y a España; y en ellos extendió el círculo de sus relaciones con personajes eminentes de estos países. Visitó varias veces a su Santidad León XIII; y Monseñor Lorenzelli, Nuncio del Papa en París, reconoció, anticipándose a la historia y de acuerdo con la opinión de los principales hombres de la América-Central, que era digna del mayor encomio la obra que había realizado en Honduras, reorganizando la Hacienda Pública, la administración y la instrucción del país.

El Dr. Soto no era sólo político, jurisconsulto y economista: cultivaba de manera sobresaliente, las letras y la historia. Joyas de altísimo valor son sus artículos Santa Lucía. Felipe II y el Valle de los Ángeles, Cabañitas, su juicio sobre María de Jorge Issacs, sus coplas a Antonia Canas, en el metro de las de Jorge Manrique, sus discursos, y sus cartas al ilustre-literato D. José Milla sobre si desembarcó Cristóbal Colón en tierra firme del Continente Americano, problema histórico que le propuso y que hasta la fecha no ha tenido una solución satisfactoria. Dejó inéditas sus Memorias; un estudio sobre la Economía Política de Centro América y otros sobre su raza y su política.

Tuvo el Dr. Soto detractores: ellos forman el fondo negro en que destaca su figura luminosa.

¿Habrá necesidad de hablar de su cultura personal? Nadie lo ha definido mejor y en menos palabras a este respecto que el orador[16] que dijo que fue "educado por su prominente padre el Dr. Máximo Soto, como lo hubiera hecho Lord Chesterfield".

Cierran este esbozo biográfico las siguientes palabras del Dr. Soto, dichas en 1900 en el Salón de Recepciones del Palacio Nacional, y que son un programa que el pueblo hondureño hará bien en cumplir:

"Los acontecimientos de los últimos años han modificado

[16] Dr. D. Alberto Uclés; discurso en la velada fúnebre en honor del Dr. Soto.

profundamente la política del mundo.

Los destinos de Centro América están en juego, y tal vez para decidirse pronto. Seamos cuerdos. Vivamos en orden, en paz. Unámonos. Procuremos el adelanto de nuestro país. Ahora que he viajado y he hecho comparaciones puedo decir que Honduras es uno de los países más bellos y ricos de la tierra. Aprovechemos lo que tan prodigiosamente nos ha dado la naturaleza. Merezcamos tantos dones. Hagamos que la luz de la civilización penetre hasta en nuestras montañas desiertas, y que el trabajo, el santo trabajo las fecunde para que todos los hondureños gocen de los beneficios del progreso universal. El pueblo hondureño es inteligente, valeroso, tiene eminentes cualidades.

Desarrollémoslas, hagámoslas brillar como se pule un diamante, por un sistema completo de educación física, intelectual y moral, moral sobre todo. Cuidemos nuestra juventud, cultivémosla como una planta preciosa, para que dé buenos frutos y bellas flores. La juventud es la patria de mañana. Yo hago los más ardientes votos porque la juventud hondureña sea digna, laboriosa, entusiasta por el progreso, apasionada por todo lo bello y por todo lo grande y porque tenga por ideal, realizar la grandeza y la gloria de Honduras".

5 de Noviembre de 1909.

(Revisado y corregido en 25 de Noviembre de 1924).

ESTUDIO ECONÓMICO DE LA ADMINISTRACION DEL DOCTOR MARCO AURELIO SOTO

Por el Dr. Rómulo E. Durón

XX

LO QUE HIZO EL DOCTOR SOTO CON 18 REALES

El 27 de agosto de 1876 inauguró el Dr. don Marco Aurelio Soto su Gobierno provisional en el puerto de Amapala. Ese día había en la caja de la aduana, como existencia, 18 reales en moneda lisa, y muy comprometidos, porque se debían sus sueldos a los empleados del puerto y hasta a los soldados de la guarnición.

El General Medina se había pronunciado en Gracias el 16 de diciembre de 1875 contra el Gobierno del señor Leiva. Desde entonces reinó en el país la anarquía más espantosa que registra nuestra historia. Todos los elementos de desorden de que disponía Medina se lanzaron contra la sociedad. Después de nueve meses de luchas y desastres, el Dr. Soto encontró el país aniquilado, pero en más armas todavía.

En el departamento de Choluteca estaba el famoso General Barahona, acompañado de Avelino Cobos y de sus secuaces; tenía más de 800 hombres a sus órdenes, y estaba apoyado por las fuerzas del Gobierno de Nicaragua, que se hallaban en la frontera esperando el ataque de la falange de emigrados nicaragüenses, que en Nacaome se aprestaba para invadir el territorio de aquella República.

Tegucigalpa estaba en poder de las fuerzas del General Medina. Estas, como para despedirse, hicieron el 4 de septiembre un motín, en el que pereció el apreciable joven don León Jirón.

En Comayagua se habían pronunciado el Coronel don Salvador Cruz y el indio Vásquez, Corta-Cabezas. En Gracias e Intibucá, Medina mantenía fuerzas aún, tratando de sostener hasta última hora su pretendido Gobierno.

Yoro y Trujillo estaban sufriendo la opresión y las depredaciones de otros Jefes militares. Por Olancho se habían pronunciado los Generales García y Cruz, y otros jefes secundarios.

Los restos del Gobierno del señor Leiva se hallaban diseminados por Santa Bárbara y otras regiones del país. Honduras era un campamento. En armas todos los hondureños, combatiendo los unos contra los otros.

El Dr. Soto se había propuesto establecer su Gobierno por medios pacíficos, sin disparar un tiro, sin derramar una gota de sangre.

Desde Amapala contemplaba la desastrosa situación de su Patria. Hallábase rodeado solamente de unos pocos patriotas y amigos. Pudo haber traído consigo ejércitos de Guatemala y El Salvador, por sus relaciones de amistad con los Presidentes Barrios y Zaldívar, quienes se les ofrecieron. Pero no aceptó el ofrecimiento; y, antes bien mando embarcar, inmediatamente para La Unión, la fuerza salvadoreña que encontró en Amapala. El Dr. Soto quería establecer con su Gobierno la paz, y establecer el principio de que es a los hondureños a quienes toca decidir de su suerte como hijos de una República independiente.

El Gobierno del 27 de agosto no vino con los furgones de ejércitos extranjeros. Ningún soldado extraño piso el territorio sagrado de la Patria cuando el Dr. Soto vino. Fueron hondureños todos, y sólo hondureños, los que establecieron el Gobierno del 27 de agosto.

Por medios diplomáticos, el Dr. Soto se atrajo al General Barahona. Este disolvió sus fuerzas, y dejando ya en paz el departamento de Choluteca, el Presidente Soto se dirigió a esta ciudad y después a la capital, que era entonces Comayagua.

Poco a poco fueron sometiéndose los demás jefes en armas. El país entró en orden. A nadie se persiguió. A nadie se le quitó un real por empréstito forzoso o voluntario. En Amapala se había emitido ya el decreto que mandó remunerar todo servicio, decreto notable porque tiempo atrás los correos eran obligados a servir gratis y a la fuerza, y las bestias, los víveres, los ganados y toda clase de propiedades eran la presa de las tropas del Gobierno y de las facciones.

La pacificación del país se hizo por la discreción, por la prudencia, y costó mucho, mucho dinero.

El Dr. Soto decía: "Es preferible gastar plata a gastar plomo".

Ya asentado un tanto el espíritu de paz, comenzó la obra de organización y de progreso.

Vamos a resumir esta obra; en lo relativo a la Hacienda Pública, en pocas líneas, y en pocas cifras.

Los que aparentan creer que el Dr. Soto encontró, al inaugurar su

Gobierno en Amapala, los millones, los tesoros de los cuentos de Las Mil y Una Noches, o no saben lo que hablan, o creen lícita la calumnia.

Para que se juzgue del estado de la Hacienda Pública antes de la venida del Dr. Soto, basta, fuera del hecho significativo de los 18 reales hallados en Amapala, pasar la vista sobre el párrafo siguiente, que tomamos del Mensaje que el Presidente señor Leiva dirigió al Congreso el 21 de enero de 1875.

"Descuidada la Administración de las rentas públicas por causa de la situación anormal en que estuvo el país, e insuficientes los ramos en que, consisten, y pesando sobre el Estado, además de la deuda extranjera, la interior, que se eleva a una cifra de consideración, como veréis por el conocimiento que se os presentará, y esto sin contar aún las pérdidas que aún no se han reconocido, las condiciones del Tesoro Nacional son muy desventajosas.

De manera que, para dar al Gobierno medios suficientes de conservar el orden y la paz, y promover algunas mejoras morales y materiales es urgente que el Soberano Congreso emita las disposiciones que crea conducentes para atender a las necesidades de la Administración Pública en todos sus ramos, haciendo subir; si es dable, el monto de las rentas al valor del presupuesto que el Ejecutivo ha formado, no con arreglo a los preceptos constitucionales, porque esto sería incongruente, si no calculando los sueldos y gastos indispensables para que la Administración pueda marchar con regularidad y llenar sus altos fines en beneficio de la sociedad.[17]

Se necesitan guarniciones bien servidas para garantizar el orden público: penitenciarías para corregir a los criminales: bodegas para la más exacta percepción de los derechos aduaneros: inmigración, para que poblando nuestros fértiles y ricos desiertos, nos importe las ciencias y artes industriales de los países más adelantados: educación e ilustración bien dirigidas para emancipar nuestros pueblos de la ignorancia y hacerlos más aptos para la práctica de las instituciones republicanas y para proveer a su bienestar".

Es decir, no había en Honduras nada en aquella fecha, y el Dr. Soto no llegaba al Poder en aquellos momentos sino después de la anarquía que se desarrolló como consecuencia del pronunciamiento de Medina, en Gracias, el 16 de diciembre de 1875.

---

[17] El Presupuesto era de $ 300 000.00; pero las rentas apenas producían $ 259.032.00, parte en papeles del Estado.

Y en tal situación creó la Hacienda Pública.

He aquí el producto, depurado y efectivo de todas las rentas durante la Administración del Dr. Soto, y su curso ascendente:

Año económico de 1877	$402.452.93
Año económico de 1878	692.793.50
Año económico de 1879[18]	685.004.34
Año económico de 1880	772.168.59
Año económico de 1881	902.006.53
Año económico de 1882	1.302.344.40
Suma	$ 4.486.770.31

Esto fue todo cuanto produjo la Hacienda Pública de Honduras en seis años, bajo el Gobierno del Doctor Soto. Tal suma ¿es acaso tan grande, tan fabulosa, que puede permitir posibilidad, siquiera, de malversar millones, al mismo tiempo que se cambia la faz del país con obras materiales de progreso, que han costado tan ingentes sumas?

Veamos cómo se manejaron esas rentas y en qué se invirtieron.

El artículo 39 de la Constitución de 1865 dice: "Los Ministros serán responsables solidariamente con el presidente de las providencias que firmen contra la Constitución y las leyes, salvo el caso en que protesten".

El artículo anterior a éste mandaba que las providencias del Poder Ejecutivo se expidieran por el respectivo Ministro, y que de otro modo no fueran obedecidas.

Concordante con estas disposiciones, la Constitución de 1880 dispone en su artículo 66 lo que sigue:

"El Secretario de Estado refrenda los actos del Presidente de la República, sin cuyo requisito carecen de la legalidad; pero no ejercen autoridad por sí solo: es responsable de los actos que legalice, y solidariamente, de los que acuerde con sus colegas, salvo el caso en que

[18] La pequeña baja que se nota en este año no sabemos si depende de la facción formada por el General Medina y el Indio Corta-Cabezas o de no tenerse datos completos de todas las rentas, a causa de que en ese año se cerró la antigua Tesorería General que estaba en Comayagua y se abrió la Dirección General de Rentas y Contabilidad Central en esta ciudad, como lo dice el Ministro de Hacienda en la Memoria respectiva.

proteste".

El Dr. Soto comenzó a ejercer la Presidencia bajo la primera de dichas Constituciones, y continuó ejerciéndola bajo la segunda.

Todos sus actos, como Presidente, fueron legalizados por sus Ministros. Ninguno puede decir que se dispuso de un centavo con solo la firma del Presidente. En todo se procedió con legalidad.

La Ley de Hacienda establece en el artículo 45, número 5° y 7°, que la Contaduría Mayor de Cuentas debe tomar razón de todo pago que el Secretario de Hacienda ordene, y que si el pago ordenado no es legal, la Contaduría debe protestar.

Durante el Gobierno del Dr. Soto se cumplió con lo dispuesto en esta ley. No hay un pago que no haya sido legalizado por los Contadores, ni hay uno solo de éstos que haya protestado una vez si quiera. Fueron Contadores del Tribunal Superior de Cuentas en ese período los señores don Francisco Montes y don Laureano P. Velásquez, primero; y después, don Miguel A. Lardizábal y el Licenciado don Policarpo Bonilla. Al señor Lardizábal sucedió don Ramón Midence, y al señor Bonilla, el Licenciado don Camilo T. Durón.

Todos los actos del Gobierno del Dr. Soto, lo mismo que las Memorias de los Secretarios de Estado, obtuvieron la aprobación de los Congresos respectivos.

Las cuentas de la Dirección General y de los Administradores de Rentas fueron aprobadas por el Tribunal de Cuentas, y muchas de ellas sin reparo alguno. Varias lo fueron bajo la Administración del General Bográn, que era hostil al Dr. Soto.

El Presidente Soto no decretó empréstitos voluntarios ni forzosos. Pagó todos los servicios públicos. Hizo justicia a los pobres, que habían sido tratados como esclavos por muchas Administraciones pasadas, que los hacían trabajar de balde, o les quitaban sus bestias sin remuneración alguna. Dejó pagados a todos sus empleados. El producto total de las rentas durante su Gobierno fue solamente, como hemos visto, de cerca de cuatro millones y medio de pesos. Cuando el salió de Tegucigalpa con dirección a los Estados Unidos de Norte-América no había vencido el año económico de 1883. Lo que el Congreso decretó para su viaje al extranjero lo devolvió al Gobierno del General Bográn.

Las rentas se invirtieron en obras públicas y en los diferentes servicios de la Nación. ¿Se habrían podido aplicar a estos fines si hubieran sido malversadas? ¿Habrían podido ir en aumento sí las hubiera distraído el Gobernante, aplicándolas a usos propios? Sólo el aumento de...$ 290.340.57$^{1/4}$ que hubo de 1876 a 77, es mayor que el producto de las rentas de 1875, en tiempo del Gobierno del señor Leiva, que tenía que llenar el déficit con empréstitos. Si pues las rentas fueron aumentándose hasta elevarse de $ 402.452.93$^{3/8}$ que alcanzaron en 1877, a la cifra de $ 1.032.844.40$^{5/8}$, que alcanzaron en 1882; y si fueron aplicadas a las obras y a los servicios públicos, ¿dónde están los millones que el Dr. Soto encontró en Honduras? ¿de dónde pudo tomarlos?

En vista de estas cifras y de los informes del Director General de Rentas y de las Memorias de Hacienda, la leyenda de los millones se borra, la calumnia se desvanece como la sombra a los rayos de la luz.

Por mal entendida política, por enemista, los sentimientos que Lo tiene disculpa, se ha dicho que el Dr. Soto se cogió millones. Es preciso hacerle justicia y acabar con esa impostura. Su conducta administrativa fué objeto de examen por un Comité Especial, creado por un decreto del Congreso de 1885, cuando él no era Presidente; pero el examen no autorizó la declaración de responsabilidad alguna. A ser de otro modo, el Presidente Bográn, que era entonces enemigo implacable del Dr. Soto habría hecho acusar ante el Congreso.

Lo que hizo el Doctor Soto fué crear Hacienda Pública con los 18 reales que encontró en la caja de Amapala, hacerle a Honduras todos los beneficios que permitió el aumento de las rentas y dejar al país en condiciones de mejoramiento y de prosperidad crecientes.

Sus Ministros de Hacienda fueron el Doctor don Ramón Rosa, don Abelardo Zelaya y don Jacobo Galindo. La honorabilidad de estos señores es indiscutible. Ninguno de ellos protestó contra acuerdo o aceptó alguno relacionado con el Tesoro; cooperaron con el Dr. Soto al incremento de la riqueza nacional.

El señor Zelaya fué después Ministro de Hacienda del Gobierno que presidía el Gral. Bográn. ¿Lo habría nombrado éste para el cargo si hubiera sido cómplice de malversación?

Para que se conozca mejor la inversión que a las rentas dio el Dr. Soto, reproduciremos los informes del Director General de Rentas y la Memoria de Hacienda de 1882, relativos a las cuentas del año económico cerrado en 31 de Julio de 1883. En ellos verán nuestros lectores resumida la Administración Fiscal del Dr. Soto.

En el primer informe se lee lo siguiente:

1º - Los $ $578.609.33^{3/4}$ de la deuda flotante, de que se dio cuenta en 1880, han sido amortizados en su totalidad.

De esta suma sólo $\$132.908.46^{1/4}$ representaba la deuda efectiva contraída por el Doctor Soto.

El resto corresponde a la deuda antigua amortizada con valor de $\$445.700.87^{1/2}$

Documentos de la deuda antigua, pagados a don Archibaldo Smith.. $ 4.000.00

Id. A los señores Williams Guild & Co de Belice......31.200.00

Ultimo resto de la deuda inglesa[19].......................21.475.00

Valor de los vales y cupones de la deuda vertida Amortizada..$115.000.00

Valor de la deuda antigua amortizada por el doctor Soto $\$617.375.87^{1/2}$

2º - La comparación de la deuda actual con los valores activos arroja una diferencia de $	2.490.24
3º- Los edificios nacionales comprados por el Gobierno del Dr. Soto para el servicio público, representan el valor de	$124.274.61^{1/2}$
4º -Valor de 1.704[20] millas que mide la red telegráfica, a $ 200.00 cada una, inclusive maquinarias, útiles y materiales	340.800.00
5º -Valor del Cuño con todos sus enseres y demás obras, con exclusión del edificio, según valúo del Director	125.00.00

[19] La deuda inglesa pagada por el Dr. Soto fue de $ 50.000,00. Los $ 28.625.00 anteriores están comprendidos en la partida de $ $445.700.87^{1/2}$ de que dimos cuenta en El Pago de la Deuda, número IV, publicado en el número 20 de este periódico.

[20] Según el Mensaje Presidencial de enero de este año, el número actual de millas de telégrafo asciende a 3.166; así es que el Dr. Soto dejó construidas más de la mitad, o sea 284 millas por año, contra 73 un décimo de millas por año en los años siguientes.

6º - Administración de Correos, gastos de organización, muebles y costo de estampillas tiradas	15.000.00
7ºArmamento, parque, materiales y efectos militares existentes en almacén.	350.000.00
8º Construcciones y reparaciones del cuartel de San Francisco, la Universidad y Casa de Moneda	30.000.00
9º Carretera, valor de los instrumentos y gastos. Valor del puente de Guacerique y pago por reconocimiento del camino.	40.490.21 5/4 10.000.00
10º Valor de las estatuas de Morazán, Cabañas, Valle y Reyes. Ornamento de las plazas, jardines, &, lo cual estará concluido en abril próximo.	60.000.00
11º Hospital General, Botica del Hospital (principal y costo)	40.407.00 6.000.00
12º Biblioteca (según valúo del Director)	5.111.33 1/2
13º Archivo Nacional (según valúo del director)	11.283.00
14º Oficina de Estadísticas (según valúo del director)	4.928.00
15º Imprenta Nacional (según valúo del Director)	13.572.00
16º Existencia en papel y útiles de escritorio en la Dirección General de Rentas	2.000.00
Pasan	$1.798.732.51 1/4

Vienen.....$1.798.732.51 1/4

17º Gastos en planteles para la penitenciaría, Escuela de Artes y Granja modelo	3.000.00
18º Códigos, libros y textos para las escuelas, existentes en la Administración de Rentas	14.603.00
19º Subvención para el Cabildo del Valle	900.00
20º Valor de los baños de Santa Lucía	360.00
Suma[21]	$1.817.595.51 1/2

En este resumen no figuran $ 75.000.00 gastados en la reparación y sostenimiento del Ferrocarril[22], ni los gastos hechos en la reparación de los edificios públicos de Amapala, Trujillo, Puerto Cortés y otros departamentos de la República. Los beneficios que ha recibido el país en seis años cuatro meses importan $ 1.817.595.51 1/4

¡Qué cifra tan consoladora! ¡Cuan profunda es la significación de estos guarismos! ¡Ellos manifiestan que la palabra "imposible" es absolutamente nula ante los esfuerzos del patriotismo! ¿Que era Honduras hace siete años? Un desgraciado pedazo de Centro-América, pobre, sin crédito nacional, devorado sin piedad por la más terrible de las calamidades sociales: ¡la anarquía! ¿Qué es hoy nuestra querida Patria? ¡La patria ennoblecida, la patria digna de nuestros ilustres padres! Diríase una mirada al pasado. Las rentas públicas no bastaban para cubrir un presupuesto de $ 300.000. Hoy representan la elevada suma de $ 1.298.878.74 1/4 (cifra que depurada quedó como se ha visto atrás, en $ 1.032.344.40 5/8).

Transcritas esas elocuentes frases del Director de Rentas, don Julio Lozano, continuemos.

Rebajada la suma de $ 1.817.595.51 1/4, que arroja el resumen anterior, de los $ 4.486.770.31 3/8, que suman las rentas todas que

---

[21] No está incluida en esta lista una casa comprada en estos días por $ 12.000 para la Comandancia de Amapala. Nota del Director General de Rentas.

[22] Estos $ 75.000, que son una parte nada más de lo invertido en la reconstrucción del ferrocarril. Lo mismo debemos hacer notar respecto de los gastos hechos en la carretera del Sur, planteles de la Penitenciario, Escuela de Medicina y de Artes, Granja etc., etc., que en la cuenta del Director sólo alcanza hasta julio de 1882.

manejó el Gobierno del Dr. Soto, quedan $ 2.669.174.80$^{3/8}$, que se invirtieron en los gastos de la Nación, en la vida de ésta, en mantener el orden y la paz, en fomentar la instrucción pública, en dotar a la Universidad y el Colegio de un Gabinete de Física y de Química, en el pago de los empleados, cuyos sueldos quedaron cubiertos hasta el último mes, en subvenciones de vapores y, en las demás mejoras emprendidas en todo el país, durante cerca de 7 años, por aquel Gobierno creador, del 27 de agosto, que brotó de la tempestad revolucionaria de 1875, y que no encontró a su establecimiento sino la nada, el caos más absoluto.

Repartidos esos $ 2.669.174.80 en seis años, toca a cada uno un promedio de $ 444.862.46. Con grandes dificultades pudo llenarse el presupuesto con esa suma tan mínima, al mismo tiempo que se emprendían obras más que superiores a los miserables recursos de que disponía el Gobierno. Este no tenía crédito. Los fondos que se levantaban, penosamente y muchas veces en condiciones escasas y onerosas, todos los pedidos que se hacían al extranjero, materiales de telégrafos, útiles de imprenta, municiones, armas, pertrechos, maíz para ayudar a los pobres en los tiempos de escasez de granos, etc., etc., todo se conseguía bajo la garantía personal del Dr. Soto. Lejos de haber tenido estos millones, tuvo necesidades, estrecheces y miserias. Luchando con tan grandes obstáculos su Gobierno hizo en favor del país lo que a todos consta y está a la vista. Organizó a Honduras y lo encamino en la senda del progreso y de la civilización. El Gobierno del Dr. Soto lo repetimos, no tuvo millones que manejar.

Tenía que crear los fondos con que emprendían temerariamente obras que no estaban al alcance de los recursos nacionales, puesto que ningún otro Gobierno, antes del suyo, las había llevado a cabo.

Para haber malversado millones era necesario que en el tiempo que duró el Gobierno del Dr. Soto, Honduras hubiera dejado de existir, que no hubiera habido empleados, ni se hubiera atendido a ningún gasto público. ¿Que son $ 2.669.174.80 para la vida de un país que se regenera y prospera en más de seis años? Confesemos que es ridículo hablar de millones, tratándose de nuestra pobre Hacienda Nacional. De una caja exhausta o pobre no se puede sacar ventaja alguna. Hay hasta imposibilidad material. Compárense los resultados de la Administración del Dr. Soto con las anteriores, que casi nada hacían en favor del progreso del país. Compárese lo que era Honduras antes del

27 de agosto de 1876 y lo fue después del 9 de mayo de 1883: obsérvese al valor de las obras permanentes realizadas y que quedaron en beneficio de la Nación, cuyo valor como se ha visto atrás, es más de $ 1.187.595.51, hasta el 31, de julio de 1882, y entonces sabrá apreciarse, debida y justamente, la enorme y fecunda labor del Doctor Soto, cuya importancia sube de punto al considerar que en ella no se invirtieron más rentas que las ordinarias, pues no hubo empréstitos forzados ni voluntarios, y que no dejó deuda de su gobierno.

Añádese a esto que el doctor Soto no vino a continuar la obra de Gobierno alguno anterior, sino a crear su propia obra, la obra de la regeneración de Honduras, sin tener en torno más que las deplorables condiciones en que el país quedó por consecuencia de la anarquía que lo devoraba; y que no habiendo hallado bases para el establecimiento de un Gobierno, él las dejó, y bien cimentadas, de manera que sus sucesores, contando con ellas, no tuvieron que hacer otra cosa que continuar sobre lo hecho. Y que las bases eran las que debían ser, lo acredita solo la circunstancia de haberse elevado el producto de las rentas, posteriormente, hasta tres millones de pesos, a pesar de que muchas disposiciones administrativas dictadas por el Gobierno del Doctor Soto fueron encaminadas con perjuicio del plan a que obedecían y del objeto a que se encaminaba.

Conclusión: el Gobierno del Doctor Soto no son los $269.032.00 nominales que contra un presupuesto de gastos de $300.000.00 producían las rentas en tiempo del señor Leiva, sino con los 18 reales que encontró en la Caja de Aduanas de Amapala, el 27 de agosto de 1876. Fundó la Hacienda Pública en Honduras. Nadie podrá negar que la inversión de los productos de las rentas que él manejó está superabundantemente acreditada en lo dicho en este artículo, y con el inventario de la sobras de su Administración, que hicimos en el número anterior de La Paz.

La obra del Doctor Soto descansó en este principio, que ningún gobernante debe olvidar: “Sin Hacienda no hay Gobierno; sin Gobierno no hay país”.

(Tomado del periódico La Paz número 23 de 1 de septiembre de 1902, dirigido por Rómulo E. Durón).

MENSAJES DEL PRESIDENTE SOTO

MENSAJE

QUE EL PRESIDENTE PROVISIONAL DE HONDURAS, DOCTOR MARCO AURELIO SOTO, DIRIGIÓ AL CONGRESO EXTRAORDINARIO DE LA REPÚBLICA, SOLEMNEMENTE INSTALADO EL DIA 27 DE MAYO DE 1887.

CONGRESO EXTRAORDINARIO:

El 27 de agosto del año 1876, día en que inauguré en el Puerto de Amapala el Gobierno Provisional que presido, puse de manifiesto los motivos que me determinaba aceptar el Poder y los principios sobre que debería reposar la nueva Administración. Bastante conocéis que en otra República que me dio posición y altos honores, á la que debo sincera gratitud, vivía tranquilo, ajeno á toda ambición, y libre de responsabilidades que comprometiesen la quietud de mi vida; y por lo mismo me podréis juzgar que, al encargarme del puesto de gobernante en un país envuelto en el caos de la anarquía, mi determinación no tuvo otro móvil que el propósito de cumplir con mi deber de hijo, deber tanto más sagrado é imperioso para mí cuanto más llegaba a mis oídos el eco repetido de las quejas de mi patria que, en lucha con la adversidad, se esforzaba en sobreponerse á su estado de triste y deplorable abatimiento. Respecto á los principios fundamentales de mi Gobierno, expuse que, como hombre nuevo en la política del país, carecía de compromisos interiores y exteriores, que me desviasen del cumplimiento de mis deberes, y manifesté además que la justicia que hace posible la práctica del derecho, la imparcialidad que hace posible el mantenimiento estable de la confianza de los ciudadanos, y la libertad que hace posible la vida armónica de los distintos intereses y aspiraciones individuales y de partido, serían siempre la inspiración de mis ideas y la norma de mis actos como primer Mandatario de la República.

Las declaraciones que dejo expuestas son frecuentes, y valen muy poco ó nada cuando se hacen por cumplir una formalidad requerida por el decoro oficial; pero valen mucho y tienen una alta significación cuando expresan una voluntad resuelta y sólidas convicciones, y cuando vienen á confundirse con los hechos que en la práctica no desmienten los que se han proclamado como un principio.

Entonces esas declaraciones son benéficas y fecundas enseñanzas para los pueblos, dan fé a los ciudadanos, dan aliento á las aspiraciones legítimas y difunden la savia de las nobles ideas que tarde o temprano sostiene la vida de una sociedad tan moralizada y culta.

Confirmación de lo que llevo dicho es el estado en que por fortuna hoy permanece la República. No hay un solo hondureño forzado á vivir fuera de su patria: no hay un solo hondureño que por motivos políticos gima en las prisiones de Estado: no hay un solo hondureño que levante una queja por haberle sido arrebatado el fruto de su trabajo; y no hay un solo pueblo que no descanse confiado en sus derechos civiles y políticos, y en la idea lisonjera de que la paz se prolongue para reponer tanto tiempo perdido y mejorar su antes precaria y desgraciada situación. Tal es el triunfo de la verdadera libertad y la justicia: yo lo aplaudo porque en él veo el fruto del buen juicio y de las virtudes públicas de mis conciudadanos.

Empeño particular de mi Gobierno ha sido aplicar a sus relaciones exteriores los mismos procedimientos de rectitud y justicia que ha puesto por obra en los diversos negociados de política interna. Así es que tengo la satisfacción de manifestaros que han mediado y median las relaciones más amistosas y cordiales tanto con los Gobiernos del Centro de América como con los de las naciones extranjeras.

El Gobierno tan pronto como ingresé a la Capital de la República, conceptuó debido y conveniente dirigir á los Ministros de Estado y Agentes diplomáticos de las demás naciones un Memorandum en que de una manera fiel y precisa se hiciese patente la situación del país, las verdaderas causas que habían dado margen al establecimiento del Gobierno Provisional, y el nuevo rumbo que, en obsequio de los altos principios de la civilización de nuestra época, tendría la política interior y exterior de la nueva Administración. La Secretaría de Estado en 18 de Octubre último patentizó todo lo expuesto con franqueza y lealdad, y me es satisfactoria deciros que a consecuencia de sus declaraciones, dentro y fuera de Centro América, el naciente Gobierno inspiró plena confianza y se hizo acreedor en particular a las simpatías de los Gobiernos de Centro América. Estos no han visto ni ven en el Poder que ejerzo una amenaza para la tranquilidad de los pueblos centroamericanos: han hecho justicia a mi Gobierno, y han reconocido que todo mi afán es procurar la rehabilitación de Honduras para que sea una garantía del concierto político de los países vecinos, y en lo porvenir una promesa segura del bienestar, de la dignidad y de la civilización de la América del Centro que, a pesar de nuestras divisiones artificiales, es y será siempre nuestra patria común. Como mi Gobierno ha tenido y tiene por base la opinión pública, siguiendo sus manifiestas indicaciones, suprimió temporalmente, por acuerdo Supremo de 7 de Noviembre anterior, las Legaciones que los Señores Don Carlos Gutiérrez y Don Víctor Herran desempeñaban en Inglaterra y Francia, y en consecuencia envió á éstos Agentes diplomáticos sus correspondientes letras de retiro, las que según comunicaciones recibidas, han sido presentadas o dirigidas á los respectivos Gobiernos.

Fuera de duda aparece la conveniencia de que el país en las vecinas Repúblicas esté representado por Agentes diplomáticos, Nuestras íntimas y frecuentes relaciones que nacen de la vecindad y de la comunidad de intereses hacen precisa la mediación de Representantes que uno y otro día trabajen porque nuestros vínculos en materia de política y de administración, de comercio y de industria, sean sólidas garantías de paz, de fraternidad y de auxilios mutuos, en vez de convertirse, talvez merced al retraimiento o a equívocas inteligencias, en motivos de rivalidad y de disensiones que más tarde o más temprano conducen por desgracia a la realización de luchas fratricidas en que pierden vencedores y vencidos, en que se malogran el tiempo y el trabajo ahorrado, y en que únicamente sobresale el descrédito que deprecia nuestro nombre, en particular, ante la consideración de las naciones extranjeras de cuya confianza estamos necesitados para que su poder productivo y su saber acumulados por el trascurso de los siglos, refluya en provecho de nuestro bienestar y en beneficio de nuestra civilización naciente.

Las consideraciones anteriores me determinaron a acreditar, con fecha 11 de Noviembre último, Ministro Residente ante el Gobierno salvadoreño, al General Don Cruz Lozano, persona caracterizada que cumple su alto encargo a satisfacción de ambos Gobiernos: y bajo la influencia de las mismas consideraciones creo que Honduras debe tener sus Representantes Diplomáticos en las demás Repúblicas vecinas y hermanas. Si se quiere paz, bienestar y progreso para la República, no debe descuidarse el empleo de ninguno de los medios conducentes a la realización de tan importantes fines.

Antes de mi llegada a esta República se organizó, en el Departamento de Choluteca, una falange compuesta en su mayor parte de emigrados nicaragüenses que aspiraban a crear un nuevo orden de cosas en su país. La organización de la falange y otros motivos políticos de cuya existencia no era ni podía ser responsable mi Gobierno, dieron margen a que el Gobierno nicaragüense quizá no conociendo por falta de datos el espíritu recto de la nueva política hondureña, dirigiese a mi Gobierno, una Circular a, la Secretaría de Estado de 5 de Septiembre del año anterior, algunos cargos en que predominaba la idea de que el Gobierno Provisional se había constituido con miras hostiles a la paz y a la seguridad de Nicaragua. Semejante juicio, causa de las inculpaciones, fue completamente rectificado en la respuesta que en 15 de Diciembre dio el Secretario General al Secretario de Estado de la República de Nicaragua, cuyo Gobierno, me complazco en decirlo, tan pronto como vio en claro la situación de las cosas no vaciló en reconocer la justificación de la política del Gobierno hondureño. De entonces acá no se ha proyectado sobre nuestro horizonte ni una sola sombra que oscurezca la hermosa perspectiva de concierto político y paz, general que, hoy más que nunca, cautiva la atención de los pueblos, y que hoy, como siempre, cada satisface a las aspiraciones legítimas del patriotismo ilustrado.

Como motivo de la clausura de las relaciones oficiales y de comercio entre las Repúblicas de Nicaragua y Costa Rica ocurrida en Noviembre último, las Secretarías de Estado de ambos países han manifestado a mi Gobierno en despachos-circulares las razones que cada parte, tiene, ya para justificar la cesación de las relaciones, ya para conceptuarla como insostenible ante la conveniencia del derecho. Mi Gobierno que cultiva amistosas relaciones con todos los Gobiernos de Centro-América, y que ve sus diferencias como desacuerdos habidos entre hermanos, se ha limitado a ofrecer de buena fe su mediación decidida y fraternal, a efecto de que, con el empleo de medios diplomáticos, se resuelva en términos satisfactorios para una y otra parte la cuestión de Nicaragua y Costa Rica.

Idea generalmente aceptada ha sido en los países hispanoamericanos la de celebrar sus pactos entre sí o con las Naciones extranjeras, tomando por base principios de estricta reciprocidad que a primera vista parece que satisfacen a la justicia y a la conveniencia de una y otra parte, pero que, en realidad, son tan distintas las posiciones, tan diversas las necesidades, tan particulares los intereses de las partes que contratan, en especial con referencia a Europa y a América, que bien puede decirse que tal reciprocidad es ilusoria en la práctica, y que más justo y conveniente es tomar por punto de partida, para la celebración de pactos internacionales, el principio de que cada nación se comprometa a cumplir las obligaciones que estén de acuerdo con su modo de ser peculiar, en lo social, en lo político, en lo económico y en lo administrativo, y a obtener en cambio el cumplimiento de todos aquellos compromisos que redunden en su positivo beneficio, y que siendo conformes con la justicia deba y pueda hacerlos efectivos la otra parte contratante. Este pensamiento anima a mi Gobierno, y consecuente con él, y aprovechando la circunstancia de haber caducado, de tener duración a voluntad, o de no haber sido ratificados los Tratados que ligan a la República con los países vecinos y con las naciones extranjeras, ha denunciado dichos pactos en acuerdo Supremo de 25 de abril próximo anterior. Mi Gobierno al proceder de esta suerte ha llevado en mira servir a los intereses de la Nación y estrechar por medio de Pactos más amplios, más prácticos y beneficiosos, las relaciones de la Republica con las Repúblicas hermanas y con los países extranjeros.

En breve se dará publicidad a los documentos relativos al nombramiento que hizo el Gobierno en la persona del General Don Domingo Vásquez, acreditándolo, ante el Gobierno del Perú, con el carácter de Ministro Plenipotenciario y Enviado Extraordinario. La misión del General Vásquez ha tenido dos fines: felicitar por su advenimiento al Poder a su Excelencia el General Don Mariano Ignacio Prado, hombre público que en una época memorable supo sostener el nombre y el decoro de América, y al propio tiempo, estrechar, literaria, comercial e industrialmente las relaciones entre Honduras y la República Peruana. Ojalá, Señores Diputados, sea dado a Honduras cultivar con todos. Los países de Hispano-América no sólo relaciones puramente oficiales, sino también relaciones que en lo moral, en lo intelectual, en lo comercial e industrial, sean prenda segura de la unión más sólida y perfecta, fundada en el sentimiento de nuestra raza que tiene intereses solidarios, y encaminada al cumplimiento de un gran destino histórico ya presentido por el genio de un hombre extraordinario:-la federación de todos los pueblos latino-americanos.

En el trascurso de unos pocos meses no me ha sido posible, por falta de elementos, sistema y dar notable incremento a la instrucción de la juventud; pero al menos mi Gobierno ha hecho cuanto ha estado de su parte para restablecer los intereses de la enseñanza a los pocos Institutos que poseemos.

En las situaciones excepcionales, por lo común, se desconocen los fueros de la inteligencia que tiene por alimento la educación; y no es ni puede ser extraño que a causa de las profundas perturbaciones que ha experimentado esta República, se cerrasen para la juventud las escuelas primarias y los institutos de segunda enseñanza y profesional. Sin embargo, tan pronto como mi Gobierno se constituyó y nombró sus agentes administrativos en los Departamentos, las escuelas primarias y los institutos volvieron abrirse. A este respecto han desplegado laudable celo los Gobernadores políticos, quienes, secundando las ideas de mi Gobierno, y observando las órdenes que les han sido trasmitidas por medio de la Secretaría General, se han esforzado en restablecer y aumentar por doquiera las escuelas de niños y de niñas, no obstante, la deficiencia de recursos que se experimenta en los Departamentos.

El Gobierno provisional, en medio de sus dificultades, no sólo ha atendido al restablecimiento de las escuelas, sino que ha dado la protección que le ha sido posible a la enseñanza, en sus diversos ramos. En Nacaome, la Villa de Concepción (de Tegucigalpa) Comayagua, El Rosario y Siguatepeque, ha proporcionado algunas subvenciones destinadas al sostenimiento de la instrucción primaria: al Instituto científico de San Carlos, que está dando da satisfactorios resultados, le acordó por disposición de 16 de Octubre un donativo de quinientos pesos que se ha empleado en la mejora del establecimiento: en igual fecha acordó recoger los pagarés otorgados por los extractores de ganado, cuyos documentos estabas dispersos, con el objeto de que las oficinas de Hacienda verificasen la legitimidad del título de sus poseedores, y conociesen el monto del producto del impuesto sobre extracción que motivo dichos pagarés, a efecto de que la cuarta parte que corresponde a los fondos de la Universidad de la República, se hiciese efectiva en provecho de ese Instituto de enseñanza; en 30 de Enero último acordó la creación de un Colegio de segunda enseñanza, en la Ciudad de Gracias, concediéndole para su sostenimiento el producto de los derechos sobre destazo, dos pesos de la contribución correspondiente al impuesto sobre la siembra de tabaco del año anterior, y una subvención de cincuenta pesos mensuales pagadera por la Intendencia del respectivo Departamento: empleando medios análogos atendió en acuerdo de 17 de Abril al sostenimiento del

Instituto científico de San Carlos de Santa Rosa, a cuyo establecimiento, por disposición de fecha anterior 27 de Enero-se habilitó para que diese la enseñanza de facultades mayores; y por acuerdo de 30 de Diciembre ensanchó las proporciones de la enseñanza del Colegio de esta Capital creando las asignaturas de Física y Química, de Economía Política, y restableciendo por cuenta del Estado las clases de Derecho Civil teórico y de Práctica Forense, todas las cuales están desempeñadas por profesores que corresponden a la confianza del Gobierno y a los afanes de la juventud que aspira noblemente a extender la esfera de sus conocimientos.

Mas he de hablaros con la franqueza que debo a mis conciudadanos. Las medidas adoptadas y cumplidas en orden á la enseñanza tienen una bondad relativa; pero están mui lejos de satisfacer a mis aspiraciones, y creo que tampoco pueden estar acordes con las grandes y legítima exigencias de la educación pública en Honduras. Poco se adelantará entre nosotros en materia de instrucción mientras la enseñanza primaria, secundaria y profesional no se depure, merced a un nuevo sistema, de los vicios capitales de que adolece: poseemos aún la rutina que nos legará la colonia: poseemos aún una enseñanza tan difícil como incompleta: poseemos aún una enseñanza que falta de unidad en su pian, carece a la vez de los altos fines que preconiza la cultura de nuestra época: poseemos en suma una enseñanza casi siempre teórica, casi siempre estéril, y que por lo mismo, no es susceptible de cuadrar con la educación práctica que necesitamos, ni con el carácter elevado de nuestras instituciones.

Por lo expuesto notareis, Señores Diputados, que nuestro sistema de enseñanza requiere una reforma tan radical como sensata, tan justa como practicable. Empero, las reformas necesitan no sólo de ideas convertidas en decretos, sino también de elementos materiales que sean las garantías de su ejecución. Mi Gobierno haciendo un esfuerzo supremo, en los pocos meses que lleva de regir los destinos del país, habría podido decretar un plan de estudios que, desde la enseñanza primaria hasta la enseñanza profesional, representase las ideas que los conocimientos científicos han puesto en evidencia como medios eficaces de educar a un pueblo, no para que viva de vanas teorías, sino para que viva lleno de fuerza por sus aptitudes industriales y comerciales, por sus aptitudes de trabajo y de producción, y, más que todo, alentado por sus convicciones morales y por sus principios republicanos. Con tal educación nuestro pueblo será capaz de cumplir en la esfera de la familia, en la esfera del Estado, y en la esfera de la humanidad, los altos fines de la civilización de nuestros tiempos. No obstante, mi Gobierno no ha creído oportuno intentar esa reforma. ¿Qué hacer cuando no ha habido recursos para fundar una sola escuela normal que proporcione buenos maestros para la enseñanza primaria? ¿Qué hacer cuando no ha habido fondos para obtener del extranjero profesores, textos y útiles competentes para la enseñanza de las lenguas vivas, de las ciencias fisicomatemáticas y de las ciencias políticas y sociales? ¿Qué hacer cuando ni escasamente ha sido dable, en los pocos meses de Gobierno Provisional, satisfacer a esas ingentes necesidades?

Señores: yo siento como hijo de Honduras, como centroamericano, que sea una triste verdad el gran vacío que se nota en nuestro sistema de enseñanza. Deber imperioso es llenar ese vacío, y por esto a los pocos días de haber inaugurado mi Gobierno, en 12 de Septiembre último, renuncié en unión del Señor secretario general los sueldos correspondientes a nuestros servicios, con el objeto de que se conviertan en beneficio de la Instrucción Pública. La Tesorería general tiene ya orden para que haga la liquidación de dichos sueldos devengados, cuyo valor pondrá a disposición de la persona encargada por el Gobierno para el efecto de proveer a la juventud de los textos y útiles que necesite para su educación.

Al tratar de otros departamentos de la Administración os informaré de los resultados que han dado las Escuelas de Telegrafía y de Contabilidad de Hacienda, fundadas en 30 de diciembre y en 22 de Febrero del corriente año.

En el Departamento de lo interior me es grato aseguraros que se ha atendido debidamente a las más premiosas exigencias de ese ramo de la Administración.

El orden público, que en todo país es una necesidad reconocida y que en Honduras, después de sus repetidos quebrantos, puede decirse que es una necesidad vital y suprema, se ha sostenido inalterable, ha traído el renacimiento de la confianza, ha restaurado los hábitos de trabajo, y ha proporcionado a los pueblos copiosos beneficios.

Mi Gobierno, que ha hecho un estudio desapasionado de nuestras condiciones sociales, ha comprendido que entre nosotros no puede ni podrá sostenerse el orden público fomentando los antagonismos de partido que dividen a los asociados, ni poniendo el Poder Supremo a discreción de una fracción política que, exclusivista o intolerante, ahogue la vida de sus contrarios reduciéndolos a un estado de triste y humillante nulidad. No: el orden es la armonía, y ésta sólo puede existir, sólo puede sostenerse cuando los ciudadanos, aunque divergentes en ideas y en aspiraciones, conocen que hay derechos comunes cuyo ejercicio a todos se garantiza cuando comprenden que por encima de las pasiones y de los intereses de partido, hay sentimientos nobles e intereses generales que el Poder Público sabe representar digna y honradamente, y cuando juzgan que el Gobierno, que tiene por título legítimo la voluntad de la Nación, y por fin el bien de los asociados, no es el respiradero de enconos personales, ni puede ser el órgano oficial de las venganzas que por desgracia sabe inspirar el espíritu de partido. (Aplausos).

Consecuente con las ideas enunciadas, que para el personal de mi Gobierno forman verdaderas convicciones, la Secretaría General, en 6 de Noviembre último, dirigió una circular a los Gobernadores departamentales en que se fijaron los principios de política interna, con cuyo cumplimiento, a juicio del Gobierno, podría sostenerse el orden público. En esa circular se reprobó terminantemente la política preventiva que es y será siempre el desconocimiento del derecho, la negación absoluta de la libertad, y el germen de revuelta y calamidades públicas; y a la vez, se ordenó la aplicación de la política represiva que juzga imparcialmente a los hombres por sus actos manifiestos, y no por prevenciones sugeridas por el interés, por la pasión o el odio: que garantiza a los ciudadanos el pleno ejercicio de sus derechos, tan hermanado con la prudencia de los gobernantes y con la libertad de los gobernados: que educa a éstos en la escuela práctica de la legalidad; y que en consecuencia cierra de par en par las puertas á las revoluciones que no aparecen, ó desaparecen como una sombra fugaz, cuando la violencia y las injusticias del Poder no les dan razón de existir, o les niegan el alimento que necesitan para crecer, robustecerse, y apoderarse de una verdadera influencia social.

No es de extrañarse, Señores, que tratándose de pueblos sumisos y honrados y de hombres de corazón como posee la República hondureña, los principios expuestos en el referido documento hayan hecho eco en el ánimo de las autoridades y en la conciencia de los gobernados, y que unos y otros se hayan resuelto a servir a la causa del orden que hoy más que nunca les impone altos y sagrados deberes. Así se explica, Señores, cómo en los nueve meses de Gobierno interino el país no ha tenido que deplorar las consecuencias de trastornos públicos.

Como medio de dar una participación legítima a los ciudadanos en la gestión de los negocios públicos, y de atender prácticamente a las opiniones de los hombres ilustrados, mi Gobierno en decreto de 30 de Octubre del año próximo anterior, creó un Consejo de Estado compuesto de dos Secciones, residente la una en Tegucigalpa y la otra en esta Capital. Las Secciones se han ocupado va en la formación de su reglamento de régimen interior, y no dudo que las personas que componen el Consejo, por su patriotismo y por sus luces, prestarán grandes servicios al Estado haciendo uso de las atribuciones de emitir su voto consultivo en materias administrativas, y de tomar iniciativa sobre todos los asuntos públicos que deseen promover o mejorar en interés del país.

La acción administrativa de los Gobernadores políticos se ha aplicado y desarrollado de una manera satisfactoria, si es que se consideran las difíciles circunstancias que los han rodeado, provenientes ya de la falta de recursos, ya de la inacción y aún de la desconfianza que muchas veces suceden a las épocas de desconcierto y de anarquía. Sin embargo, en la creación de nuevas Municipalidades demandada por una verdadera conveniencia, en la apertura y composición de los caminos, en la construcción y reparación de los puentes, en la construcción y mejora de los edificios públicos, en el sostenimiento de la policía, y en el restablecimiento y arreglo de las escuelas, los Gobernadores han hecho, en sus respectivos Departamentos, todo lo que ha estado a su alcance, y han cumplido fielmente las órdenes e instrucciones del Poder Supremo. Poco, muy poco, se han ocupado en política, cuya dirección tiene el Gobierno, pero sí se han ocupado útilmente en atender, en cuanto les ha sido posible, a todos los ramos administrativos de práctica importancia, concernientes a la Gobernación departamental.

Juzgo de mi deber exponer de un modo especial los trabajos del Gobierno en orden a la policía. En la idea de preparar una reforma que haga que la policía tenga en el país la organización y la importancia que le corresponden, atendidas sus altas funciones; en el mes de noviembre del año anterior se estableció en la ciudad de Tegucigalpa una guardia civil que, bajo el sistema de reemplazos diurnos y nocturnos, y sujeta a una estricta disciplina, atendiese a la seguridad de los individuos y de las propiedades lo mismo que a la limpieza, salubridad y ornato de la población.

Según los informes que tiene el Gobierno, la ciudad de Tegucigalpa es un modelo con respecto a su buena policía, que en todo y por todo, corresponde a la confianza que las autoridades y la sociedad depositan en ella. Por acuerdo de 30 de diciembre del año anterior, y a reserva de emitir nuevas leyes sobre policía urbana y rural, se encargó a la guardia civil de Tegucigalpa poner en práctica la ley de policía urbana emitida el 1° de marzo de 1870.

En los departamentos de la República se han restablecido los Inspectores de policía, quienes, lo mismo que los agentes de las autoridades locales han desempeñado satisfactoriamente sus funciones.

Ha entrado en las miras del Gobierno hacer un ensayo de la Guardia civil en Tegucigalpa, para en vista de los resultados plantear esa institución en todos los departamentos, y sistemaria del mejor modo posible dándole medios de propia y durable existencia. El ensayo ha sido satisfactorio, y creo que debe aprovecharse. Convendréis conmigo, Señores, en que una buena policía que comprende la importancia de los sagrados deberes que entraña su alto encargo es la garantía más eficaz del bienestar de los ciudadanos, y el más firme sostén de las instituciones liberales.

Debemos formar un pueblo republicano que se sostenga en orden a la seguridad individual y social por acertadas instituciones de policía, y no por ejércitos permanentes que, desde el punto de vista económico, absorben de un modo improductivo los recursos del país, y que, desde el punto de vista político, son amigos y aliados de Gobiernos pretorianos muy aptos para representar el despotismo, pero muy ineptos para representar los fueros de la libertad y del derecho.

La Administración de los municipios tiene hoy el fundamento en que debe descansar; la libertad electoral que hace que los pueblos nombren las autoridades municipales que, de la manera mas fiel y cumplida, atiendan a las necesidades e intereses de la localidad. Mi Gobierno no sabe qué colorido político distingue a los Municipios: se ha abstenido de intervenir en su elección, y le basta saber Que los pueblos están satisfechos de las autoridades municipales que voluntariamente han electo, y que éstas mantienen el orden y cumplen sus deberes administrativos exentas de toda violencia que anule o desvirtúe sus atribuciones.

He notado que las atribuciones de las Municipalidades no tienen la extensión ni la definición que les corresponde, si es que se atiende a los variados e importantes fines de su institución. Las municipalidades carecen de Ordenanzas amplias y bien meditadas que satisfagan a las exigencias de la policía local, de la higiene pública, de la regularidad, limpieza y ornato de las poblaciones, de la enseñanza primaria dada por cuenta de los particulares o del municipio, y de otros muchos e interesantes ramos que tal vez sería prolijo enumerar. La Administración local debe ser objeto muy atendible de los trabajos y aun de los esfuerzos del Gobierno. Bien sé que unas buenas Ordenanzas municipales, por el solo hecho de estar escritas, no darían los benéficos resultados que tuviesen en mira; pero sé también que fijando ideas sobre buena administración municipal, que consagrando el Gobierno su atención perseverante a este respecto, y que mediando la acción del tiempo, que tanto puede, al fin y al cabo, y si se quiere en época no lejana, nuestras instituciones Municipales serán lo que deben ser: la base de la buena administración del Estado: el cimiento de las libertades públicas, y la positiva garantía del bienestar y de la civilización de los pueblos. Para dar término a mis informes referentes al ramo de Gobernación debo manifestaros que, en acuerdo de 25 de Abril último, mi Gobierno declaró las tribus selváticas de Yoro emancipadas de la potestad de sus curadores o administradores, resolviendo además darles su inmediata protección. Esta medida, Señores Diputados, tiene por fundamento motivos muy atendibles de justicia y hasta de humanidad: el régimen a que estaban sujetos los selváticos era en el fondo el régimen que durante la Colonia esclavizó a los indios bajo el yugo de sus Encomenderos. La razón condena ese sistema, y sus dictados han hecho que mi Gobierno haya dado en tierra con la disfrazada esclavitud de las tribus selváticas. Ni la sombra de la servidumbre debe dejarse penetrar en un país republicano y libre. (Generales aplausos).

En el Departamento de Justicia el Gobierno ha procurado satisfacer a las necesidades más ingentes. A causa de las pasadas perturbaciones se había interrumpido notablemente la acción de los Tribunales; y por otra parte los reos, al favor de circunstancias excepcionales, habían logrado evadirse de las cárceles.

Tal situación existía al establecerse mi Gobierno; así es que me vi en el caso de reconstituir los Tribunales haciendo el nombramiento de

Magistrados de la Suprema Corte de Justicia y de Jueces de 1ª Instancia, a fin de que no sufriesen más detrimento los intereses de los asociados, y de que se atendiese con eficacia a la recaptura de los reos prófugos que, además de burlar la aplicación de las leyes, podían constituir un nuevo elemento de desorden.

Reorganizado el Poder Judicial se ha dedicado a ejercer con regularidad sus funciones. Me es grato informaros que ha obrado con entera independencia sin experimentar en lo más mínimo la intervención del Gobierno. Fuera de este modo de ser no comprendo como pueda haber entre nosotros verdadera libertad civil, y cómo pueda merecer este país el bello nombre de pueblo republicano.

Grande tropiezo encuentra la Administración de Justicia por la falta de casas de detención, de corrección y de cárceles y presidios. En lo general se carece de esos establecimientos penales, y los pocos que existen son inseguros y faltos de buenas condiciones higiénicas. Por esto juzgo que el Gobierno, aprovechando la paz de que felizmente se disfruta, debe dictar medidas oportunas y eficaces, a fin de que la Administración de Justicia no se vea entorpecida o anulada por la falta de establecimientos destinados a la corrección y al castigo de los delincuentes. Fundando esos establecimientos, e introduciendo en ellos un régimen penitenciario, las cárceles lejos de ser escuelas de corrupción y de crimen serán por el contrario los lugares consagrados por la ley para rehabilitar a los delincuentes, merced a la influencia del trabajo y de ejemplos moralizadores. Tal es el cristiano y alto fin del sistema penal: aunque sea con grandes esfuerzos debemos realizarlo en obsequio de la moral, de la justicia, y para honra de nuestra patria.

Todas las reformas que en los diversos ramos de la Administración de Justicia deben intentarse y llevarse a práctica, chocan con la índole y con las disposiciones de la anticuada y viciosa legislación que poseemos. Esta idea determinó a mi Gobierno a emitir el acuerdo de 26 de Abril último en que se autoriza a la Secretaría General para que tome las providencias conducentes a obtener los mejores escritos sobre legislación y los Códigos mas notables en materia civil, penal, de enjuiciamiento civil y criminal, de minería y de comercio, y para que obtenidos esos importantes materiales, se haga el nombramiento de las comisiones de Jurisconsultos que deban encargarse de redactar, en el menor tiempo posible, los Códigos de la República.

A ese respecto se han intentado en el país algunas reformas. Tales intentos por desgracia han quedado frustrados. Mas no hay que prescindir de tan laudable propósito. Si como es de esperarse hemos de tener días de paz y de bonanza, debido será aprovecharlos trabajando incesantemente para dar al país una nueva legislación. Tal vez no será una obra acabada, pero valdrá mil veces más que el laberinto legislativo en que nos encontramos, en que se percibe la negra oscuridad de instituciones hijas de una época de profundo atraso, y en que se palpa la resistencia que leyes y prácticas oponen al desarrollo económico de nuestro país, que si algo necesita en primer término, es una amplia facilidad para que su poder productivo se fortalezca y ensanche, y para que la riqueza particular y pública tenga una grande y reconocida importancia.

Refiriéndome al Departamento de Negocios Eclesiásticos, debo informaros que ha mediado la más perfecta inteligencia entre mi Gobierno y los Representantes de la Iglesia.

Un vasto campo ofrece a mis consideraciones el Departamento de Hacienda cuyo estado es un signo inequívoco para juzgar si un país tiene o no condiciones regulares de existencia. La Hacienda es la base en que reposa la acción de los Gobiernos, y cuán penoso me es manifestaros que ese ramo vital de la Administración Pública mi Gobierno lo ha encontrado en completa desorganización.

Cuando me resolví a venir a mi país nativo envié al Puerto de Amapala, punto de mi llegada, los fondos necesarios para atender a las primeras erogaciones de la Administración. No obstante, cuando arribé a aquel Puerto cuya Aduana es la de más recursos, encontré en sus cajas la suma de diez y ocho reales que por cierto estaba muy comprometida. Difícil y angustiosa fue mi posición. Por una parte, y en decreto de 28 de agosto de 76, suprimí todas las contribuciones extraordinarias que en poco tiempo arruinan las fortunas de los particulares, y prohibí todas las exacciones que de antiguo pesaban sobre los pueblos. Por otra parte, yo me encontraba sin recursos, en medio del vacío, y debía a todo trance atender a los fuertes gastos que implicaba el restablecimiento del orden y de la confianza pública. Para satisfacer, como en efecto satisfice, sin molestar ni vejar a nadie, tan apremiante necesidad, dispuse de mis propios fondos y de los que conseguí baje mi responsabilidad personal.

Al propio tiempo mi Gobierno emitió en Amapala, las leyes que debían cortar de raíz las mayores dificultades al Erario Público, y que han formado una base para el arreglo efectivo de la Hacienda. Los ingresos de ésta se han multiplicado merced a la aplicación de dichas leyes.

El acuerdo de 28 de agosto limitó los gastos al pago exclusivo de la lista civil y militar, dando sólo al Gobierno la facultad de autorizar los gastos extraordinarios. Tal medida la proporcionado las mayores economías demandadas por la exhaustez del Tesoro Nacional.

Por decreto de 12 de setiembre se estableció que los derechos sobre la introducción y exportación, lo mismo que los demás impuestos ordinarios se paguen, en su totalidad, en moneda efectiva, y que, en consecuencia, los papeles de crédito contra el Estado dejasen de amortizarse en las oficinas de hacienda hasta tanto que el Gobierno hiciese una reforma en el sistema rentístico del país, y diese un arreglo conveniente a la deuda interna. La citada ley, tan radical en sus disposiciones, era exigida por la justicia y por la conveniencia, y puedo decir que es una base de la Hacienda pública.

En efecto: ¿qué rentas podía tener el Estado cuando los impuestos establecidos se pagaban en gran parte con papeles de crédito que los contribuyentes obtenían a un tres, a un cuatro y a un cinco por ciento, y que no obstante los empleados de Hacienda tenían que recibirlos como dinero efectivo por todo su valor nominal? ¿Qué arreglo justo y conveniente para el Estado y para los particulares podía tener el pago de la deuda interna cuando se hacía bajo condiciones desiguales o arbitrarias? En realidad, sólo los introductores y exportadores que tenían que satisfacer derechos de alguna consideración, eran pagados íntegramente, no sólo por sus papeles que poseían por sus créditos propios, sino también por los que adquirían de segunda o tercera persona que, no teniendo que pagar derechos, se veían precisadas a sacrificar sus acredurías vendiendo sus documentos de crédito, a los más, por una vigésima parte de su valor.

Para todas estas personas. las más necesitadas, no había sino una insignificante amortización indirecta, mientras que para todos los individuos que, por razón de buenos negocios tenían que satisfacer derechos, había una completa y directa amortización. Yo espero que dentro de poco tiempo, merced a la enunciada ley y a las demás emitidas en materia financiera, las rentas serán suficientes no sólo para llenar el presupuesto si no para dejar un sobrante. Entonces será la ocasión de dar un buen arreglo al pago de la deuda interior, tan equitativo y seguro, que sea capaz de satisfacer proporcionalmente a los derechos de todos, y de fundar el crédito interno del país.

En la mira de arbitrar fondos para atender a las exigencias del servicio público, y en el propósito de atenuar para el comercio los efectos de la ley de 12 de setiembre, mi Gobierno dietó el acuerdo de 18 de octubre último que autorizó la emisión de quinientos Vales, de cien pesos cada uno, para que los comerciantes los comprasen con el beneficio de una prima de un quince por ciento, y les fuese admitidos en la Aduana de Amapala como dinero efectivo, por todo su valor representativo, por derechos de introducción propios o endosables. La emisión de vales, cuyo valor nominal fue de cincuenta mil pesos, se llevó a cabo: han sido comprados, y su amortización en la Aduana está para terminarse en estos días.

Debido a la depresión que en los mercados de Europa ha sufrido la plata en pasta, el Gobierno por decreto de 26 de octubre, y a solicitud del comercio de Tegucigalpa, reformó la ley de 9 de septiembre de 1868, dando al marco de plata el aforo de siete pesos en vez del de ocho pesos que fijaba la citada ley de 68. La modificación del aforo el Gobierno la ha estimado como consecuencia de circunstancias transitorias, y más la estima en ese sentido en la actualidad, teniendo la idea de que se utilice prontamente el cuño nacional, cuya devolución determinada por justo y honrosísimos motivos, se ha hecho a Honduras por el Gobierno del Sr. Dr. Zaldívar. Fabricando moneda propia, para lo cual el Gobierno ha ordenado trasladar el cuño a la ciudad de Tegucigalpa, por medios directos o indirectos, será indispensable prohibir o minorar la exportación de la plata y del oro en pasta, y la nueva ley que se emita a este respecto tendrá en consecuencia que abrogar o modificar profundamente las disposiciones relativas a la exportación de metales preciosos. Abrigo la esperanza de que nuestro modo de ser económico mejorará considerablemente acuñando, en cantidad necesaria, una moneda nacional que no pueda exportarse. Su circulación salvará a los agricultores, al comercio y al Estado de las grandes crisis que se experimentan por falta de numerario. Existiendo éste en cantidad proporcionada a las necesidades particulares y públicas, no hay duda de que la agricultura ganará mucho poseyendo nuevos elementos para desarrollarse: el comercio progresará también, porque en vez de extraer plata en pasta y moneda efectiva, con cuya exportación muchas veces pierde por la diferencia de los valores al cotizarse en los mercados, tendrá por precisión que exportar productos agrícolas que le proporcionen el beneficio de una buena venta en el extranjero, y la ganancia en el retorno de mercaderías destinadas al consumo del país; y en suma acrecentándose de esa suerte la riqueza de los particulares, se aumentará el material imponible y será seguro el progreso de las rentas públicas.

La ley de recursos fiscales emitida por el Congreso Nacional, en 9 de febrero de 1875, gravaba con la alcabala del seis por ciento la traslación del dominio de bienes raíces, muebles, semovientes, acciones o derechos incorporales, ya se verificase el traspaso a título oneroso, ya a título gratuito. El Gobierno conceptuando que esa disposición contrariaba los principios económicos, puesto que dificultaba el curso ordinario de las transacciones, que las leyes deben expeditar particularmente en los países pobres como el nuestro, decretó en 6 de noviembre anterior la absoluta supresión de la alcabala terrestre. Así se ha favorecido las libertades económicas removiendo obstáculos que entorpecen las transacciones en menoscabo de la riqueza de los particulares y del consiguiente aumento de la riqueza del Estado.

La renta de aguardiente que estaba reglamentada bajo el sistema de remates, que entre nosotros ha sido el más sencillo para la Administración, pero a la vez el más improductivo, fue reorganizado por la ley orgánica de 1° de diciembre del año próximo pasado que contiene las bases siguientes: compra del aguardiente por el Gobierno a los destiladores autorizados: venta hecha por el Gobierno a los patentados que pagan el correspondiente impuesto en la diferencia del precio de la compra, y en el derecho de patente: venta del aguardiente por los patentados que con la diferencia de precio obtienen la ganancia que les corresponde: derechos de patente para vender por mayor y por menor licores Ultramarinos; y administración, contabilidad y policía especiales para atender al buen manejo y a la seguridad de los intereses de la expresada renta. He aquí en compendio los principios de la ley orgánica que, a juicio del Gobierno, una vez puestos en completa práctica desde el punto de vista económico, ofrecerán las mayores ventajas al destilador, al patentado y al Erario público.

Propósito fue del Gobierno poner desde luego en cumplida ejecución la ley orgánica de aguardiente bajo el sistema de patentes establecido en ella; mas no estando preparados, por la premura del tiempo, los individuos que en los departamentos podían sacar patentes, y mediando además positivos informes de que en los principales centros de producción de aguardiente, las existencias de este artículo, que eran considerables, se habían ocultado con el objeto de solicitar patentes, y de vender dichas existencias en puestos autorizados, comprando tan solo al Gobierno por vía de pretexto legal una insignificante cantidad de aguardiente, por tales consideraciones, se emitió el acuerdo de 18 de diciembre en que se autorizó con amplias facultades al Administrador de la renta de aguardiente del Departamento de Tegucigalpa, para que estableciese los puestos de venta por cuenta del Gobierno; y después igual autorización se dio a los demás administradores de la renta para que hiciesen lo propio en sus respectivos departamentos.

Habiendo desaparecido en gran parte los inconvenientes que motivaron el citado acuerdo, la Secretaría General, para proceder con el mayor acierto, ha pedido por medio de la Administración General del ramo, todos los datos relativos al justo precio de las patentes regulado según la importancia de las diversas localidades, a efecto de poner en completa práctica la ley orgánica por el sistema de patentes que prescribe, y de emitir la ley reglamentaria que, al principio, no se expidió por impedirlo urgentes ocupaciones, según lo expresa el acuerdo de 16 de diciembre último que fijó algunas disposiciones reglamentarias de carácter transitorio, y que después, a pesar de ser muy sensible su falta, se ha retardado de intento, según se ha dicho oficialmente, por haber querido el Gobierno observar todos los obstáculos que en la práctica ofrece el nuevo sistema, a fin de removerlos en la ley reglamentaria para lo cual se prestan las amplias y calculadas prescripciones de la ley orgánica.

La ley reglamentaria de que me ocupo, limitando por medios justos, directos o indirectos la producción que excede a las necesidades del consumo: prescribiendo que el Gobierno obtenga el artículo bajo mejores condiciones de precio, calculado éste según los gastos de producción: rebajando proporcionalmente el precio de la venta que se haga a los patentados: haciendo más barata la Administración una vez que el Gobierno sólo sea intermediario entre el productor y el expendedor del artículo: interesando la conveniencia de los particulares que como patentados atenderán a los derechos de la renta contra los expendedores clandestinos; y haciendo efectiva una policía amplia, eficaz y enérgica, con tales disposiciones que a juicio del Gobierno son las principales, el nuevo sistema de aguardiente dará resultados más satisfactorios que los que ha dado en los meses anteriores, a pesar del exceso de la producción, de la falta de policía y del mucho contrabando consiguiente a la transición de un sistema a otro, en su totalidad diverso y opuesto.

A juzgar por los datos que posee el Gobierno sobre la renta de aguardiente, tal como estaba y tal como se encuentra, no creo que pueda ser aventurado asegurar que acabada de sistemar dicha renta, puede producirse cada año, la suma de doscientos cincuenta mil pesos, esto es, cuatro veces más de lo que antes producía. Ojalá que a disposiciones acertadas a este respecto corresponda la acción de buenos empleados o administradores, sin la cual, por sabias y practicables que sean las leyes de Hacienda, tienen que escollar ante la indolencia, ante la ignorancia, o lo que es peor, ante la falta calculada del cumplimiento del deber.

Notando el Gobierno que el consumo de la chicha no sólo es antihigiénico e inmoral, pues da ocasión a la embriaguez permanente de los indígenas, sino que también el expendio de dicho artículo perjudica los intereses de la renta del aguardiente y licores ultramarinos, por motivos tan obvios, el Gobierno ha dispuesto últimamente que se prohíba por las autoridades civiles y por los empleados de Hacienda la elaboración de chicha, y que a las personas que contraviniendo a lo dispuesto la elaboren, se les decomisen los útiles empleados en la elaboración y se les pene con multas y prisión proporcionadas a la gravedad de su delincuencia.

La renta del tabaco, que, en el sentido de mi Gobierno, ha debido y está llamada a ser una de las principales de la República, la he encontrado por desgracia en un estado digno de lamentarse. En unos departamentos estaba libre la venta del tabaco, en otros sujeta a contratas de perjudicial carácter, y en materia de exportación, abierto estaba el campo a negociaciones que poco o nada dejaban al Erario, y por cima de todo esto se hallaba arruinada la renta en su propia base, pues el impuesto de diez y seis pesos que por la siembra de cada ocho mil matas debía pagarse en efectivo y en papeles de crédito, retraía a los cultivadores, y hacía poco menos que imposible de la producción del tabaco sustrayendo por consiguiente a la Hacienda Pública, la existencia de un artículo capaz de darle considerables utilidades.

Lo primero que el estadista debe atender es a la producción en su mayor escala de materiales imponibles que nunca debe dificultarse dada la producción, lo único que toca es calcular sobre el beneficio de los productores y sobre la parte de utilidad que puedan dar al Estado. Por desgracia este principio tan elemental en buena economía no siempre ha sido observado entre nosotros.

En consecuencia, de lo relacionado, se ha carecido en el país del tabaco suficiente para el expendio en los departamentos de la República, y excusado es decir que se ha carecido de ese de culo para exportarlo por cuenta del Gobierno. Atendiendo a esa situación se emitió desde 16 de octubre último un acuerdo en que se limitó el impuesto sobre la siembra de tabaco a cinco pesos por cada ocho mil matas, quedando de esa pequeña suma dos pesos a beneficio del Instituto científico de Santa Rosa, y el resto, o sean tres pesos, a beneficio de la renta común. Debido a esta disposición los cultivadores hicieron sus siembras en considerables proporciones, y hoy es dado tener cosechas suficientes de tabaco para el consumo interior y para la exportación.

Mediando notable desarreglo en la renta de tabaco fue preciso darle desde luego cierta organización, por imperfecta que fuese, y bajo este concepto se emitió la ley transitoria de tabaco, de 28 de diciembre próximo pasado, en la que se previno se hiciese al Gobierno, la entrega de las existencias de tabaco en rama y puros de Copán, dentro de un término fijo, estableciéndose que los Intendentes de Hacienda con el producto de dichos artículos pagasen a los interesados su valor, a muy buenos precios: que la venta de tabaco en rama y de puros de Copán se verificase exclusivamente por cuenta del Gobierno: que la exportación pagase un impuesto equitativo, y que en los casos de contrabando se aplicasen las disposiciones penales fiadas en la ley de que me ocupo.

Merced al nuevo e imperfecto arreglo que se dio a la renta por la ley de 28 de diciembre, el ramo de tabaco ha proporcionado algunos ingresos a las Intendencias de Hacienda, no obstante el fuerte contrabando que han hecho las personas que ocultaron las existencias de dicho artículo, contrariando tal vez sus propios intereses, pues no han sabido aprovecharse de las ventajas de la ley que fijaba mejores precios que los que han podido obtener vendiendo clandestinamente el tabaco. Se ha perseguido el cuanto ha sido posible el contrabando, pero como el Gobierno ha carecido de elementos para organizar una policía completa y bien sistematizada, los abusos de los contrabandistas no han podido menos de hacer frustráneos, en mucha parte, los efectos de la ley transitoria favorecedora de los intereses de los particulares.

Teniendo en cuenta la aproximación de las cosechas de tabaco, el Gobierno juzgó indispensable dar un arreglo definitivo a la renta, y emitió en consecuencia la ley orgánica de 15 de marzo último. Esta ley, en mi sentir, consagró los principios económicos más justos y practicables en orden a la Administración de la renta. La ley establece la libertad de la siembra de tabaco para que haya la mayor producción: prescribe la compra del artículo exclusivamente por el Gobierno, y la venta en el interior y en el exterior por cuenta del Estado: autoriza la exportación del tabaco por cuenta de los particulares en los casos en que el Gobierno no pueda hacer todas las compras del artículo por la abundancia de su producción: determina una prudente libertad en la fabricación y expendio de puros; y en lo tocante a la Administración crea una factoría que represente en grado superior, los intereses fiscales, que extienda su acción a todas las Intendencias de Hacienda, que según la enunciada ley, son las Administraciones departamentales del ramo, y que vigile por s1, y por medio de los demás empleados sobre el buen arreglo, conservación y mejora de la renta.

No obstante, los estropiezos que siempre son consiguientes a la transición radical de un sistema a otro, yo abrigo la confianza de que llevando a práctica con energía las prescripciones de la citada ley, la renta de tabaco que ha sido insignificante, andando el tiempo, podrá ser una renta importantísima. Tal convicción se robustece para el Gobierno en vista de la contrata que ha celebrado con don Santiago Palacios, natural de Cuba, cuyo sujeto, ayudado por trabajadores extranjeros, se ocupará en breve de mejorar el cultivo y el beneficio del tabaco, y de establecer en la Ciudad de Santa Rosa una fábrica de puros y cigarrillos en todo semejantes a los que se elaboran en Cuba. Realizadas esas mejoras el país tendrá un valioso ramo de exportación que dará patrimonio a muchos pueblos y que aumentará notablemente los ingresos del Erario público.

El impuesto sobre extracción de ganado y sobre el consumo interior del mismo artículo, ha recibido por decreto de 15 de febrero algunas modificaciones: se ha doblado el impuesto de extracción, se ha prevenido el aumento de la vigilancia sobre la cantidad de reses que extraen los exportadores, se ha alterado el impuesto sobre el destazo, y se ha hecho extensivo el impuesto a los consumos particulares.

Respecto a la extracción de ganado que proporciona tan buenos negocios, ha sido justo doblar el impuesto, y, andando el tiempo, será conveniente aumentarlo a fin de que Honduras, de cuya riqueza pecuaria necesitan otros países, se convierta en un mercado en que el hondureño no reciba la ley de los especuladores, en que las transacciones motivadas por la necesidad, se verifique; bajo condiciones más amplias y ventajosas, y en que el movimiento económico del país tome considerable ensanche en beneficio de comercio y de las rentas del Estado.

En lo tocante al destazo sólo se ha aumentado la insignificante suma de cuatro reales por cada res. En lo relativo al pago del impuesto que deben hacer las personas que destacen en sus haciendas o en sus casas, nada es más equitativo que la satisfacción de ese pequeño impuesto. Si el pobre hijo del pueblo por el solo hecho de vivir en una villa o ciudad, al comprar la carne que se expende en los rastros, o como se dice entre nosotros en las pesas paga su correspondiente impuesto, y esto se considera justo ¿por qué no ha de pagar el particular o el hacendado que destaza una res para el consumo de su familia o de sus trabajadores, que si tuviesen que comprar el mismo artículo en otro punto tendrían que pagar el impuesto? ¿por qué no gravar al particular y al hacendado que en el hecho de destazar reses que les pertenecen son más pudientes que los hijos del pueblo que en las ciudades y en las villas a veces sólo pueden comprar unas onzas de carne, y que no obstante pagan su contribución?

En la mira de dar la mayor regularidad a la Administración en materia financiera, el Gobierno creó por acuerdo de 22 de febrero una Escuela de Contabilidad de hacienda que está ya establecida en la ciudad de Tegucigalpa, prometiendo para dentro de poco buenos agentes para el desempeño de los cargos fiscales.

Con especialidad paso a ocuparme del estado de la Hacienda en los puertos y poblaciones de la costa del Norte. El contrabando llevado hasta el exceso, la incompleta acción administrativa causada por las grandes distancias y por falta de buenos caminos y vías telegráficas, he aquí las principales causas que han hecho que en el Norte, en la porción más rica y más bella de nuestro territorio, el Gobierno no haya podido contar con recursos fijos y de alguna significación. Para perseguir el contrabando se ha comprado por medio de las autoridades de Trujillo una balandra nueva, bien construida y de bastante capacidad que se ha tripulado para vigilar constantemente los contrabandos. La vigilancia a que me refiero, según informes recibidos, está dando muy buenos resultados. El Gobierno además de la citada embarcación se ha provisto de algunas embarcaciones menores destinadas al servicio público, y tiene la idea de que deben invertirse algunas economías, por lo menos, en la compra de dos vapores costeños que sirvan para dar en tierra con los abusos de los contrabandistas que tanto perjudican los intereses de la Hacienda.

No debo acabar de informaros sobre la administración en el Norte, sin referirme a las maderas de construcción y de tinte cuya exportación puede formar un considerable ramo de riqueza. Bien sabéis que ha estado en gran descuido el corte y la exportación de las maderas. Sobre esto han mediado y aun median contratas de carácter poco favorable a los intereses fiscales. Teniendo en cuenta la expresa consideración, por acuerdo de 28 de febrero se previno que los nacionales o extranjeros que tuviesen contratas celebradas con el Gobierno sobre cortes y exportación de maderas las presentasen, dentro del término de un mes, al Administrador del puerto de Trujillo o de Omoa, y que estos empleados informasen al Gobierno detalladamente sobre la validez y demás circunstancias de las contratas, a efecto de juzgar con exactitud sobre el estado que tiene el ramo de exportación de maderas, sobre las obligaciones de los contratistas, y sobre los compromisos del Estado que deban estimarse como subsistentes. La Secretaría General ha empezado a recibir los informes de los empleados de Hacienda, y con presencia de ellos el Gobierno podrá dictar, en breve, medidas que en definitiva corten los abusos, y arreglen en consecuencia de un modo productivo el ramo de exportación de maderas.

No debo concluir mis informes sobre los puntos relativos a la Hacienda, sin hablaros del estado de los fondos y de algunas economías de especial carácter que ha hecho el Gobierno en obsequio de los intereses generales.

A pesar de no haberse exigido empréstitos forzosos, de haberse suprimido todas las contribuciones extraordinarias, de haberse amortizado la fuerte suma que se adeudaba a la Compañía de los Vapores que tocan en Amapala, de haberse pagado a los particulares y a los pueblos servicios que han dado al Gobierno, y de haberse hecho cuantiosas erogaciones en atender a los fines administrativos de los Departamentos de Fomento y de Guerra; no obstante lo expuesto, el

Gobierno ha podido cubrir el presupuesto militar, y en alguna parte el presupuesto civil que estaría completamente satisfecho a no haberse emprendido y llevado a cabo obras de importancia llamadas a reanimar el país y a multiplicar sus recursos. Mas tengo la confianza, fundada en cálculos exactos, de que acabada de sistemar la Hacienda, habrá dentro de poco tiempo recursos bastantes para llenar por completo el presupuesto civil cuyo déficit es de poca significación.

Como el Gobierno no ha tenido residencia fija, y a la vez, ha tenido necesidad de atender a toda hora a urgentes gastos, se ha visto en el caso de administrar los fondos que conseguí bajo mi responsabilidad personal, lo mismo que gran parte de los fondos producto de las rentas, por medio de una Tesorería especial. El Tesorero especial ha llevado en regla sus libros y comprobantes y por orden del Gobierno, ha rendido ante la contaduría Mayor las cuentas de su Administración.

La economía especial que el Gobierno ha hecho en sus gastos es la siguiente: según el presupuesto general de gastos de 25 de enero de 1875. El gasto mensual del Ejecutivo ascendía a la suma de dos mil quinientos veintitrés pesos, de forma que se ha obtenido una economía mensual de dos mil ciento treinta y ocho pesos. Tal vez puedo decir con sobrada razón, en vista de las cifras apuntadas, que el Gobierno hondureño es el Gobierno más barato del mundo.

En el Departamento de la Guerra sólo se han llevado a cabo los trabajos preparatorios conducentes a la buena organización del Ejército.

Para el fin indicado mi Gobierno ha creído debido y conveniente difundir de hecho ideas sobre el verdadero mérito y el honor militar en consecuencia me he limitado a respetar los derechos adquiridos en orden a grados militares, pero me he abstenido de dar ascensos al capricho, y de encarecer las excelencias de la fuerza en detrimento de las ideas y de nuestras instituciones. Será tal vez el primer Gobierno que se funda sin que haya dado un solo grado militar.

Mi Gobierno ha conceptuado además necesario, como medida de orden público y como preliminar para la organización del Ejército, hacer el arreglo de los almacenes llevando a ellos las armas de propiedad nacional que en su mayor parte se encontraban dispersas a consecuencia de los pasados trastornos públicos. Por estos motivos se emitió en 21 de Diciembre próximo anterior el Decreto Supremo en que se dictaron todas las disposiciones oportunas para recuperar las armas nacionales. En virtud de lo dispuesto se ha recogido por las autoridades la mayor parte del armamento; así es que con esos elementos de guerra y con los que mi Gobierno ha traído al país. puedo decir que es fácil armar, en un momento dado, un Ejército competente para la defensa del orden y de los derechos de la República.

Mas no basta haber rehabilitado la idea sobre la importancia que se merece la carrera militar, ni poseer elementos de guerra: se necesita además formar un ejército, por pequeño que sea, en que haya un perfecto régimen, una completa subordinación, y, en suma, una efectiva disciplina. Para realizar este importante objeto que atañe a la buena economía, al orden y al honor del país, mi Gobierno se ha ocupado en recoger todos los datos relativos al sistema militar más justo y practicable entre nosotros, y en hacer los estudios y proyectos referentes a las leyes que deben fijar las bases y condiciones del enunciado sistema: un poco tiempo más y Honduras tendrá una organización militar acorde con sus necesidades e intereses.

Paso para ocuparme de los trabajos realizados en el Departamento de Fomento.

Cuando en el mes de octubre ingresé a esta Capital, experimenté una impresión penosa al observar que los pocos edificios que poseemos estaban en ruina, y sin ofrecer ninguna de las condiciones de comodidad y decencia que deben tener en atención a su objeto y al decoro del país.

En pugna con las dificultades consiguientes a la escasez de recursos, la Secretaría General, en el Departamento de Fomento, ha hecho esfuerzos para lograr la reparación de los edificios nacionales y construirlos en las localidades en donde absolutamente se carece de ellos. Respecto a las reparaciones podéis visitar la oficina central de correos, la oficina de telégrafos, las oficinas de la imprenta, la casa de la Administración departamental de aguardiente, el cuartel de la guarnición permanente, la casa de Gobierno, y a la vista tenéis el edificio en que nos encontramos, todo lo cual os dará idea de los trabajos que le ha sido posible realizar al Gobierno. En cuanto a la construcción de edificios, hoy se lleva a cabo la de cómodas y hermosas casas nacionales en la Ciudad de La Paz, en el puerto de Amapala y en la ciudad de Santa Bárbara. Los trabajos están ya muy adelantados, y es de esperarse que en el año próximo entrante se terminen esas importantes obras.

La construcción y mejora de puentes ha tenido de parte del

Gobierno y de las autoridades la atención debida. Se están construyendo dos grandes puentes en la ciudad de Tegucigalpa, y están acopiados los materiales para la construcción de dos puentes en el Río del Hombre, de uno en el de Hernando López y de otro en el de San Juan. El más costoso y principal de dichos puentes, el del río Guacerique, está para darse al servicio público, y es indudable que esa obra favorecerá al comercio del laborioso pueblo de Tegucigalpa y contribuirá a la vez a aumentar el ornato de la Ciudad. Los puentes del ferrocarril que estaban muy deteriorados se están reparando con la mayor actividad, y construyéndose otros nuevos. Podéis ver, a este respecto, los detallados informes que ha publicado últimamente la prensa oficial. Los Gobernadores Políticos y las Municipalidades, en sus respectivos departamentos, han atendido por su parte a la conservación de los puentes y a la construcción de algunos de utilidad reconocida.

Los caminos públicos se han reparado y mejorado en lo posible en todos los departamentos. El sistema de construcción y reparación de caminos, que hay en el país, es sumamente rudimentario y antieconómico. De aquí proviene que en la estación de las lluvias se destruyen casi en su totalidad las reparaciones y mejoras hechas en la estación de verano. El Gobierno tiene el proyecto de que la Secretaria de Fomento tome por su cuenta exclusiva la dirección superior en orden a la construcción y mejora de caminos, dejando a las municipalidades el único encargo de reparar y mejorar sus caminos vecinales. Para ese objeto el Ministerio de Fomento debe tener bajo sus órdenes los Ingenieros y demás empleados necesarios, y disponer de todas las herramientas y enseres indispensables para la verificación de los trabajos. Llevar a práctica la mejora indicada requiere fondos competentes destinados de un modo exclusivo al pago de Ingenieros, de operarios, de Inspectores, y de las herramientas y demás útiles que, en su mayor parte, deben hacerse venir del extranjero; y por lo tanto, el Gobierno conceptúa que es preciso dar un nuevo arreglo a la contribución de caminos, disponiendo que sus productos ingresen a las cajas del Estado para que cada año formen un fondo de que pueda disponer el Ministerio de Fomento para realizar el proyecto indicado.

En particular voy a informaros del ferrocarril. Como recordaréis, la sección del ferrocarril estaba arrendada a los señores Debrot y Kraft, y aunque desde el año de 1875 de hecho quedó rescindido el arrendamiento, no obstante, el Gobierno no había recobrado la vía férrea ni atendido a su conservación y reparación, sin duda por impedirlo las circunstancias excepcionales del país; así es que el ferrocarril permaneció por mucho tiempo casi en completo abandono. En vista de esa situación de cosas mi Gobierno, en acuerdo de 26 de Diciembre último, dispuso recobrar formalmente la línea férrea, hacer efectivas las obligaciones de los contratistas, formar inventario de los edificios, máquinas y demás útiles de la empresa, y atender con eficacia a la conservación y reparación de la línea, para cuyo fin fueron nombrados como Ingenieros los señores Mayes y Collier, nombrándose además al Señor Gobernador Político de Santa Bárbara Inspector de los trabajos y de la administración del tráfico. Con posteridad se ha atendido a los gastos de la obra afectando especialmente, para ello, los productos de la Aduana de Omoa. Estas disposiciones han dado buenos resultados, pues según los últimos informes recibidos por el Gobierno, dentro de poco el camino de hierro estará completamente reparado desde Puerto Cortez, de donde parte, hasta Potrerillos, en donde termina.

Bastante lisonjeras son algunas comunicaciones que el Gobierno ha recibido del exterior con respecto a la prosecución de nuestra línea férrea. Sin embargo, es necesario tomar las cosas por su base y no hacerse ilusiones: fundemos nuestro crédito interno, inspiremos confianza en el extranjero, y todo se hará más tarde o más temprano. De mi sé decir que no pierdo la fe en la realización de la grande obra del ferrocarril interoceánico.

Nuestra escasa población, y las considerables distancias que separan a los centros administrativos y comerciales, hacen evidente, más que en cualquiera otra parte, la necesidad de tener numerosas y buenas líneas telegráficas.

He aquí porque mi Gobierno ha trabajado con perseverancia para establecer desde luego las líneas telegráficas de mayor interés, y preparar su establecimiento en todas direcciones. Tengo el gusto de participaros que de esta Capital a la Ciudad de La Paz, a la frontera del Salvador y a la ciudad de Tegucigalpa hay construidas ciento cincuenta millas de telégrafo, y que en las oficinas establecidas prestan sus servicios de la manera más satisfactoria los alumnos de la escuela de telegrafía, que en número de veinte, han sido enseñados y sostenidos por cuenta del Estado. El Gobierno además ha hecho los pedidos de los útiles correspondientes a la construcción de trescientas leguas de telégrafo. La administración pública y el comercio, señores Diputados, tendrán mucha vida y robustés cuando esté el país cruzado en todas direcciones por el hilo telegráfico, que, de un modo instantáneo, lleve la expresión de nuestro pensamiento hasta las más aparta las regiones del mundo.

En el Departamento de Fomento no se ha descuidado promover la mejora y el planteamiento de establecimientos tipográficos. Se han hecho las erogaciones necesarias para mejorar la Imprenta Nacional de esta Ciudad, y en la de Tegucigalpa se están arreglando dos imprentas nuevas que el Gobierno ha comprado últimamente. También se ha encargado a Nueva York una imprenta de las de última invención con el objeto de poner bajo mejores condiciones el establecimiento tipográfico de esta Capital.

Se ha promovido el arreglo de la Administración de Correos. Para ello se han emitido en 31 de marzo último las disposiciones conducentes a preparar la nueva organización del ramo. A la vez se ha emitido la Guía Postal de la República, la primera que se conoce en el país, y en breve se ocupará la imprenta de dar a luz la ley orgánica de la Administración de Correos y la reglamentaria, cuyas prescripciones, puestas en práctica con energía y constancia, harán que Honduras posea un sistema postal que satisfaga a sus necesidades y que en el extranjero dé una buena idea sobre la regularidad y prontitud de sus comunicaciones.

La acción del Gobierno en el Departamento de Fomento ha tendido de un modo especial a favorecer los intereses de la agricultura y el comercio. Se han dado estímulos a los pueblos haciéndoles donaciones de terrenos con el objeto de que se ocupen en labrar la tierra, y por decreto de 29 de abril próximo anterior, se ha acordado una protección amplia y decidida a todos los agricultores nacionales o extranjeros que posean o funden fincas de proporciones capaces de suministrarles productos destinados a la exportación. La citada ley contiene todas las franquicias y exenciones a que justamente pueden aspirar los agricultores.

En el propósito de hacer más activo el comercio y de estimular por medios indirectos la inmigración por el Norte, se expidió en 27 de abril un decreto en que se establece que sea franco y de depósito el puerto de Omoa, y exclusivamente de registro Puerto Cortés. Me anima la esperanza de que la franquicia del puerto de Omoa que atraerá inmigración, trabajo y capitales, la reparación del ferrocarril que facilitará el tráfico, y la navegación del río Guayape que ha de llevarse a cabo en provecho de la agricultura y del comercio, obrarán en el país una profunda revolución económica que dé por resultado el arraigo de los intereses, de la propiedad individual y de los intereses públicos, que cuando están sostenidos firmemente por el trabajo, y favorecidos por las instituciones, hacen imposible el estado de anarquía que empobrece, que desmoraliza y deshonra a los pueblos.

Señores: hablandoos de lo poco que he hecho en los nueve meses que llevo de Gobierno he abusado tal vez de vuestra benévola atención. Mas no debo abusar por más tiempo, y por esto prescindo de daros detalles. Si los queréis, y si sobre mis informes deseáis alguna ampliación, el Señor Secretario General tiene encargo de asistir a todas vuestras sesiones, y de exponeros minuciosamente el curso que han tenido los diversos negocios administrativos, y de representar con lealtad y franqueza las ideas de mi Gobierno.

Señores Diputados: no debo concluir sin hacer votos porque la Providencia que parecía haber apartado sus ojos de esta tierra empapada con la sangre y el llanto de sus hijos, no desvíe de nosotros su mirada protectora, y porque sea permitido a este pobre país levantarse de entre sus ruinas, y sacudir el peso de las malas pasiones que lo abaten y deshonran, para que fuerte por el trabajo, respetable por su crédito, digno por sus instituciones, y grande por la elevación de sus ideas, conquiste el alto puesto a que es acreedor por la entereza y la inteligencia de sus hijos, y por los grandes elementos con que la Naturaleza lo dotara. Más para que estos votos sean cumplidos, tened presente, Señores, que las transformaciones sociales, benéficas o salvadoras para un pueblo, no se operan de una manera fatal: se operan con el concurso de una voluntad activa que tiene por principales móviles las virtudes públicas, y por único fin el mayor bien de la patria.

Recordad que en más de medio siglo el personalismo ha imperado entre nosotros y que al fin de la jornada sólo tenemos ruinas y deshonra, y es porque las pasiones nada fundan, las pasiones destruyen.

Sólo las ideas, puestas en acción con inteligencia y desinterés, labran la felicidad y en buen nombre de un país. Que termine para siempre el predominio de ciegas pasiones políticas, y que se para el campo a las ideas de libertad, de justicia y de progreso. En ese sentido trabajad con fe y resolución, Señores Diputados: así tendréis patria, así tendréis decoro nacional, así aseguraréis al porvenir de la República de Honduras. (generales aplausos).

MARCO AURELIO SOTO

Comayagua, mayo 27 de 1877

SEGUNDO MENSAJE DEL PRESIDENTE DE HONDURAS, DE 9 DE MARZO DE 1879

CONTESTACIÓN DEL CONGRESO Y DICTAMEN DE LA COMISIÓN RESPECTIVA

Señores Diputados:

El primero y más alto deber del Gobernante republicano es, en mi sentir, el de dar cuenta de sus actos administrativos a los Representantes de la Nación. Vengo ahora a cumplir ese deber, exponiendoos sucintamente, en una relación franca y sencilla, la conducta del Gobierno que presido.

El Estado de la República, en lo general, es bonancible, y relativamente próspero. - En el interior y con el exterior estamos en perfecta paz. -El espíritu de empresa comienza a desarrollarse: en casi todo el país, la agricultura toma considerable incremento: trabajo en la industria minera v en los demás ramos industriales se implantan con buen éxito, las pasiones políticas antes exacerbadas, van amortiguándose: el espíritu de asociación para hacer el bien se reanima, crece y se infunde: los pueblos están dedicados al trabajo, fuente de toda prosperidad; y, bajo los auspicios de la paz y de la confianza, el éxito se aumenta y robustece dentro y fuera de la República.

La política de mi Gobierno con las Repúblicas vecinas ha sido sincera, fraternal, y encaminada siempre a armonizar estrechamente los intereses de los pueblos centroamericanos. Estos abrigan la certeza de que amo la paz, y de que jamás consentiré en que Honduras sea causa de perturbación para la tranquilidad de Centro América.

Los Gobiernos de Guatemala, El Salvador y Nicaragua, han acreditado ante mi Gobierno Ministros Plenipotenciarios que han sido recibidos con positiva satisfacción y llevado testimonios expresivos de distinguido aprecio y de cordialidad. Con las Repúblicas de El Salvador y Nicaragua se han celebrado tratados de amistad, comercio y extradición, convenciones telegráficas y postales. Estos pactos están basados en principios de fraternidad y de comunidad de intereses. La

Secretaría de Estado los someterá a vuestra consideración.

Por su parte, las Legislaturas de El Salvador y Nicaragua han ratificado ya, respectivamente, los Tratados y Convenciones con Honduras.

La República de Nicaragua tuvo un penoso incidente diplomático con el Imperio Alemán, motivado por reclamaciones que éste le dirigió a causa de agravios que el Cónsul de Alemania recibió en la Ciudad de León. Centro América debe ser una, y más unida debe aparecer ante la consideración de las naciones extranjeras. Inspirado en esta idea, mi Gobierno se asoció al de Guatemala para enviar una Legación a Managua con el objeto de mediar amistosamente y de ofrecer al Gobierno de Nicaragua que Honduras y Guatemala compartirían su suerte en los eventos que pudiera traer la cuestión alemana. Por fortuna ésta se resolvió lo más satisfactoriamente posible para ambas partes.

Mi Gobierno tiene acreditada una Legación en Guatemala y El Salvador, la que contribuye eficazmente a mantener las más estrechas y amistosas relaciones entre los tres Gobiernos.

El Imperio Alemán ha acreditado al Señor Werner Von Bergen con el carácter de Encargado de Negocios en Centro América.

Mi Gobierno ha reconocido en ese carácter al Sr. Von Bergen, y cultiva con la Legación Alemana las mejores relaciones. El Gobierno de México ha acreditado también al Sr. don Francisco Díaz Covarrubias con el carácter de Enviado Extraordinario y Ministro Plenipotenciario. -El establecimiento de la primera Legación Mexicana en Honduras lo considero como un hecho altamente satisfactorio, a par que significativo para la unión de los pueblos que componen las Repúblicas Hispano Americanas, unas en su origen y en sus destinos.

El honorable Señor Jorge Willianmxon, Ministro residente de los Estados Unidos de América, vino, hace pocos meses a visitar la República y al Gobierno. -Fue recibido con las atenciones debidas a su carácter, y a la buena inteligencia que se con serva con el Gobierno de los Estados Unidos.

A causa de la situación en que se encontraba el país, tuve a bien de enviar sus letras de retiro al Sr. Dn. Vicente Dardón, Ministro de Honduras en los Estados Unidos; pero esto no ha obstado para que continúen ambos Gobiernos en las mejores relaciones. En reemplazo de la Legación Hondureña, en Washington, mi Gobierno ha constituido dos Consulados; uno en Nueva York y otro en Nueva Orleans, que prestan importantes servicios al comercio de la República.

No pudo mi Gobierno aceptar la generosa y galante invitación que le hizo el Gobierno de Francia, para que Honduras concurriese a la Exposición Universal del año próximo pasado; pero deseando tomar alguna participación en ese grande acontecimiento, tuve a bien de nombrar a un Comisionado especial a la Exposición, para que representase al país y estudiase en el Universal Certamen de la Industria, lo que creyese más conveniente a los intereses y más aplicable a la satisfacción de las necesidades de Honduras.

El Sr. Dabry the Thiersant ha sido acreditado con el carácter de Encargado de Negocios de Francia. Amistosas relaciones se cultivan con ese nuevo agente Diplomático de la república francesa.

Iguales relaciones mantiene mi Gobierno con la Legación Británica. Los reclamos que ésta ha hecho se han atendido debidamente. Se ha verificado el arreglo del pago de la deuda que reconoció el Gobierno de Honduras por el Tratado celebrado con la Gran Bretaña, en el 1° de marzo de 1852. En virtud de lo estipulado, Honduras reconoció como deuda la suma de $ 80.000, se comprometió a pagarle al Gobierno Inglés por anualidades de $ 12.000 contadas desde el 19 de abril de 1852, y reconoció el 5% de interés sobre las cantidades que dejasen de pagarse. Hasta 1873, Honduras había pagado $ 79.546.12$^{1/2}$ centavos. Como esta suma fue pagada con grande irregularidad, hubo intereses que satisfacer, y capitalizaciones de los mismos, y de esta suerte el año de 1876 Honduras adeudaba todavía $ 60.552,83 centavos, según la liquidación practicada. Los intereses públicos y el buen nombre del Gobierno exigían que se procediese a arreglar el pago de esta deuda tan onerosa para el país. Se dieron instrucciones al Ministro de Honduras en Guatemala, para que entrase en arreglo con el Señor Sidney Locock, Representante del Gobierno Británico. De acuerdo con las instrucciones transmitidas al Representante Hondureño se ajustó el convenio con que se os dará cuenta por la Secretaría de Estado, y en cuya virtud la deuda quedó consolidada y reducida a $ 50.000 pagaderos por anualidades de $ 10.000 en las Aduanas de la República. El convenio ha comenzado a cumplirse en el año que acaba de terminar.

La Legación Británica ha pedido el cumplimiento del Tratado de 28 de noviembre de 1859, por lo que Honduras se obligó a pagar el principal de los mosquitos, la suma de $ 50.000, durante diez años, para que se invirtiese en la Educación de los habitantes de la Mosquitia, cuyo territorio Inglaterra devolvió a Honduras por el referido Tratado. Mi Gobierno, que tiene decidido interés, en cumplir los compromisos de la Nación, ha manifestado a la Legación Inglesa el deseo que le anima, para entrar en arreglo para el pago de la deuda; y una vez definido quién sea la persona, que, según el Tratado, debe recibir los $ 50.000 como principal de los mosquitos, el reclamo pendiente será terminado de una manera satisfactoria.

Motivos de justicia y de conveniencia indujeron a mi Gobierno a denunciar los Tratados que ligaban a Honduras con algunas naciones y cuyos términos estaban para concluir. El Gobierno se propone sustituir los antiguos Tratados con nuevos pactos, que, basados en una reciprocidad efectiva, proporcionen mayor beneficio e incremento a las relaciones internacionales. Esta idea, que ha sido bien acogida, por los Gobiernos a quienes se ha dirigido el de Honduras, ha comenzado a ponerse en práctica, precediendo a las estipulaciones de los Tratados, recientemente concluidos con las Repúblicas hermanas del Salvador y Nicaragua.

Así como mantener y ensanchar las mejores relaciones con los Gobiernos de los demás países ha sido uno de los principales fines políticos, exteriores de mi Gobierno, así también en la política interna el sostenimiento del orden público ha sido el principal objeto de sus trabajos y esfuerzos. Si el país hubiera continuado en el desconcierto anárquico en que estaba cuando me hice cargo del poder, Honduras quizá no existiría.

El programa que expuse a los hondureños, al asumir el mando Supremo en Amapala y la manifestación que hice al Congreso cuando acepté la Presidencia Constitucional, han sido las bases de mi política en el exterior. "Justicia para todos, imparcialidad y completo olvido de lo pasado, y un sistema de Gobierno extraño a los partidos que, en mala hora. han dividido a los hondureños; he aquí, en síntesis, la única política que he creído puede salvar la situación que atraviesa la República. Mi bandera ha sido, es y será, la bandera nacional, la bandera del progreso, de la honra y dignidad de la patria.

No obstante el programa político que desde un principio me impuse y que he cumplido fielmente, hubo quienes aceptaran mi Gobierno sobre la base de una simple tregua, y solo mientras se desarrollaban trabajos revolucionarios que existían en jérmen, Yo tenía conocimiento de ellos, pero abrigaba la esperanza de que no pasarían al terreno de los hechos en presencia de la triste situación del país, y de un Gobierno imparcial y justiciero que no tenía otra mira que la de hacer el bien que pudiese.

Renuncié el poder que me confiaron mis conciudadanos, convocando a elecciones para Presidente Constitucional; los pueblos votaron libremente, y los círculos políticos estuvieron en libertad absoluta para trabajar por el candidato que más les satisficiese. Una inmensa mayoría me dio sus votos, y la circunstancia de ver una elección casi unánime determiné a aceptar el Poder Constitucional. El Congreso extraordinario elegido también libremente, y al cual concurrieron Representantes de todos los círculos políticos, declaró mi elección y me invistió de facultades omnímodas.

Yo creí que, en vista de esos hechos, en vista de que la opinión pública se manifestaba en el sentido de la paz y de los nuevos principios que proclamaba y cumplía mi Administración, los trabajos de trastorno, de que os he hablado, terminarían por completo. Pero no fue así. Yo me formaba una ilusión. En el exterior había trabajos revolucionarios que se hacían en grande escala y que estaban conexionados con los que se operaban en Honduras.

En el mes de julio de 77, tuve un aviso de que se había intentado un asalto en el Cuartel de Santa Rosa, donde existía considerable número de armas y enseres de guerra. No podía explicarme un hecho aislado, y entonces pedí la causa y los reos capturados. Vinieron éstos y declararon sobre la responsabilidad de otros cómplices de más significación. Estos descubrieron todo el plan de la rebelión, y quiénes eran las personas de los principales caudillos. Entonces vi confirmarse lo que yo no creía, pero lo que la opinión pública tenía ya indicado. El Jefe de la revolución resultó ser el Gral. don José María Medina, en connivencia con los revolucionarios del exterior, y, en el interior, con los que formaban el resto de su partido personal.

Yo había sometido a juicio a todos los individuos que iban apareciendo complicados en el asalto del cuartel de Santa Rosa, Y sin faltar a la justicia y a mis deberes de Gobernante, no pude menos de someter al mismo juicio al Gral. Medina y a los nuevos cómplices que resultaron. Dispuse entonces que el Comandante Gral. de los Departamentos de Gracias y Copán, que era el Juez legítimo de la causa, la siguiese conforme a la ley. Siendo Militar el delito, o militares la mayor parte de los que resultaron complicados en el asalto, se procedió conforme a las leyes de la materia y se organizó un Consejo de Guerra de Generales y Oficiales en la dudad de Santa Rosa. El Consejo fue compuesto de Jefes dignos y honrados, que pudieron investir el cargo de verdaderos Jueces. Ese Tribunal siguió y terminó la causa con los requisitos de ley, condenando todos los reos principales a la pena capital.

A la sazón el indígena Calixto Vásquez, a quien por su ferocidad le han dado el sobre nombre de "Corta Cabezas" y que según varias declaraciones que obran en la causa, aparecía comprometido y en connivencia con el Gral. Medina, se había lanzado a las montañas de Santa María, iniciando una nueva carrera de crímenes con el asesinato del Comandante Local de aquel pueblo y de algunos de sus leales compañeros. El Gobierno instantáneamente levantó las fuerzas necesarias para ahogar ese levantamiento salvaje, sintiendo vivamente que, por una causa indígena e injustificable, fuese a derramarse de nuevo la sangre hondureña.

El Consejo de Guerra, en cumplimiento de las leyes respectivas, elevó su fallo al Gobierno, a efecto de que éste usara o no, "el derecho de gracia que la Constitución le otorga". Tremenda situación fue ésta para el personal del Gobierno: estaban de un lado los sentimientos humanitarios, los impulsos generosos y hasta los ideales de una penalidad perfecta: estaban de otro lado la anarquía, cínica y audazmente entronizada, la ley demandando un ejemplar castigo, y la justicia y el país entero reclamando medidas radicales para contener el caudillaje que ha devorado la patria que la ha mantenido en un estado de desorganización, y de horribles inquietudes y zozobras que ya la hacían perder hasta el consuelo de la esperanza.

En presencia de situación tan difícil y excepcional, tuve que hacer el sacrificio de mis sentimientos personales. No encontré razón alguna en qué apoyar el indulto de los dos principales jefes militares, que, traicionando a su patria y a su honrosa carrera, habían puesto todos los medios que estaban a su alcance para consumar con la guerra civil, la última ruina del país llevando en mira solamente sus ambiciones personales y la satisfacción de sus odios y venganzas. Sus antecedentes de trastornadores e incorregibles, eran de todos conocidos, y eran a la vez, una condenación pública. Negué el indulto a los dos jefes principales de la anarquía, y lo acordé para todos los demás reos que habían sido condenados a la pena capital. No podía hacer otra cosa que sacrificar mis ideas y mis sentimientos ante los más caros intereses de la nación, que, al confiarme la Autoridad Suprema, me encargó principalmente del orden y de la conservación de la paz.

La Secretaría de la Gobernación, os presentaré la causa original: en ella veréis que el frustrado asalto de Santa Rosa iba a comenzar con el asesinato de varias personas más respetables de aquella ciudad, y con el saqueo de sus propiedades: en ella veréis la legalidad de los procedimientos, la justicia del fallo emitido por El Consejo de Guerra de Oficiales y Generales.

Aparte de esos lamentables sucesos, y de la asonada del indígena Vásquez, reducida solamente a las montañas de Santa María y bien pronto deshecha debido al considerable número de fuerzas que le opuso el gobierno, y la buena disposición de los pueblos, el orden público desde que inauguré mi Gobierno Provisional hasta la fecha, se ha mantenido en todos los ámbitos del país. Fuera de duda es que el pueblo hondureño desea y ama la paz, y que sólo el espíritu de caudillaje puede amenazar la tranquilidad pública y los más vitales intereses de la Nación.

El Gobierno continúa organizado con el Secretario de Estado que tiene a su cargo los Despachos del Ejecutivo. Mi deseo ha sido formar un Gabinete completo, pero para verificar esto, se me han presentado varias dificultades que no he podido salvar. En el Gobierno lo primero que debe haber es unidad de acción y de propósito. Esta circunstancia no puede alcanzarse si las personas que forman el Gabinete no son de las mismas ideas si no están inspiradas en los mismos sentimientos. Sabido es que los hombres notables, los que pueden ser competentes para el desempeño de las Secretarías de Estado, pertenecen más o menos a las diversas fracciones políticas del país.

Yo he creído que el Gobierno no debe pertenecer a ninguna fracción. Si formaba pues el Gabinete con los hombres interesados o caracterizados de un bando, el Gobierno tomaba el color político a que ellos pertenecían. Buscar otro expediente, buscar personas sin competencia para llenar simplemente los huecos, habría sido inútil y costoso. Por este motivo no he aumentado el número de Secretarios del Despacho, siguiendo así el consejo de la opinión sensata que ha visto un peligro en la alteración del personal del Gobierno tal como está constituido.

Para mí y para el Secretario General que ha desempeñado y desempeña las Carteras con toda idoneidad e inteligencia, habría sido placentero y cómodo traer más colaboradores; pero esto no habría podido hacerse sin alarmar a la mayoría de los hondureños que ven una garantía en la imparcialidad del actual Gobierno; cuyo personal es ajeno, enteramente ajeno, al pasado y a los particulares intereses de los bandos públicos del país. Creo que un poco más tarde, cuando el espíritu de partido acabe de amortiguarse, la susceptibilidad pública, sea menos sensible y este ya afirmada la política de Gobierno para todos los hondureños, podrán utilizarse en beneficio del país, las notables aptitudes de los hombres públicos, sin distinción alguna.

En el mes de agosto del 77 vine a esta ciudad y he continuado aquí porque he encontrado más elementos para la Administración Pública y para promover el progreso de la nación. La localidad donde reside un Gobierno, tal vez parecerá cosa insignificante o indiferente a quienes no piensen con detenimiento; pero no cara que los que se fijen lo que es la labor administrativa, y más en Honduras. El lugar de residencia de la Administración decide, en mucho, del éxito de los Gobiernos y de la suerte de los gobernados. Para el servicio general del país el Gobierno necesita disponer de varios elementos que debe tener a la mano, los que no se obtienen sino es por la acumulación de los negocios, de los capitales y de la población.

He procurado organizar los Departamentos, colocando de autoridades a las personas más idóneas y que están en capacidad de representar, en cada sección, la política de imparcialidad y justicia que sustenta el Gobierno.

Débese a esto la tranquilidad de que disfrutan los pueblos, y el haberse hecho efectivas las garantías que el Gobierno acuerda a la seguridad, a la propiedad, a la libertad y a los derechos individuales. Para obtener este fin ha sido necesario, algunas veces colocar en los Departamentos personas extrañas que, por su falta de antecedentes, no infundan sospechas ni temores a unos y a otros, y sí, confianza a la generalidad.

La Administración Pública ha sido verdaderamente activa, dadas las necesidades y circunstancias del país. En el año pasado circularon, según datos de la Administración General de Correos, 22,518 comunicaciones oficiales, y según los suministrados por la superintendencia de Telégrafos, se trasmitieron 36,368 despachos oficiales, conteniendo 1.217,949 palabras.

El derecho electoral ha sido respetado en todas sus manifestaciones. Los Diputados al Congreso Nacional y los que hoy forman el Cuerpo Legislativo han sido electos por el voto espontáneo de los pueblos. No ha habido candidaturas oficiales ni trabajos y manejos de las autoridades en pro, o en contra de ninguna persona. Las elecciones de Presidente y de autoridades locales han sido también enteramente libres y extrañas a influencias e intrigas oficiales.

Las Municipalidades han funcionado en la órbita de sus atribuciones; y placentero me es informaros que casi en todos los pueblos de la República se ha llevado a cabo, o se ha iniciado una obra de beneficio general. Prueba esto -que los pueblos progresistas son, y que sólo les ha faltado paz y confianza para desarrollarse y engrandecerse.

La cuestión de fondos entraña el secreto de toda mejora pública. Noté, que las Tesorerías Municipales según la ley, eran movibles cada año, lo que ocasionaba que, al entrar el nuevo Regidor, encargado de la Tesorería, se interrumpiese la Administración Municipal. Por esto, en acuerdo de 27 de octubre de 1877, se dispuso que el cargo de una tesorería fuese servido por una persona especial inamovible y debidamente responsable de los pandos que administrase. Esta disposición aumentará los fondos municipales y los garantizará más, pero no hay duda de curdos mejora también depende de la organización de las Municipal de me, que es bastante defectuosa y por lo mismo debe reformarse. El Municipio tiene una importantísima representación en el sistema republicano, y, para que llene su cometido, debe dársele una legislación más justa y adecuada a sus diversos fines.

El Congreso Extraordinario tuvo a bien investirme de facultades amplias para la conservación del orden y la organización del país. Para lo primero hasta hoy me han bastado las facultades consignadas en la Constitución y en las leyes secundarias. El Gobierno no ha dictado ninguna providencia excepcional, y ningún hondureño está fuera del país por haber sido expatriado: algunos que permanecen en el extranjero están por su propia voluntad y pueden volver a la República cuando mejor les plazca.

Para lo segundo sí he hecho uso de ellas para emitir las leyes que han cambiado por completo la organización del país. El Congreso las tomará en su alta consideración.

El Congreso de 77 me facultó también para que convocase, cuando lo creyera oportuno, una Constituyente que diese un nuevo Código político a la República. No he verificado esto porque deseo que el Congreso actual tome en consideración tan importante asunto. Vosotros decidiréis sobre si el país necesita una nueva Constitución acorde con el estado actual y con los modernos principios constitucionales.

El Gobierno encontró los edificios públicos de la capital en muy mal estado; así es que uno de sus primeros trabajos fue repararlos y ponerlos en capacidad de servir para sus respectivos objetos.

Al cuartel de Comayagua se le han hecho muchas mejoras. En esa ciudad se compró también una buena casa, a propósito, para un establecimiento de enseñanza o para cualquiera oficina pública.

Se han suministrado algunos fondos para terminar la casa nacional de Santa Bárbara: la construcción del edificio de la Comandancia de Amapala se ha suspendido últimamente para hacer esa obra bajo un nuevo plan más perfecto y arquitectónico. En La Paz está a medio construirse una casa nacional y se la comprado otra casa muy propia para las oficinas telegráficas.

En esta ciudad se ha comprado una casa donde está establecido el Colegio Nacional de segunda enseñanza, ese edificio se ha reparado y mejorado muy notablemente.

Para el Colegio de señoritas so han arrendado dos casas que están reparadas y dispuestas convenientemente: lo propio se ha hecho con las casas que sirven para la Escuela de Bellas Artes y para las oficinas de correos y telégrafos. En Choluteca no existía ningún edificio público. Se ha comprado una casa muy buena y capaz para todas las oficinas públicas.

La Factoría de tabacos necesitaba un edificio amplio y adecuado a su objeto; se arrendaba por $ 1,200 anuales el edificio que ocupa la Factoría; éste pertenece ya a la nación y puede servir también para las oficinas departamentales.

El Gobierno pidió una buena imprenta para montar convergentemente la Tipografía Nacional. Está ya en esta ciudad una prensa de Campbell que tira de setecientos a mil ejemplares por hora, y que puede moverse a mano o por vapor, no ha podido usarse por haberse perdido en el camino unas pequeñas piezas: su repuesto está para llegar. Se ha comprado también otra imprenta que está en Santa Bárbara, y que se ocupará especialmente en la impresión de textos de enseñanza.

La libertad de imprenta se ha mantenido sin restricción alguna en la República. Existen varios periódicos y en hojas sueltas ha salido a la luz, multitud de publicaciones de diferentes objetos.

La Paz, El Copaneco, El Orden y El Progreso se han publicado, respectivamente en Tegucigalpa, Santa Rosa, Santa Bárbara, Comayagua y Juticalpa.

El derecho de asociación para fines útiles se ha ejercitado también libremente. En varias cabeceras de departamento, ya en poblaciones de menor significación se han organizado sociedades, ya para conservar el orden, para impulsar el progreso, la enseñanza pública, ya para desarrollar el buen gusto y cultivar las bellas artes. Satisfactorio es ver cómo a favor de la paz, la iniciativa individual toma vida y el espíritu nacional se manifiesta espaciándose en los horizontes de lo bueno y de lo bello, y en las esperanzas de un mejor porvenir.

Las tribus selváticas del Departamento de Yoro, que estaban cuando vine al país en una casi esclavitud, se han declarado libres. El Gobernador, como representante del Gobierno y principal autoridad departamental, es el encargado de guardar los intereses de esas tribus. El estado en que ahora se encuentra no es más que una mejora relativa. Es necesario tomar otras medidas y hacer gastos considerables para lograr el catequizamiento de los selváticos que forman una inmensa población, inútil hoy para la vida del país. Esa Raza desheredada merece la atención de los poderes públicos. Los selváticos tienen una índole suave y apacible, son sencillos y sin vicios: son capaces de aprender y muy aptos para los trabajos industriales. Yo habría hecho más por los selváticos satisfaciendo, así, no sólo un deber, sino un deseo de mi corazón, si hubiese encontrado agentes que por su filantropía e inteligencia fueran capaces de ir a las selvas a conquistar para la civilización y para el país, esa raza que vive en la ignorancia y la miseria.

Los habitantes del departamento de la Mosquitia, están en las mismas circunstancias que los selváticos de Yoro, con la desventaja de no tener éstos algunos vicios y defectos de aquéllos. El Gobierno ha encargado a las Autoridades de aquel Departamento estudien y propongan las medidas que juzguen convenientes para encaminar a la vida social y al adelanto a los habitantes de la Mosquitia. Mucho, muchísimo hay que hacer para civilizar a los selváticos y a los mosquitos, pero más que todo, se necesitan agentes idóneos para acometer tan ardua empresa.

El importante Departamento de las Islas de la Bahía, se ha mantenido en paz. La manera en que estaba constituido era enteramente excepcional: su anexión a la República era, si se quiere de nombre: apenas si el Gobierno intervenía en confirmar el nombramiento obligado de algún Gobernador. Tal situación mantenida desde el año 1859 en que las Islas volvieron a formar parte de Honduras, no podía menos de engendrar la más completa indiferencia entre las Islas de la Bahía y el resto de la República. Yo me he propuesto cesar ese estado de cosas que, a la larga, traería por inevitable resultado la pérdida para la Nación de esas importantes Islas, llamadas a un gran porvenir. Puedo aseguraros de que el resultado de mis esfuerzos, secundados hábil y enérgicamente por el actual Gobernador Político, es bastante satisfactorio. Actualmente en las Islas de la Bahía impera ya la autoridad del Gobierno: el idioma español se enseña en las escuelas: las municipalidades se organizan conforme al ordenanza del país, las leyes de hacienda están implantadas, la ley militar también se ha puesto en práctica: y, por primera vez, en la historia del país, han venido al Gobierno remesas del producto de las rentas de aquellas Islas.

Ese Departamento comienza a palpitar con la vida de la Nación. La índole de sus habitantes es buena, y con gusto han aceptado las reformas, que se han ido introduciendo. Una vea, puestas en práctica las leves, y conocidos los resultados de su aplicación, debe hacerse un reglamento especial de las Islas, para que aquellos habitantes conozcan bien la legislación nacional y puedan cumplirla. La legislación civil y penal debe traducirse al inglés para que la conozcan y pueda obligárseles a su cumplimiento. Estoy seguro de que, con buenas autoridades, la obra de la asimilación de las Islas al resto de la República puede obtenerse satisfactoriamente.

Además del Gobernador, existe ahora un Comandante de Armas con una guarnición para dar seguridad a aquel Departamento.

Los Tribunales de Justicia están hoy como los organizó el Congreso Extraordinario. Además de los trabajos ordinarios han tenido el de despachar un número considerado de causas retrasadas que había con motivo de la paralización de los Tribunales durante los últimos trastornos.

Algunos Juzgados de primera Instancia no ha sido posible proveerlos ya por falta de personal idóneo, ya por que los letrados competentes no aceptan las judicaturas en lugares distantes y malsanos.

El Poder Judicial ha obrado con entera independencia, y todas las Autoridades de la República han obedecido sus órdenes, capturando los reos prófugos, prestando su auxilio para el buen desempeño de la Administración de Justicia.

El acuerdo de 29 de abril de 1877, en que se autorizó a la Secretaría General para que tomase las providencias conducentes a obtener los mejores escritos sobre legislación y los códigos más notables en materia civil, penal, de enjuiciamiento civil y civil y criminal, de minería y comercio, produjo los mejores resultados. Los Gobiernos de Europa y América a quienes la Secretaría General se dirigió, solicitando esos trabajos sobre legislación, los enviaron de la manera más galante y obsequiosa.

Listos los materiales se nombró la comisión que debía aprovecharlos. Esta Comisión ha dispuesto del material más vasto de que haya podido disponer comisión alguna en Centro América, pues tiene a la vista casi todos los Códigos de Europa y América. Once meses lleva de un trabajo asiduo y constante: están terminados ya los trabajos de Código Civil, Penal, de Comercio, de Minería y Procedimientos y la Ley de Organización y Atribuciones de los Tribunales.

La Comisión ha tomado por modelo los Códigos de Chile, menos en materias económicas. El Código Civil de Chile está calcado, sobre el Código de Napoleón, que fue emitido en principios de este siglo, cuando apenas empezaba en Francia la Revolución económica. El porvenir manifiestamente económico de Honduras hizo adoptar a la comisión reformas capitales que dificulten en gran manera de su admirable modelo. En lo general los proyectos que ha presentado la Comisión consigna las más amplias libertades civiles y económicas. Las reformas que se introducen se han inspirado en las ideas de los Jurisconsultos mas eminentes de Chile, y en las doctrinas de los autores modernos más avanzados de la escuela económica.

En el Código Civil se establece el registro como única prueba del estado civil: se reconocen los matrimonios mixtos y los matrimonios extranjeros, como medida económica y altamente civilizados: la inmigración de familias o colonias industriosas es imposible si la ley sólo reconoce el matrimonio eclesiástico: se consigna la patria potestad de la madre y de los padres naturales: se ha quitado la odiosa denominación de hijos que hacia la legislación antigua: el nuevo Código Civil no reconoce más que hijos legítimos y naturales: en el derecho de testar se han introducido también reformas radicales, ampliando la libertad de los testadores para promover el desarrollo de la producción económica y para la conservación de la disciplina doméstica: en la sucesión intestada tienen parte los hijos naturales y la mujer en concurrencia con los hijos legítimos y demás herederos: la legislación hipotecaria: base fundamental del crédito se ha reformado conforme a los principios modernos: la hipoteca es especial, pública y escrita. Se han abolido los privilegios del fisco, de los menores, de la dote, etc.: la ley cuida y protege por otros medios los bienes de los incapacitados: se establece el registro de la propiedad para garantías de ésta, y la libertad del interés del dinero.

El Código Penal está redactado en sentido liberal y humano: las penas mayores son de diez años de presidio y la muerte en los de los delitos atroces; como el asesinato y el parricidio.

El Código de Comercio de Chile es tal vez la obra más perfecta de la legislación chilena: por este motivo la Comisión le ha adoptado casi sin modificaciones sustanciales.

En el Código de Minería la propiedad de las minas se concede por denuncia, compra, venta, &, tanto a los nacionales como a los extranjeros, está redactado en sentido liberal, consultando a la más beneficiosa explotación de las minas.

Grande influencia tiene en la vida y progreso de la sociedad la Administración de Justicia expedita y barata: los procedimientos establecidos en el Código de la materia son breves, claros y sencillos; por ellos las cuestiones judiciales se terminarán pronta y fácilmente.

La nueva legislación exige una nueva organización de los Tribunales: este es un trabajo previo, como fundamento de toda reforma en materia de legislación: con la actual organización de Tribunales es imposible todo procedimiento regular: dos Cortes de Apelación con facultades iguales y con el derecho de conocer, en súplica la una, de las causas que falla la otra; y viceversa, dan por resultado la falta de unidad y el no poder formarse una jurisprudencia de loa Tribunales: el proyecto de ley de organización establece una Corte Suprema de Justicia compuesta de cinco Magistrados, y dos Cortes de Apelación, compuesta de tres, con una legislación clara y precisa al recurso de súplica que eterniza los pleitos se hace inoficioso;

por lo tanto se establece el recurso de casación La Corte Suprema de Justicia queda encargada de la parte económica, del poder Judicial y de estudiar en la práctica la aplicación de los nuevos Códigos: ese proyecto establece la Administración de Justicia gratuita: no hay costas procesales: todos los actos del juicio, menos la instrucción del sumario en lo criminal, son públicos.

Tales son los caracteres más salientes de los trabajos de la Comisión Codificadora. El Gobierno ha estado en constante relación con los individuos que la forman para caminar de acuerdo en las ideas y principios capitales que presiden a la nueva legislación. No obstante, esos proyectos serán revisados, cuidadosamente, y después se pondrán en práctica en la República.

Sólo en nuestro país ha quedado vigente la antigua legislación española, cuyos vicios y defectos están universalmente reconocidos. No hay obra de legislación perfecta: la legislación tiene que seguir la marcha de todas las cosas humanas, - mejorar y progresar. Yo juzgo que uno de los mejores bienes que puede hacerse al pueblo hondureño es darle una nueva legislación que garantice plenamente los fueros de la justicia y los derechos del ciudadano. Nada importa el aumento en el presupuesto de gastos que implica la reforma, si se consideran los grandes beneficios que se derivan de una buena y clara legislación, y de una verdadera Administración de Justicia.

El Gobierno ha conservado las mejores relaciones con los dignos representantes de la Iglesia. El Cementerio de esta población y los de la mayor parte de la República se mantienen en un estado tal de abandono, que por humanidad era necesario dictar alguna providencia que evitase los grandes males que a la salubridad pública están aún ocasionando. Las Municipalidades no influían en el cuidado y aseo de los lugares de enterramientos, porque se excusaban diciendo que era a los curas a quienes les correspondía ese deber. Estos a su vez decían que estaban faltos de fondos, y que a las Municipalidades tocaba reparar y cuidar los cementerios. Para cortar ese estado de cosas dispuse en acuerdo de 14 de enero próximo pasado, que las Municipalidades se encargasen del cuidado y policía de los cementerios. Estos son lugares que deben estar regidos por las leyes de higiene pública y por las autoridades que representan los intereses de las ciudades y poblaciones.

La contribución del diezmo, abolida en todas partes del mundo, ha quedado solo en Honduras. Tal observación debería chocar a los hondureños. En esta época de libertad los pueblos hicieron oír su voz en contra de esa institución. Una vez más que la opinión pública estuvo unánime y compacta a este respecto, el Ejecutivo debía corresponder a ella, aboliendo esa institución injusta y odiosa que pesaba principalmente sobre la clase pobre. Con tal motivo emití el decreto de abolición del diezmo el día 30 de Enero del anterior. Los considerandos y artículos de esta disposición os pondrán de manifiesto las razones en que se ha fundado el Gobierno, y los términos prudentes y conciliatorios en que se ha llevado a cabo tan importante medida.

Los pueblos que se instruyen y educan son necesariamente pacíficos, progresistas, ricos y dichosos. Por esto la Instrucción Primaria, que es la que más beneficia a la mayoría del pueblo, debe ser uno de los objetos de preferente atención para los Gobiernos.

Con escasez de medios, poco puede hacerse en este ramo importantísimo: me he limitado a que los Municipios cumplan las leyes existentes, y algo se ha hecho en este sentido.

El año de 1877, el número de Escuelas de primeras letras ascendió a 274 con 9.123 alumnos, y el de escuelas de niñas a 21 con 812 alumnas. La contribución de escuelas que recaudan y administran los Municipios, importó en ese año $ 30.187,33 centavos. El Gobierno subvencionó las escuelas con $ 4.441.

En 1878 el número de escuelas de niños ascendió a 309 con 10.978 alumnos: las escuelas de niñas llegaron al número de 55 con 2.098 alumnas. Se invirtieron en estos establecimientos $ 39.560,78. El Gobierno gastó en subvenciones $ 5.841,27 centavos.

Como veis, hay un pequeño progreso, pero esto poco significa. La Instrucción Primaria tiene que organizarse muy ampliamente, como cumple a un país republicano que debe cifrar su porvenir en la educación de la juventud.

Pero esto no puede lograrse si no se toman providencias radicales. De nada o de poca cosa sirve aumentar el número de escuelas y destinar mayores sumas para su sostenimiento, si no ha de mejorarse el sistema de enseñanza. Carecemos de maestros: sin ellos la enseñanza no tiene base. Para ser verdadero maestro se necesita aprender esta profesión, en mi concepto la más noble, pues los maestros de Escuela constituyen el sacerdocio de la civilización. Los maestros se forman en las Escuelas Normales, éstas hacen falta y deben establecerse para que sean el sólido fundamento de la enseñanza primaria.

Convencido de esto, y viendo que para llevar a cabo mi idea de establecer una Escuela Normal de cada sexo en los Departamentos, no contaba el Gobierno con los recursos necesarios, dispuse que la Secretaría de Instrucción Pública dirigiese una circular a los Gobernadores Políticos, excitando por su medio a las Municipalidades para que contribuyesen al sostenimiento de dos escuelas normales en cada Departamento: estas escuelas debían estar servidas por profesores competentes que el Gobierno pediría al extranjero: los Municipios contestaron manifestando su buena disposición; pero los fondos con que han ofrecido cooperar no bastan para llenar el fin apetecido.

El primer pensamiento que tuve fué establecer dos escuelas normales a donde debían concurrir dos alumnos de cada sexo, enviados por los respectivos Departamentos. Después se me ocurrió establecer esas escuelas en las cabeceras departamentales, cosa que juzgo hacedera. Este proyecto tiene sobre el primero, la ventaja de economizar mucho tiempo, y de dar un impulso simultáneo sobre la enseñanza formando a la vez, maestros y maestras que con dos años de aprendizaje pudiesen desempeñar las escuelas de sus pueblos respectivos. No debe prescindirse de establecer las escuelas normales: por de pronto deben establecerse siquiera las centrales: todo lo que no sea formar maestros que den un buen sistema a la enseñanza primaria, es inoficioso, es edificar sobre arena.

Habréis notado que hay un gran desnivel entre el número de escuelas de niños y de niñas. - La educación de éstas debe ensancharse. El Gobierno ha comenzado a ocuparse de tan importante objeto. En el Departamento de Comayagua, en el año pasado se estableció en cada pueblo una escuela de niñas, por iniciativa del Gobernador Político. Esto prueba que lo mismo puede hacerse en todos los demás Departamentos. Tan notable abandono ha habido en este ramo que en esta ciudad no existía una escuela de niñas. El Gobierno creó un Colegio de enseñanza elemental el 13 de Noviembre de 77, al que asisten 79 alumnas; el 25 de Abril de 78, creó otra escuela en la Villa de Concepción, que cuenta hoy con 38 discípulas.

Se ha establecido también un Colegio de Señoritas, montado al sistema americano, y servido por profesoras extranjeras. En este establecimiento hay, entre internas, medio internas y externas, 37 alumnas.

La segunda enseñanza era entre nosotros casi nula. Abstracta, metafísica en su sistema, y deficiente en las materias de enseñanza, no podía dar resultados en la práctica. Los individuos que han llegado a obtener títulos profesionales pueden observar la deficiencia en la segunda enseñanza que recibieron. El Gobierno para llenar el vacío ha organizado en este ramo bajo un sistema amplio y práctico que suministre conocimientos útiles a la juventud, creando por acuerdo de 13 de Agosto de 78, un Colegio Nacional de Enseñanza secundaria que tiene un cuerpo completo de profesores: en este año se enseñan todas las materias que comprende el primer curso: concurren al Establecimiento 76 alumnos.

La juventud hondureña está ávida de instrucción. Abierto apenas un nuevo plantel, ya cuenta numerosos alumnos, y ya se nota en la enseñanza un progreso manifiesto.

El Colegio de San Carlos, establecido en Santa Rosa, marcha perfectamente bien, bajo la inteligente y esmerada dirección que tiene. Ese Colegio en nada desdice de los demás, de igual género que hay en Centro América. En el año anterior y en el presente ha tomado notable ensanche y cada año promete más para el porvenir. En el año de 1877 se gastó en ese establecimiento la suma de $ 3.405,23¼ centavos, y en el de 78, la suma de $ 4.178,52$^{3/4}$ centavos.

La enseñanza profesional, en la Universidad necesita de reformas radicales. Ha sido también abstracta, y hábil sólo para formar abogados y canonistas. Para la época en que se creó y para los elementos con que ha contado, la Universidad ha sido un progreso y un bien para la República, pues que de ella han salido notabilidades en el Foro y en la Iglesia. Pero ahora la enseñanza profesional necesita tomar un gran desarrollo, y la Universidad tiene que ser un centro de enseñanza superior, en donde el aprendizaje práctico y científico proporcione copiosos beneficios.

El Gobierno ha principiado la reforma estableciendo un curso científico, preparatorio, para entrar en los estudios de las ciencias prácticas que dan en su aplicación utilidades positivas. La Universidad, en cuanto haya el personal necesario, se organizará con Facultades donde se sigan las profesiones que se necesitan, y en especial, las carreras de naturalistas, químicos, mineralogistas, ingenieros &, hoy descuidadas y que son sin embargo las que más convienen a los hondureños para servir sus propios intereses y los intereses de la República.

El 15 de abril de 78 se estableció una escuela de dibujo y pintura en esta ciudad: la enseñanza es diurna y nocturna; 52 alumnos concurren de día y 55 por la noche; asisten a este establecimiento algunos artesanos: las bellas artes deben estudiarse como complemento de la cultura, individual y social, y como un auxiliar de los oficios industriales.

En el ramo de Fomento se han llevado a cabo algunas mejoras e iniciativas de interés para la República. En grande extensión de nuestro territorio y el desierto son obstáculos que dificultan en alto grado las comunicaciones de los particulares y el curso de la buena administración púb lica.

El telégrafo y un buen servicio postal son medios para acortar las distancias y crear relaciones frecuentes e instantáneas. Cuando vine al país, no había un palmo de telégrafo. Con escasos recursos empecé la obra de tender el alambre y unir por el los principales puntos de la república, y a ésta con los países vecinos y hermanos. Hoy tenemos construidas seiscientas noventa y dos millas de telégrafo, que unen a Honduras con Nicaragua, El Salvador y Guatemala por líneas directas, y en el interior, los departamentos de Tegucigalpa, La Paz, Choluteca, Comayagua, Santa Barbara, Copán, Gracias y el importante puerto de Amapala: hay funcionando diez y ocho oficinas telegráficas. En Trujillo hay materiales telegráficos para 100 leguas: servirán para unir aquel puerto con Yoro, Cedros y Tegucigalpa: En esta línea están ya colocados casi todos los postes y se ha comenzado a trabajar en ella, yendo ya por el Valle de los Ángeles. En Puerto Cortés hay materiales telegráficos para cincuenta leguas: se empleará en unir este puerto y el de Omoa con San Pedro Sula y Santa Bárbara: dos ingenieros están en la actualidad ocupados en construir esta línea. Están para llegar a Amapala materiales telegráficos para cien leguas que se aprovecharán en unir a Tegucigalpa con la cabecera del departamento de Olancho y con la del Paraíso y Danlí: en estas líneas se ha empezado el trabajo de la colocación de postes.

En la construcción de las líneas, en el establecimiento de las oficinas y en los materiales que están ya en el país, se han gastado $ 104.169,02 centavos.

Para terminar las otras líneas que están en construcción, con cincuenta oficinas más, se gastarán $ 52.000, según el presupuesto presentado por el Superintendente de Telégrafos. Entonces tendremos en servicio mil quinientas cuarenta y siete millas de telégrafo, y setenta y ocho oficinas con sus correspondientes aparatos. Toda esta red telegráfica costará $ 156.169,02 centavos.

Comparado el gasto de nuestras líneas con lo que han pagado por las suyas las Repúblicas vecinas, las de Honduras resultan muy baratas. En aquellas se han contratado a $ 280 la milla telegráfica, inclusive el valor de los postes, y últimamente a $ 230.

Comparados los gastos hechos con la primera cifra, ha habido aquí una economía de $ 114.000,14 centavos y con la segunda de $81.664. Este resultado se ha obtenido porque el Gobierno ha construido las líneas por su propia cuenta, y porque los pueblos siempre deseosos de ayudar en las obras de progreso han abierto calles y proporcionado gran número de postes gratuitamente o por valor insignificante. Hago constar este hecho con gratitud, porque el prueba una vez más las buenas cualidades que adornan al pueblo hondureño.

El movimiento de ingresos y egresos habido en las oficinas telegráficas es el siguiente: Valor de los partes transmitidos según tarifa, importa: 30.073,50 centavos: el valor de los telegramas particulares asciende a $4.672,50 centavos: total $ 34.746. Los egresos por sueldos dan empleados, escuelas de telegrafía. Alquileres de casa, importan $ 21.421,94 centavos. Hecha la resta a favor del telégrafo resulta la suma de $ 13.321,6 centavos.

Ahora que las oficinas telegráficas del país sirven de intermediarias a las comunicaciones de las otras Repúblicas, y cuando funcionen ya todas las oficinas del interior, el producto de los despachos particulares aumentará considerablemente. El 7 de junio de 1877 el Gobierno celebró una contrata con el Señor J.A. de Braam, en virtud de la cual éste se comprometió a tender un cable telegráfico submarino desde Puerto Cortés, en el Atlántico, hasta el Cabo de San Antonio en la Isla de Cuba, donde se enlazará con las líneas que de allí parten para Europa, Estados Unidos de América, Istmo de Panamá, e Islas Antillanas. Según informes recientes que he recibido, el Sr. de Braam ha organizado una compañía anónima para llevar a cabo su empresa, y han obtenido del Gobierno de España la concesión de establecer en el Cabo San Antonio la estación para el cable submarino. Parece indudable que esta obra se efectuará, y entonces Honduras podrá felicitarse de haber obtenido la inmensa ventaja de comunicarse con el mundo por el telégrafo submarino, sin costo alguno.

Tampoco había en el país cuando me hice cargo del Gobierno, Administración de Correos regularmente establecida. Existe hoy el servicio postal establecido con bastante regularidad, y sus oficinas están montadas con los útiles necesarios y que se usan en el extranjero. Hay seis líneas principales de correos y siete accesorias. Por medio de estas trece líneas de correo se ponen en comunicación las principales poblaciones interiores y los países extranjeros, desde dos veces por mes, hasta tres veces por semana según su particular importancia.

El movimiento total de correspondencia y encomiendas habido en las administraciones, según aparece del informe presentado por el Administrador General del Ramo, ascendió, en el año anterior a 95.994 piezas. Estas han sido transportadas en 753 viajes, y por una distancia media de 53.878 leguas españolas.

Se ha hecho una nueva emisión de sellos postales que bastará para muchos años. En esos sellos el Gobierno acordó grabar el retrato del General Morazán, como un tributo a la memoria de ese ilustre hondureño que sirvió a la causa Centroamericana.

El Gobierno ha acordado adherir la República de Honduras a la "Convención de Unión Postal Universal" firmada en Paris el 1° de junio de 1878. Esta Convención se ha formado a consecuencia del Tratado Constitutivo de la Unión General de Correos ajustada en Berna el 9 de Octubre de 1874. La "Unión Postas Universal" constituye un solo territorio postal para el cambio reciproco de correspondencias entre sus oficinas de correos. Han firmado esa Convención los Representantes de casi todas las Naciones del Mundo. Honduras reportará, en mi entender, un beneficio positivo entrando en la Unión Postal, que tiene por objeto facilitar las comunicaciones, entre todos los puntos del Universo, haciéndolas fáciles, expeditas y baratas. Tal vez esto ocasione una disminución en las exiguas entradas de correos, pero esto no debe ni tomarse en cuenta al obtener en cambio una ventaja tan inmensa. Las obras de beneficio público no deben verse como un negocio que produzca ganancia, en esto debe atenderse principalmente al buen servicio de la Nación.

Los vapores de la línea del Pacífico han continuado tocando en el Puerto de Amapala. últimamente se ha subvencionado un vapor extraordinario para que llegue al mismo puerto. Tocan, pues, mensualmente en Amapala, tres vapores de venida y tres de vuelta.

Al Vapor Norteamericano "E. B. Ward" se ha hecho una concesión sobre las bases publicadas en acuerdo de 14 de Diciembre del año próximo pasado. Este vapor que está obligado a arribar en las costas del Norte a los Puertos de Trujillo, Roatán e Iriona, y a los embarcaderos de Balfate y la Ceiba, presta muy buenos servicios a los exportadores de frutas. Llevándose éstas por vapor a Nueva Orleans obtienen mejores precios y el comercio de ellas puede aumentarse mucho. Además, ese vapor es un nuevo medio de trasporte para la correspondencia con los Estados Unidos, para la conducción de pasajeros, y para la venida de inmigrantes.

Por acuerdo de 25 de Noviembre último, se ha hecho una concesión a la Compañía "Nueva York y Honduras" establecida en los Estados Unidos. La concesión se reduce a otorgar un derecho en la zona desierta de la Costa del Norte para constituir toda clase de empresas agrícolas e industriales. La Compañía se compromete a establecer una línea de vapores que, tocando en los puertos limítrofes de dicha zona, hagan en grande escala el comercio de exportación de los productos naturales y agrícolas del país, lo mismo que el comercio de importación de mercaderías del extranjero: a hacer efectiva con sus embarcaciones la navegación de los principales ríos que desembocan en el mar del Norte; y atraer inmigrantes que, merced a sus hábitos de trabajo y a sus aptitudes industriales, contribuyan a la beneficiosa explotación de las riquezas naturales en que abunda la Costa Norte.

A la Compañía Anglo-Francesa, cuyos excelentes vapores han empezado a tocar en Puerto Cortés, se le ha concedido la exención de los derechos de puerto, y el Gobierno está en arreglos para hacer un convenio definitivo que asegure la llegada mensual de los vapores de esa línea, cuya importancia y beneficios para el comercio de la República son incalculables.

Por acuerdo de 31 de Marzo último, se hizo una concesión para el establecimiento de un vapor "Correo Nacional ganadero entre los Puertos de la Isla de Cuba y su adyacente de Pinos, y los de Puerto Cortés, Trujillo e Iriona, en la Costa Atlántica de Honduras. El objeto de esa línea marítima era transportar con prontitud, frecuencia i regularidad, en las mejores condiciones, los ganados hondureños al mercado de Cuba El concesionario estaba obligado, a poner todos los vapores necesarios para exportar todos los ganados: los vapores debían ser de la mejor clase, y a propósito para su objeto, y tenían que hacer escala, por lo menos tres veces al mes, en los puertos de Trujillo, Iriona y Puerto Cortés. Establecida esa línea marítima, habría facilidad para la exportación y el tráfico, seguridad en la buena conducción de los ganados, y regularidad en las comunicaciones con Cuba. A una Empresa, que para llevarse a cabo, necesitaba grandes sumas, y para sostenerse hacer gastos muy fuertes, era necesario que el Gobierno le diese garantías de estabilidad, y una protección correspondiente a los positivos servicios que iba a prestar. Una subvención por equitativa que fuese debía ser demasiado elevada y costosa para el Erario público. Por esto se escogió un medio de protección indirecta.

No habiendo presentado el concesionario el vapor en la primera quincena de Enero, como estaba comprometido a hacerla, la concesión ha caducado, por sí misma. Pero la necesidad imperiosa de esa línea está en pie, y demanda que en la primera ocasión se satisfaga, para que la riqueza del país y el comercio ganadero entre Honduras y Cuba no tenga los graves obstáculos con que hoy tropieza.

La riqueza pecuaria es una de las principales de la República. Evidente es que nuestros ganados tienen demanda y consumo productivo fuera del país. Es necesario, pues, quitar la traba al comercio ganadero, y poner en aptitud de comunicarse directamente con los cubanos importadores y consumidores, para que de esta relación diname una consecuencia lógica, el aumento de los ganados. Espero que el Congreso fije la atención especial sobre la cuestión ganadera, y resuelva lo que crea conveniente para dar más importancia a la propiedad pecuaria.

"El Gobierno por A cuerdo de 26 de Diciembre de 1876, recuperó la línea férrea construida entre Puerto Cortés y la Pimienta. Esa vía de comunicación se hallaba en un estado deplorable y en repararla se ha invertido la suma de $ 78.817, 76 centavos, inclusive sus productos hasta el día 31 de Julio de 1878.

Relativamente a los fondos de que el Gobierno dispone, esa suma es muy considerable, pero ha sido forzoso erogarla, para dar vida al comercio de aquella sección de la República.

Hoy la línea férrea se encuentra en condiciones bastantes regulares para el servicio público. Como esa sección fue precisamente construida, sería necesario hacerla de nuevo para evitar las inundaciones que casi la destruyen en el invierno y ponerla en perfecto estado.

Por la Secretaría de Fomento se han dado las oportunas órdenes e instrucciones necesarias a las autoridades departamentales para que reparen y mejoren los caminos, en cumplimiento de la ley de la materia.

La importancia comercial de las plazas de Amapala y Tegucigalpa, demanda ya una carretera que la comunique.

Se han hecho estudios sobre este particular, y dado algunos pasos para principiar la apertura de esa importante carretera, pero aún no se ha podido asegurar los fondos que se necesitan para tamaña empresa.

La Ley de Fomento de Agricultura que emitió el Gobierno ha comenzado a producir excelentes resultados. Faltan a esa disposición reglamentos que deben desarrollar sus principios generales y hacer efectivas todas las garantías que otorga. Las disposiciones reglamentarias se irán expidiendo para dar plena satisfacción a los fines de la ley cardinal. Se han comprado algunos terrenos para cederlos a los pueblos y darles patrimonio con la siembra de café. En el Distrito de Sabanagrande que es muy propio para el cultivo de esa planta de fruto tan valioso se han comprado $28^{1/4}$ caballerías de tierra, 1.723 manzanas se distribuirán entre los que quieran sembrar café, bajo la única condición de que se ha de sembrar cierto número de árboles para adquirir la propiedad definitiva del terreno.

Hay ya algunas plantaciones hechas y muchos almácigos preparados para sembrarlos en la estación próxima.

En varias poblaciones se han llevado a cabo obras de ornato público.

Se ha establecido en la Ciudad de Santa Rosa una manufactura de tabaco por cuenta del Gobierno, dirigida por inteligentes cubanos. La elaboración de puros ha mejorado mucho y los aprendice están muy aprovechados. Comprendiendo el Gobierno que el tabaco no puede ser un ramo de riqueza y de exportación, si no se cultiva y beneficia bien. Se ha empreñado en lograr este objeto colocando inteligentes instrucciones a disposición de los empresarios que se dedican a este ramo de agricultura. Poco se ha logrado aún, pues los cultivadores no quieren atreverse a cambiar el sistema; no se vence la rutina y las preocupaciones.

La Secretaría de Fomento os dará cuenta de las proposiciones que el Gobierno ha recibido para traer al país Colonos de las Islas Canarias e inmigrantes de California. Hacer venir población honrada e industriosa, he aquí uno de los medios más activos para cambiar beneficiosamente la faz de la República; pero para esto se necesita disponer de fondos destinados exclusivamente a ese objeto y saberles dar un empleo conveniente.

La Empresa de establecer una Casa de Moneda ha sido más grande y costosa de lo que el Gobierno se imaginaba; pero no ha desmayado ante los obstáculos, convencido como está de la necesidad, de plantar ese establecimiento. Palmario es que el país carece de moneda suficiente para las transacciones diarias —esa falta no debe de existir en un país minero por excelencia—. El Cuño llenará la necesidad que hay de moneda circulante, y estimulará a los empresarios de minas que tendrán mayores beneficios amonedando el oro y la plata.

Se ha hecho un contrato para la dirección y servicio de la Casa de Moneda. Calculo que ésta, por lo menos, podrá pagar sus gastos anuales. Algunas piezas de la máquina de vapor han faltado para poner en movimiento toda la maquinaria. La Secretaría de Fomento os presentará las muestras de las monedas de plata y cobre que se han hecho.

También os presentará un proyecto de la ley monetaria para la acuñación de monedas de plata y cobre. Según ese proyecto, la acuñación debe hacerse en estos términos:

CLASE DE MONEDAS	PESO EN GRAMOS	LEY EN MILÉSIMOS
1 PESO 100 CENTAVOS	25	900
50”	12,50	Id.
25”	6,25	Id.
10”	2,50	835
5”	1,25	Id.

Se acuñarán también monedas de cobre de un (1) centavo y de medio centavo con la les de 1.000 milésimos, y peso de 4,50 der26 gramos. Emitida la ley sobre estas bases, la moneda hondureña quedará igual a las monedas de la misma clase que se duran en Francia, España, Italia, Bélgica, Perú, Chile y Guatemala. En cuanto a las monedas de los Estados Unidos, hay las diferencias y proporciones siguientes; el peso legal americano es de 415 y ½ gramos Troy, o sea 26,72 gramos, vale más que el peso hondureño, 7 centavos. Las monedas de 50 y 25 centavos pesan respectivamente 12,50 y 6,25 gramos, con ley de 900 milésimos: son por consiguiente iguales a las monedas hondureñas de la misma clase. Se ha adoptado para la moneda el sistema decimal, por ser el más perfecto: ese sistema está en práctica en casi todos los países civilizados.

La cuestión monetaria es sumamente complicada y difícil. No conviene dar a la moneda nacional, mayor peso y ley que la que tienen las monedas corrientes que circulan en el país por su valor legal.

Lo que sucedería entonces es que la moneda nacional se exportaría, dejando en cambio monedas extranjeras que valen menos. Tampoco conviene darle un peso y una ley inferiores, pues la moneda debe considerarse como una mercadería, que está en las mismas condiciones que cualquiera otra. necesitase, pues, buscar un término medio haciendo una moneda que tenga fácil y conveniente circulación. Yo espero que el Congreso estudiará la cuestión, y resolverá lo más conforme à los intereses del comercio de la República.

La Secretaría de Fomento os presentará una Memoria que ha sido dirigida al Gobierno por los comerciantes de Puerto Cortés, sobre la situación y necesidades del comercio de la Costa Norte.

Vosotros la estudiaréis y resolveréis sobre los interesantes puntos que contiene, lo que os parezca conveniente. Yo pienso que el comercio nacional debe protegerse, y que las leyes adecuadas deben facilitar el cambio de nuestros productos y evitar el comercio ilícito que defrauda los intereses fiscales y los del comercio legítimo y honrado.

El 31 de Marzo del año pasado, acordé que todos los años en el mes de Septiembre, se efectuase una Exposición de productos naturales e industriales del país. La primera Exposición se verificó en la fecha señalada. A pesar del poco tiempo de que se dispuso y de las dificultades que tiene la realización de un pensamiento nuevo, nuestra modesta exposición fue una sorpresa verdadera mente grata para los corazones patriotas. La Exposición demostró que Honduras es un país fecundo en riquezas naturales, y que los hondureños poseen notables dotes de inteligencia, y hasta de genio.

La Exposición mostró que, a la República, para presentarse con ventaja en los mercados extranjeros, ofreciendo excelentes productos agrícolas e industriales, sólo le ha faltado que sus hijos cambien el rifle por la azada y la guerra por la paz, la anarquía por el orden y la licencia por la libertad, y el estacionamiento por el progreso.

Es un axioma administrativo, universalmente reconocido en todos los países del mundo, que la Hacienda pública es la base del Gobierno y el nervio más activo del orden y progreso de una Nación.

Vosotros conocéis, mejor que yo, el estado en que se hallaba la Hacienda pública, cuando me hice cargo del poder. La Memoria presentada por el Honorable Secretario de Hacienda, al último Congreso Legislativo, que se reunió en Enero de 1875, ofrece un cuadro muy fiel de la situación en que se encontraba la Hacienda pública de Honduras.

Según consta en la Memoria a que me he referido, el producto total de las rentas públicas se calculaba en el año de 75, en la suma de $ 259,032, e importando el presupuesto de gastos: ...$ 331,949, resultaba un déficit de $ 72,917. Es de notarse que el presupuesto general de gastos decretado por el Congreso para los años de 1876 y 1877 se limita, casi exclusivamente a determinar las erogaciones correspondientes a los sueldos de los empleados públicos.

Una de las principales entradas, en la época aludida, era proveniente del pago de derechos en las aduanas por la importación de mercaderías extranjeras. Mi Gobierno no ha alterado las tarifas y demás disposiciones que decretó el anterior Congreso, para el cobro de derechos causados por importación y exportación. La única modificación que hice, por decreto de 12 de Septiembre de 1876, fue la de establecer el pago total de los derechos en moneda efectiva.

Como se satisfacía una parte en papel de la deuda pública, aquella justa medida ocasionó al comercio un pequeño aumento que consiste en la diferencia del precio en que compraban los papeles que se admitían en las Aduanas en pago de un tanto por ciento. Mas, para la Hacienda pública no ha habido un aumento alguno, porque recibía los papeles de crédito contra el Estado, por su valor intrínseco, y no por el valor nominal en que se cotizaban en el mercado. A lo expuesto se agrega que el comercio, en los años 76 y 77, tuvo una rebaja del 15 por ciento en el pago de derechos, y que, por negociaciones que ha efectuado se han admitido en las aduanas, documentos de crédito contra el Erario público que no tenían más que un valor nominal; de suerte que, al con reticencia a los intereses de los comerciantes, considerados los beneficios que han recibido por los motivos expuestos, resulta que el pago total en efectivo, es muy poco o en nada vino a alterar las condiciones bajo las cuales se satisfacían anteriormente los referidos derechos.

La renta de aguardiente estaba organizada bajo el sistema de remate: los destiladores pagaban el impuesto establecido por la ley de

11 de Abril de 1874. Para la venta de licores ultramarinos estaba prevenido el pago de derechos de patentes: éstas tenían el importe, por año, de $ 25 hasta $ 200. La renta de aguardiente y licores ultramarinos, según los datos que se han podido obtener, producía de 50 a $ 60,000.

Mi Gobierno en 1° de Diciembre de 1876, emitió una ley orgánica del ramo de aguardiente que ha recibido las modificaciones demandadas por la práctica. De conformidad con esa ley los destiladores no pagan ningún derecho de destilación: El Gobierno compra el aguardiente al productor, dejándole buena utilidad, y lo vende a los consumidores obteniendo ganancia. El resultado del nuevo sistema es el siguiente: En el año civil de 1877 produjo la renta: $ 197,025, 48 centavos y en el de 1878 $ 270,395 050$^{3/8}$. De un año a otro ha hablado el aumento de $ 73.370.02$^{3/8}$ centavos. El impuesto sobre la venta de licores ultramarinos ha habido que modificarlo; para facilitar el comercio de ese artículo se suprimieron los derechos de patente, sustituyéndolos con el aumento de un 50 por ciento sobre el valor de los derechos de importación de licores.

La renta de tabaco estaba organizada de un modo irregular, pues en unos departamentos se vendía libremente ese artículo, y en otros la venta se hallaba sujeta a contratas. Los agricultores pagaban el impuesto de $ 16 por la siembra de cada 8.000 matas. El Gobierno emitió una ley organizando bajo otra forma la renta de tabaco. En el nuevo sistema adoptado se abolió el impuesto sobre la siembra. Según datos remitidos por la Factoría de tabacos, esa oficina ha recibido 647,598 libras de tabaco de primera clase, 306,696 de segunda, y 7.896.650 puros de varias calidades y precios. Valor de todo lo recibido en compra… $15,325, 10 centavos. Del estado de productos y gastos se deduce que, calculándose un 50 por ciento de beneficio sobre el tabaco que se expende en el interior, esta renta ha dado de utilidad, desde su creación hasta enero último, $ 119,936.03 ¼ centavos. En esta suma está incluida la utilidad que se calcula sobre la existencia que hay, pues están almacenadas en la Factoría, 239,965. ½ libras tabaco de primera, 105,159 de segunda, y 378,000 puros, cuyos artículos tienen de valor principal $30,995.50 centavos, sobre el que debe tirarse tirarse un 50 por ciento por las utilidades que se calculan. La deuda actual de la factoría es de $ 8,849.39 centavos. El Gobierno ha dispuesto pagar el 1 por ciento de interés sobre el valor de las certificaciones que representan para sus tenedores los créditos pasivos de la Factoría que ha extendido dichos documentos.

Los productos y beneficios de las rentas de tabaco dependen, en gran parte, de la existencia de los mercados seguros en el exterior, en donde tenga favorable colocación ese artículo. Faltando mercado, el Gobierno no puede comprometerse a comprar la cosecha de tabaco, pues no tiene seguridad de expenderlo, y a la vez, para efectuar la compra, necesita de hacer anticipaciones de considerables sumas.

Por tales motivos, y no pudiendo hacerse por ahora contratas en el exterior, el Gobierno ha dispuesto dejar en libertad a los cosecheros para exportar sus tabacos en el año en curso; únicamente se pagarán los derechos que corresponden a la exportación.

El nuevo sistema del ramo de administración del tabaco ha aumentado las rentas, y al propio tiempo ha producido beneficios a los cosecheros que han vendido sus tabacos a buenos precios sin necesidad de ir a correr las eventualidades de la venta en el exterior. El notable aumento que ha habido en las cosechas es una prueba irrecusable de que la nueva organización ensancha al cultivo del tabaco y protege a los agricultores de ese ramo. La cosecha de Copán se calcula en este año, en 6,000 quintales mitad de primera y mitad de segunda clase.

Por decreto de 15 de Febrero se dobló el impuesto sobre la exportación de ganado. El impuesto sobre destazo se aumentó en la insignificante suma de cuatro reales por cada res. Esta ley ha sido necesaria modificarla. Por de Acuerdo 1° de Enero del corriente se dispuso que el ganado macho que se exporte por Trujillo e Iriona, pague $5, y por los demás puntos de la República $4. El ganado vacuno hembra paga $ 16 por derecho de exportación.

El ganado es un artículo de primera necesidad en los lugares donde tiene demanda para el consumo; y es obvio, en un hecho comprobado por la experiencia que el valor del impuesto sobre exportación, lo mismo que los gastos, costo principal de los gastos de ganado, y las ganancias de los intermediarios en el negocio, tienen que pagarlos los consumidores. En este año hay una circunstancia particular que debe tomarse en cuenta respecto a los exportadores de ganado para la Isla de Cuba. El Gobierno de ésta dispuso declarar libre, por un año, la importancia de ganado a varios departamentos de la Isla. Esta exención, da el resultado de que los negociantes en ese artículo que lleven sus ganados a aquellos departamentos, a pesar del aumento hecho aquí por la exportación, siempre salen beneficiados.

Los que llevan sus ganados a puertos que no tienen esos privilegios, pueden compensar los dos pesos que mi Gobierno ha aumentado, aprovechándose de la disminución de los derechos de importación acordada en Cuba a los ganados que se llevan de buques de bandera española.

El ganado hembra en Cuba tiene un valor muy considerable: este aliciente ha causado la exportación con destino a aquella isla, de un crecido número de vacas con detrimento de la riqueza pecuaria del país. Para evitar ese mal de graves trascendencias se ha aumentado el derecho de exportación; pero como los precios que allá se pagan, son tan halagadores, cree con fundamento, que, a pesar de ese impuesto, que a primera vista parece alto, se exportará todavía este año mucho ganado hembra.

La ley que aumenta cuatro reales al derecho de destazo se modificó, por Acuerdo de 23 de agosto de 1877, que dispone que en todas las poblaciones cuyos individuos no formen el número de 500 habitantes, no pague el impuesto de cuatro reales. En las poblaciones, pues, donde el destazo no puede ser un negocio, se paga hoy menos impuesto, que lo que pagaban por decreto de 16 de Febrero de 1875.

Últimamente se acordó doblar el derecho de destazo sobre ganado hembra, quedando ese impuesto a Beneficio de las Municipalidades, para el fondo de la Instrucción Primaria. Tal medida, en nada aumenta las entradas fiscales, sólo ha tenido en mira evitar la continua destrucción del ganado hembra que debe conservarse para que con sus frutos se sostenga y aumente la riqueza pecuaria.

Por Acuerdo de 28 de noviembre de 1877,con el objeto de obtener algunos fondos que ayudasen para la persecución de algunas obras públicas, se dispuso establecer una subvención de fomento que la constituyó en 10 por ciento sobre los derechos de introducción. Esta subvención produjo, hasta el 31 de julio próximo pasado, la significante suma de $ 5.483.69 ½ centavos.

El impuesto de 6 por ciento de alcabala terrestre fue abolido por decreto de 6 de noviembre de 1876, por demandarlo así el principio de la libertad económica y la conveniencia de facilitar las transacciones particulares que encontraban en la alcabala una rémora constante.

El decreto de 9 de Septiembre de 1878 que establece el impuesto sobre la exportación de plata en pasta fue modificado, en virtud de la baja de ese metal en el extranjero, dispuse que el marco de plata tuviese el aforo de $ 7, en vez de $ 8 que le daba aquella disposición.

Desde que inauguré no d Gobierno consagré el principio de repelo al sagrado derecho de propiedad. En consecuencia abolí las contribuciones extraordinarias de guerra y las cargas de los servicios gratuitos que pesaban que pesaban las clases pobres de la sociedad. Ni aun en casos de conflicto he recurrido a una medida extrema para procurar recursos a la Hacienda pública. Los servicios que ha pedido el Gobierno los ha pagado religiosamente.

Considerables sumas se han invertido en fletes conducciones de maquinarias, armamento y útiles de toda clase, tan sagrada es para mí la propiedad que constituye una fortuna como el trabajo del jornalero, y como la pequeña propiedad, a vez consistente en una bestia de carga que el pobre posee a fuerza de economías y sacrificios.

Últimamente se ha emitido una ley de papel sellado reformando la anterior. En todas partes del mundo existe la ley que se llama de timbre: en la que se ha emitido, están unidos ambos impuestos. El objeto de esa ley es darle una proporcionalidad más equitativa al impuesto de papel sellado que la que tenía por ley anterior, y al mismo tiempo garantizar más las transacciones particulares, consignándolas en un papel oficial.

Las rentas públicas produjeron líquidamente en el año económico de 1877 la suma de $ 402,452.93$^{3/8}$ centavos, y en el año 1878, $ 698,793.50$^{5/8}$ centavos: entre un año y otro hay el aumento de $ 290.340.57 ¼ centavos. Sólo este aumento es mayor que en lo que en 1875 calculaba el Honorable Secretario de Hacienda como producto de todas las rentas de la República.

Por la relación que os he hecho, habréis notado que el aumento de las rentas no se debe al aumento de impuestos. Como veréis por los estados, ese aumento lo forman los mayores productos de las aduanas, y las utilidades que han dado las rentas de aguardiente y tabaco, debido a su nueva organización, y al esmero en el manejo de los intereses fiscales. El comercio casi se ha triplicado; han hecho falta bodegas en Amapala para guardar la carga que ha llegado de septiembre a esta fecha. Esto se debe a la confianza y a la paz. El aumento de la renta de aguardiente no se obtiene porque este artículo se venda hoy más caro que antes: con excepción de este Departamento en que se vendía la botella de aguardiente a dos reales, en todo el resto de la República tenía el precio de 50 centavos a que hoy se expende. La misma observación puede hacerse con respecto a la renta del tabaco.

A primera vista parece que el producto de las rentas ha mejorado, y se mejorará más, cada día, con buenos agentes, y la mejor administración que sugiera la práctica en los nuevos sistemas.

Pero también es obvio que el país necesita mayores rentas para organizarse en los distintos ramos para dar seguridad al orden y a la paz, y a para fomentar su progreso. N torio es que las rentas obtenidas no pueden haber bastado para los gastos que se han hecho, para satisfacer la lista civil y militar, y para llevar a cabo empresas de organización que demandan erogaciones cuantiosísimas. Pesan por consiguiente algunos compromisos sobre el tesoro, y aún quedan cuentas que todavía no ha sido posible liquidar.

Los fondos del erario público han sido manejados por los respectivos empleados de Hacienda, quienes de su administración han rendido todas sus cuentas ante el Tribunal correspondiente. En la Contaduría los libros de las administraciones de rentas: La tesorería General ha llevado las cuentas de ingresos y egresos. Los ingresos han sido en el año de 1877, \$ 533,467.55$^{1/2}$ centavos, y en 1878 \$ 1.189,546.85 centavos. Los egresos han sido de las mismas sumas los expresados años.

En el ramo de Hacienda falta mucho que hacer: falta que mejorar las leyes emitidas: que organizar la renta de pólvora: que reglamentar convenientemente el ramo de maderas: que reformar las tarifas; y, sobre todo, resta que modificar la ley de Hacienda, y el sistema de contabilidad. El manejo de la Hacienda pública puede obtenerse con más economía, y con más regularidad y exactitud. centralizando las rentas departamentales en una sola oficina y creando una Dirección General de las Rentas que tenga un Poder Efectivo de la administración, y una vigilancia superior y eficaz: anexa a la Dirección General debe existir una oficina de Contabilidad Central que lleve las cuentas de la Nación por partida doble, único sistema que da exactitud, precisión y datos seguros, a cualquiera hora que se necesita. La Dirección especial que se ha establecido para las rentas de aguardiente y tabaco, no puede tener más que la misión transitoria de fundar esas rentas: una vez terminada esta, el mecanismo administrativo debe simplificarse para que haya mayor actividad y exactitud en la administración.

El Gobierno ha cumplido fielmente los compromisos contraídos dentro y fuera de la República. Así comienza a fundarse el crédito que debe tener todo país regularmente constituido.

Hasta el 31 de julio de 1878, se amortizaron $ 131.196,06 centavos, de la deuda interior. Esta amortización es infinitamente mayor que la que pudo haberse hecho con el sistema de admitir. papeles de la deuda en el pago de algunos impuestos.

Pero el principio de amortizar la deuda antigua, ya en virtud de una negociación, ya por otra causa cualquiera, no es equitativo ni conveniente a los intereses fiscales. Tal razón, y el deseo de dar un arreglo a la deuda interior, que consultara a la igualdad, y estableciera el crédito, son los motivos que el Gobierno tuvo para emitir el Decreto de 28 de octubre del año pasado, que dispara convertir en un solo papel la deuda interior, y amortizarla de una manera gradual. Suponiendo que la deuda llegue a millón a medio de pesos, sin un gravamen considerable, puede amortizarse dentro de trece años siete meses pagándose uno por ciento progresivo. Según este sistema, la mayor suma que el tesoro tiene que destinar para la amortización de la deuda, es la de $ 195,000 en el año décimo tercero. Si el Gobierno actual en medio de sus dificultades, ha amortizado hasta el 31 de julio de 1878 la cantidad de $ 131,196,96 centavos, no puede ponerse en duda que, dentro de trece años, época en que las rentas deberán ascender a una gran suma, podrán destinarse $ 195,000 para el servicio de la deuda. Para verificar la conversión fue necesario mandar a hacer a los Estados Unidos los títulos de la deuda con sus correspondientes cupones, con toda la seguridad requerida para tales documentos. Los vales, perfectamente gravados, han venido ya, y en cuanto estén registrados, firmados y sellados, se procederá a verificar la conversión, para que en el presente año principie a pagarse el primer cupón. Tal es lo que se ha hecho en punto al crédito a la deuda interior de la Nación.

En cuanto a los empréstitos del ferrocarril, en cuanto a ese abismo en donde se han sepultado el crédito y la honra de Honduras, apenas me ha sido dable acercarme a contemplar las profundidades de su fondo tenebroso. Me he ocupado de acumular datos para que, en su oportunidad, se pueda tomar una resolución definitiva sobre las graves y trascendentales cuestiones concernientes al ferrocarril interoceánico.

El Comisionado Especial que tenían acreditado en Inglaterra los dos Gobiernos que me han precedido, ha continuado durante mi administración desempeñando el mismo cargo que aquéllos le confirieron. La Secretaría de Hacienda os presentará los resultados de sus trabajos, lo mismo que las proposiciones que sobre ferrocarril se han dirigido al Gobierno.

En los Archivos de la Nación no existen los principales documentos sobre las negociaciones del ferrocarril. El país no conoce documento alguno sobre las negociaciones relativas a esa empresa, Por las publicaciones del exterior, por los datos oficiales publicados por el Gobierno Inglés, y por los que han recogido en los archivos de Inglaterra y Francia, los Comisionados del Gobierno, he venido a formar una idea, no tan clara y exacta, como yo deseara, sobre los empréstitos del ferrocarril. Sabido es que yo soy absolutamente extraño a ese asunto, pues cuando se verificaron los empréstitos ni estaba en el país, ni mi edad me permitía comprender esas materias.

Del estudio que he hecho resulta, en mi modo de pensar, que hay varias cuestiones que resolver. En primer lugar, es necesario determinar cuáles de los empréstitos hechos en nombre del Gobierno son legítimos, por haberse emitido conforme las disposiciones dadas por los poderes competentes de la Nación. Verificado esto, el Gobierno, en nombre de la República, debe reconocer como deuda suya, lo que resulte deber por esos empréstitos, aun cuando el producto de ellos, en su mayor parte, haya quedado en el extranjero en manos de los que explotaron el nombre de Honduras. Así como creo justo y honrado que el país eche sobre sus hombros la deuda que aparezca legitimada, juzgo también que la que no tenga ese carácter debe desconocerse, declarándose responsables de ella a los que abusaron, emitiendo empréstitos desautorizados.

En segundo lugar, creo que la Nación tiene perfecto derecho, para exigir a sus representantes, en Europa, una estricta cuenta de los usos que hicieron de los Poderes que les confirió el Gobierno, y de la administración de los fondos que han manejado. Así aparecerá toda la verdad; así se sabrá quienes son culpables, quiénes inocentes.

En tercer lugar debe examinarse bajo qué condiciones es conveniente que el Gobierno entre en arreglos sobre la deuda exterior, y sobre la continuación del Ferrocarril Interoceánico. En mi sentir, sólo se debe entrar en negociaciones que tengan por base el arreglo definitivo de la deuda exterior, y la garantía eficaz de que la obra del ferrocarril sea terminada, sin tener el Gobierno el carácter de empresario.

Están aquí los Comisionados que en Inglaterra y Francia han tratado de los asuntos del ferrocarril; hay en el Congreso personas que han estado en el Gobierno, y que conocen los antecedentes de ese asunto. Propicia y oportuna es, pues, la ocasión para que el Congreso estudie, medite profundamente y resuelva lo que más convenga a los intereses y a la honra de Honduras. Yo pido al Congreso que determine, clara y explícitamente al Ejecutivo, la conducta que debe observar en los asuntos de la deuda exterior y del ferrocarril.

Tiempo es ya de que los Poderes Públicos, se ocupen de examinar detenidamente esas materias importantísimas, de vital interés; tiempo es ya de que la Nación se justifique ante el extranjero y recupere su honra injustamente mancillada. El crédito hondureño está en la picota de los mercados extranjeros, azotado despiadadamente, mientras viven en la opulencia algunos de los que hicieron otra cosa que tomar el nombre de Honduras para estafar al público de Inglaterra y Francia.

Réstame hablaros de lo que se ha hecho en el Departamento de Guerra.

Los almacenes de Guerra de la República, cuando vine al país, estaban casi vacíos. Mi primer empeño fue recoger las Armas que había dispersas, y que sólo podían servir como elemento de desorden. Se recogieron muchas armas, la mayor parte de percusión, y en mal estado. En seguida me ocupé de procurar un desorden. Se recogieron muchas armas, la mayor parte de percusión, y en mal estado. En seguida me ocupé de procurar un armamento moderno y uniforme. Hoy existe en los almacenes una cantidad considerable de rifles Remington, caños Krup y ametralladoras, y de pertrechos de guerra. Los elementos que existen bastan para sostener el orden y la dignidad del país. Esos elementos importan una fuerte suma. Están para venir más armas y ensere de guerra, pero todavía no hay las necesarias para armar el ejército que puede levantarse en la República.

La Constitución establece el principio de que todos los ciudadanos hondureños tienen la obligación de prestar el servicio militar. Sin embargo, de esto, la práctica estaba en contrario, y aun la ley, pues el Decreto de 1° de Marzo de 1874, establecía que los hijos de los capitalistas contribuyentes, mayordomos y sirvientes quedaban exonerados del servicio militar. Este, pues, lo prestaban solamente los pobres; sólo ellos pagaban la onerosa contribución de sangre.

El resultado de esa situación era que el país no tenía milicias ni ejército: difícil era atender aún al servicio de guarnición en las plazas de los departamentos y puertos.

Por acuerdo de 4 de Octubre próximo pasado, organicé el servicio militar que deben prestar los pueblos de la República. Esa disposición se funda en principios de justicia, igualdad y equidad. Fija la obligación del servicio para todos los hondureños, desde la edad de 18 hasta la de 35 años: no hay excepción de clases ni de categorías. Hasta en los países monárquicos el Príncipe se confunde con el más humilde pechero en las líneas del ejército. ¿Por qué entre nosotros, que somos republicanos han de consagrarse desigualdades injustificables? No: el ciudadano debe educarse en la idea de que su principal deber es tomar el arma y saberla manejar para defender la patria. La nueva ley regulariza y distribuye el servicio militar ordinario entre todos los milicianos, con el fin de que esa carga pese igualmente sobre todos los hondureños hábiles.

Conforme a lo dispuesto las milicias se están organizando en todo el país, y según los datos que comienzan a llegar a la Secretaría de Guerra, pasará de 20.000, el número de milicianos que habrá en la República. Esto no es más que el principio de la organización militar, pues las milicias sólo constituyen el primer elemento de donde debe sacarse al ejercicio ara formar éste, es necesario trabajar mucho, y durante muchos años.

En el estado actual de la civilización la fuerza representa por desgracia todavía un papel muy principal: aun el derecho privado se basa en la fuerza social que hace efectiva la justicia. La organización militar afirma la fuerza pública; pero ésta no debe servir más que para sostener el orden, los fueros de la sociedad, y la independencia de la nación. Así la fuerza tiene una gran misión que cumplir, sirviendo al derecho y asegurando los inestimables bienes de la paz interior y exterior.

SEÑORES DIPUTADOS:

Os he relacionado fielmente los principales actos, que, en los diversos ramos de Gobierno, marcan por decirlo así, los caracteres distintivos de mi administración. Por las memorias respectivas, a cada departamento, que os serán presentadas por la Secretaría General, formaréis ideas de los motivos especiales de las leyes y demás disposiciones dictadas, lo mismo que de los detalles administrativos.

No me lisonjeo con la creencia de poseer el don del acierto; estoy convencido de que, en las leyes y disposiciones emitidas, hay vacíos que llenar y defectos que corregir. Tales inconvenientes propios de toda obra humana, natural es que sean mayores en los trabajos que he llevado a cabo, ya porque así lo han requerido las circunstancias excepcionales de Honduras, ya porque se necesita el apoyo de una dilatada experiencia en la gestión de los negocios públicos de un país, para lograr todo el acierto posible en la labor administrativa.

Tenéis amplia y completa libertad para juzgar los actos de mi Gobierno y hacer las rectificaciones que os parezcan debidas; yo no tengo interés alguno en sostener nada que se pruebe ser inconveniente, mi verdadero y único interés se cifra en hacer el mayor bien a Honduras. En este sentido he trabajado, sin pretenciosa confianza en mis aptitudes, pero sí, con las más rectas intenciones y con una fe sincera en la causa de la libertad y progreso, que es la única y legítima causa que los hondureños deben sustentar para bien de esta Nación tan desgraciada como generosa.

Ocasión muy propicia tenéis, Señores Diputados, para trabajar en provecho de la República. El país está en vía de reconstituir sus intereses tan lastimados, durante algunas épocas de dolorosa memoria; el país atraviesa un período de verdadera transición, en que reacciona contra el pasado, para convertirse al orden, y hacer la paz t de la dignidad nacional el único objeto de sus aspiraciones: el país sigue una marcha difícil y penosa, en busca del trabajo, de la confianza, del crédito y de las instituciones, bajo cuya sola influencia puede labrarse la felicidad de los pueblos. Para lograr tan noble objeto, mi Gobierno apenas ha podido emprender trabajos preparatorios. La reconstrucción de un país, empobrecido y casi disuelto, no es obrando un momento, es obra de dilatados y perseverantes esfuerzos.

Confió en que os empeñareis en la realización de esa grande obra, y en que las sabias disposiciones que dictéis asegurarán el bien y la prosperidad de Honduras.

Por el cumplimiento de vuestros altos deberes, mereceréis la gratitud nacional, que es el título más preciado y glorioso con Que pueden honrarse los buenos ciudadanos.

MARCO AURELIO SOTO.

Tegucigalpa, marzo 9 de 1879.

CONTESTACION DEL CONGRESO NACIONAL

AL MENSAJE DEL SEÑOR PRESIDENTE

CIUDADANO PRESIDENTE:

Con sentimientos de muy profunda complacencia ha oído la Soberana Representación Nacional, la lectura del Mensaje que le habéis dirigido en la apertura de las sesiones. Ese documento, por tantos títulos importante, permítasenos declararlo, es una obra notabilísima que os honra, que enaltece a vuestra patria, y que graba vuestro nombre en el libro glorioso donde sólo se inscriben los bienhechores de la humanidad.

SEÑOR PRESIDENTE: El Soberano Congreso Nacional, intérprete fiel de los sentimientos del pueblo, que representa, no puede menos que aplaudir, como es debido, vuestro patriótico afán por el progreso y por la honra de Honduras, y que rendiros en su nombre, el testimonio más sincero de profundo reconocimiento, porque le procuráis el inestimable bien de la paz, fuente saludable y fecunda en positivas conquistas de bienestar social.

La Representación Nacional ha examinado, Ciudadano Presidente, en detallado análisis, los actos más salientes de vuestro ilustre Gobierno, y no ha podido menos que felicitaros, por los pacíficos triunfos de reparación que habéis obtenido con éxito tan feliz, y que proclamar sin temor ante la Nación con la sinceridad de la honradez, la bonancible situación que alcanza la República, merced a vuestra constancia, en la fatigosa labor administrativa. La idea del trabajo que se va encarnando en el espíritu de los pueblos, las varias empresas de agricultura acometidas en proporciones antes desconocidas, la explotación de minas y la industria puesta en acción en sus distintos ramos, han venido sustituyendo felizmente las combinaciones de trastorno, a los golpes y maquinaciones de cuartel, a las pasiones agitadas, al antagonismo y a las odiosidades políticas, que por tanto tiempo han mantenido obstruidas las vías del progreso.

Este bonancible estado de la República es consecuencia natural de la política atinada, sincera y fraternal de vuestro Gobierno con las

Repúblicas vecinas. Armonizados los intereses de los pueblos centroamericanos, se hace imposible cada vez más, la perturbación del orden en los respectivos estados, y una paz prolongada con sus benéficos frutos queda afianzada de una manera digna y honrosa. El Congreso reconoce como manifestaciones de esa política trascendentalmente favorable, la recepción y envió de Ministros Plenipotenciarios entre esta República y las de Nicaragua, El Salvador y Guatemala.

Es asimismo como satisfactorio el buen estado de las relaciones que el Gobierno cultiva y ensancha con las demás naciones de América y Europa. Las Legaciones acreditadas de México, de los Estados Unidos de Norte América, de la Gran Bretaña, de Francia y Alemania, son notorios testimonios de la confianza y alta estima que ha llegado a merecer Honduras ante los pueblos más civilizados de la tierra.

Las relaciones y contacto de Honduras con Inglaterra, datan de épocas más lejanas, y viene de allí que la República ha tenido desde mucho tiempo con aquella potencia cuestiones, negocios y arreglos de carácter internacional. El pretendido protectorado de La Mosquitia en territorio hondureño, y la ocupación de las Islas de la Bahía, desde el tiempo del Gobierno Federal Centroamericano, ocasionaron diversas negociaciones, de donde surgió el tratado de 1859, en virtud del cual, el Gobierno se obligó a pagar al principal de los Mosquitos la suma de cincuenta mil pesos. Las Islas fueron devueltas, quedando desde entonces reconocida y respetada por la Gran Bretaña la soberanía de Honduras en aquellas importantes secciones de su territorio. Por infundada que sea en su origen aquella obligación, vuestro Gobierno llena un deber al procurar arreglos consiguientes con la Legación Inglesa, siendo indispensable, como afirmáis, que previamente se aclare y defina quién sea el principal de los Mosquitos.

El Congreso encuentra, desde luego, ventajoso y económico para los intereses a cales de Honduras, el arreglo concitad rico A paso de la deuda británica, reconocida por la Convención para de marzo de 1852.

En cuanto a los tratados que, por motivos de justicia y conveniencia, vuestro Gobierno ha denunciado legalmente, tiempo es ya de que se sustituyan por nuevos pactos basados, como vos mismo lo insinuáis, en una reciprocidad efectiva que incremente mutuos intereses y afiance las relaciones internacionales.

El programa político que el Gobierno se impuso desde su

inauguración en Amapala, y que ha seguido con religioso respeto, garantiza la imparcialidad, protege y apoya las libertades, los derechos y las aspiraciones legítimas de los habitantes sin excepción, y hace que la parte honrada y sensata de la sociedad, condene como absurda, aconsejadas ya por una dilatada experiencia; pero la Representación Nacional no estaría en ningún caso por desnaturalizar el carácter democrático representativo de la institución, ni menos por enervar los elementos que afianzan su autonomía.

Plausible es que, a pesar de las facultades extraordinarias, de que se halla investido el Gobierno, le hayan vastado las que le confiere la Constitución Política para el mantenimiento del orden de la República. Eso significa la capacidad administrativa del Gobierno, la índole suave y buenas inclinaciones de los pueblos y ha servido esto de verdadera valla a los perturbadores de oficio que, convencidos de la ineficacia de sus maquinaciones, en el interior, e impelidos por sus violentos deseos de mando, han salido de la República con el nombre de emigrados políticos, sin persecución de ningún género, a buscar en vano en los Gobiernos vecinos un apoyo para la verificación de sus proyectos.

El Congreso Extraordinario de 1877, pulsando ya los inconvenientes que trae ya la Constitución Política vigente, facultó al Ejecutivo para la convocatoria de una Asamblea Nacional Constituyente. La Comisión juzga que, en presencia de las reformas económicas y políticas administrativas que ha venido estableciendo el Gobierno, es llegada la época de una revisión del Código fundamental, para armonizarlo con el sistema que trata de implantarse definitivamente, siguiendo los adelantos de la ciencia de Gobierno.

El país debe ver con satisfacción que el Ejecutivo a pesar de la exigüidad de los fondos fiscales, no ha descuidado de dedicar a la conservación, reparo y construcción de edificios nacionales, cuantiosas sumas de dinero. Así cuenta el Gobierno donde radicar con decencia y comodidad sus oficinas y establecimientos de enseñanza, de beneficencia y de seguridad pública, desde la capital hasta los últimos departamentos.

Notoria ha sido para los hondureños la lastimera situación en que desde muchos años han permanecido las tribus selváticas del departamento de Yoro, y los habitantes de La Mosquitia en nuestro territorio. Han sido por desgracia, y sin justificación para los Gobiernos desde nuestra emancipación política, materia de explotación. La erección de La Mosquitia en Departamento del Decreto del Gobierno que emancipa a los nómades de Yoro, salvan en mucho tales inconvenientes y dejan de exhibir a aquellos hondureños desgraciados como esclavos miserables y hombres desheredados de los beneficios sociales. Pero quizá no basten esas medidas, como el Señor Presidente de la República, lo indica, para garantizar la personalidad política de aquellos habitantes y colocarlos en el sendero de las mejoras físicas y morales; y la comisión cree, por lo tanto, que el Congreso debe recomendar con especialidad al Ejecutivo llevar a la práctica sus felices proyectos de catequizamiento y de adelanto social en aquellas secciones.

De distinta índole eran los inconvenientes administrativos con que los Gobiernos han tocado en las Islas de la Bahía, desde que fueron devueltas por la gran Bretaña como parte integrante de la República. Había faltado en el Ejecutivo la energía y valor moral que demandaba la extirpación de elementos extraños y de hábitos contrarios a los intereses de la Nación hondureña; y debe el Congreso reconocer en el actual Gobierno el acierto, oportunidad y eficacia, con que ha dictado las medidas que han dado por consecuencia la regularidad administrativa en aquella sección y su incorporación práctica y positiva a la República hondureña.

La Independencia legal que según las instituciones políticas del país corresponden a los Tribunales de Justicia en el concierto de la administración pública, se ve, conforme ha debido esperarse, que se han conservado fielmente, marchando a la vez el Ejecutivo en perfecto equilibrio con el Poder Judicial.

Sensible es, por otra parte, que motivos ajenos a la buena disposición de ambos Poderes hubiesen impedido hacer como conviene la provisión de algunas Judicaturas Departamentales, por que semejante deficiencia estará eficazmente influyendo en per juicio de los derechos de los particulares y de la causa nacional sin embargo, la comisión cree deber confiar en que el vacío apuntado se llenará de un modo satisfactorio, tan luego se decrete el Presupuesto de gastos fiscales, donde importa fijarse una buena dotación de pago religioso a los Juzgados de 1ª Instancia, para que entonces el Poder Ejecutivo escojite personales idóneos y pueda apremiarlos, en caso necesario, al desempeño de esos importantes destinos.

A juicio de la comisión, Honduras recogerá inmensos bienes con la nueva legislación que está para darse a luz: este es un trabajo de reforma reclamado desde mucho tiempo antes por las condiciones del país. La propia comisión no conoce hasta hoy de ese cuerpo de ciencia más ligeros detalles que indican el Mensaje del Señor Presidente: no obstante partiendo de esas reformas radicales atendiendo a los antecedentes que se han tenido a la vista para su formación, y con certeza de que en esta labor ha concurrido la competencia de personas eminentemente empeñadas en la felicidad de la República, debe creerse que la obra armonizará, si no en el todo, en su mayor parte, con los verdaderos intereses de los hondureños, reservándose a las indicaciones de la práctica su mejora progresiva. En todo caso vale más tener una legislación clara, precisa, que garantice, sin espendio de parcialidades, la prontitud e impersonalidad de la justicia, en armonía con la conveniencia civil y económica de los habitantes de la República.

Muy satisfactorio es para el Congreso Nacional la situación de buena inteligencia que conserva el Poder Ejecutivo de la República, con los Represenţes de la Iglesia. Un modo de ser tan en perfecto acuerdo con la política de concierto y armonía social que se ha trazado el Gobierno, debe estimarse como otro elemento que garantiza el orden y prosperidad de los pueblos.

La secularización de cementerios acordada con fecha 14 de Enero recién pasado, es una disposición congruente con las atribuciones del Poder civil y con los verdaderos intereses de la Nación, tanto bajo el punto de vista económico, cuanto respecto a la salubridad públíca; encontrándose en esa reforma de beneficio general, que ella es el único medio de remover la incuria con que antes de hoy se ha tratado la conservación y policía de esas localidades, dignas, por razón de su destino, de su celo y protección reparadores.

La abolición del diezmo eclesiástico, proclamada por la generalidad de los hondureños y sancionada por el Ejecutivo en su resolución de 30 del mes citado, redime a la clase contribuyente del pago de un impuesto injusto en principios de buena legislación ruinoso porque afectaba en términos inconsiderables un vino de riqueza que demanda el mayor ensanche, aparte de gravitar lastimosamente sobre los productores proletarios y odioso hasta por la forma abusiva con que habitualmente se ha colectado.

Tales disposiciones, pues, esencialmente benéficas y de carácter civilizado, merecen el aplauso de la Representación Nacional.

Es también muy grato para los individuos de la Comisión, todo cuanto informa el Señor Presidente del Estado sobre la situación en que se halla la instrucción pública.

Por los datos que ministra en ese sentido, su importante mensaje, se nota que la enseñanza de uno y otro sexo, va tomando un ensanche gradual y conveniente al positivo adelanto de los hondureños, debido con bastante especialidad a la iniciativa progresista del actual Gobernante; justifican tal aserto la diferencia ascendente que hoy tiene a su favor el número de escuelas de instrucción primaria, fundadas en la mayoría de los pueblos de la República, y la creación de planteles de enseñanza secundaria en esta ciudad, la de Santa Rosa y Santa Bárbara.

Es muy digno de particular contemplación el impulso que se da actualmente a la instrucción sistemada de la mujer, quien tanto influye en la suerte de las familias, base del conjunto social.

Un paso de esta naturaleza augura para el pueblo hondureño un futuro de conquista civilizadora, más o menos, afirmada en su ideal y vida práctica.

La Comisión piensa que el Gobierno, en su afán por el perfeccionamiento social, no desistirá de verificar su redentora idea, de establecer escuelas normales en la capital de cada uno de los departamentos, como base indispensable para la creación del plan de enseñanza idéntico para todos los pueblos en el porvenir.

En el Ramo de Fomento la Comisión reconoce los constantes y atinados esfuerzos del Gobierno en fundar obras de utilidad verdadera, que son un testimonio vivo de cuánto puede realizar la voluntad cuando obra a impulsos del más puro patriotismo.

La red telegráfica que cruza nuestro territorio, y que nos pone en contacto con las Repúblicas hermanas, es ciertamente un adelanto trascendental, ya porque él nos encamina a la realización del fecundo pensamiento de Unión Centro Americana, como por lo mucho que expedita la marcha de la administración pública, tan difícil y lenta en pueblos separados por inmensas distancias.

Se hace más necesaria la conservación y aumento numérico de las líneas cablegráficas por el feliz anuncio de estar para establecerse por el Atlántico el cable submarino que habrá de poner nos en comunicación instantánea con las principales naciones del Globo. A este respecto la contrata y arreglos verificados por el Gobierno con el señor J. A. de Braam, es un nuevo hecho que caracteriza la era de transformación en que ha entrado el país. Séale permitido a la Comisión consignar aquí que tan avanzado paso en las vías del progreso, es debido exclusivamente a la iniciativa y relaciones personales del señor Presidente de la República, sin que cueste a la Nación un centavo y sin haber hecho el contratista concesiones que de alguna manera graven los intereses Escales de Honduras.

Es igualmente plausible, en sentir de la Comisión, el estado en que se halla el servicio postal, por cuyo medio la República comunica interior y exteriormente, con absoluta garantía en la correspondencia y de la manera más puntual y cumplida.

Debe verse como inspiración de verdadero patriotismo la idea de colocar en los se los postales el retrato del General Morazán, como manifestación de gratitud, y que grabará en la memoria de las generaciones el recuerdo del hondureño que más enaltece la historia política de Centro América.

Honduras no debía quedar fuera de los incalculables beneficios que reportará a las naciones la convención de la Unión Postal Universal, firmado en París. Es el primer paso práctico que se da en pos de la liga universal de intereses que asimilará la vida de las naciones; y para haber llegado a tan convenientes arreglos, no importa la aparente disminución de entradas que pudiera haber en las rentas de correos.

El observador imparcial encuentra en cada uno de los actos del Gobierno, pruebas inequívocas y palmarias de su tendencia a condensar todos los elementos que conducen al verdadero progreso de la nación. Así, después de las reformas de los acuerdos y providencias, que la Comisión ha venido comentando a la ligera, vemos los importantes arreglos para el aumento de los vapores de la línea del Pacífico, y para la llegada segura y regular de los que últimamente tocan en los puertos de la Costa del Norte, cuyo movimiento ha comenzado ya a hacer sentir el incremento del comercio de artículos extranjeros y frutos del país, por aquel litoral.

Vemos también la recuperación y reparación de la sección de camino de hierro interoceánico construido entre Puerto Cortés y La Pimienta, la cual había sido casi abandonada desde el año de 1873. El buen estado en que, a esfuerzos del actual Gobierno, hoy se halla esa vía de comunicación, es de grande importancia y utilidad, notando porque ella facilita y acelera el transporte y movimiento comercial, cuanto porque el Gobierno de la Nación da una muestra de que fija sus miradas en una empresa tantas veces contrariada y combatida, pero que, en concepto de la Comisión, llegará un día a verificarse para engrandecer, y quizás para unir definitivamente a Centro América. Al actual Gobierno, afortunado y audaz en la realización de grandes ideales, tal vez le esté reservada la gloria de llevar a su término esa grande obra.

El Gobierno se ha consagrado con laudable celo a la apertura y mejora de las vías de comunicación, verdaderas arterias del progreso. Facilitar las relaciones, entre los pueblos, es satisfacer una gran necesidad para el fomento de la agricultura y demandada por las exigencias de la industria y del comercio. La Comisión considera esta labor administrativa de vital interés para el engrandecimiento de la República.

El impulso que el Gobierno ha dado a la agricultura, a cuyo efecto emitió la ley de 29 de abril de 1877, hace esperar con fundamento grandes ventajas en sus distintos ramos. Los buenos resultados que ya comienzan a notarse seguirán despertando y ensancharán gradualmente entre los hondureños el espíritu de empresa, bajo la influencia benéfica de la presente administración.

También son de mucha importancia para el país los adelantos que se están haciendo en Copán en el cultivo y la elaboración del tabaco, mediante la enseñanza de inteligentes expresamente traídos de Cuba. Así, esa especie de trabajo industrial llegará muy en breve a constituir un patrimonio valioso para los habitantes de aquel departamento, y un ramo de positiva riqueza nacional.

La Comisión cree que el Congreso debe adherir al pensamiento del Gobierno que reconoce la necesidad de procurar una inmigración provechosa a la República, como un elemento capaz de transformar la faz de los pueblos.

Con vista de las proposiciones que se han hecho al Gobierno en este sentido, y tomando en cuenta el estado de la Caja Nacional, el Congreso dictará una conveniente resolución que faculte especialmente al Ejecutivo para llevar a efecto sus propósitos sobre el particular.

Con marcada especialidad deberá llamar la atención del Congreso la empresa acometida por el Gobierno de establecer en el país una Casa de Moneda. Nadie pondrá en duda su necesidad y los incalculables beneficios que reportará a la República, en general, y es de esperarse que los obstáculos cedan ante la energía y combinaciones económicas del Gobierno.

Como el Señor Presidente lo insinúa, grave y complicada es la cuestión de moneda. Afecta todos los intereses materiales de una nación, y puede decirse que, en último resultado, el verdadero legislador en la materia es el negociante, que sobreponiéndose de hecho a cualquiera disposición legal, hace conservar en las transacciones y en el mercado el equilibrio indispensable entre el valor aproximadamente intrínseco de la moneda y el de las mercaderías que lo representan. De aquí la necesidad para el congreso de estudiar a fondo esta materia nueva en la práctica entre nosotros. La Comisión encuentra desde luego muy conveniente y aceptable la regulación de monedas a que en su peso y ley explica el Señor Presidente en su Mensaje; y se promete encontrar en el proyecto la ley que presentará la Secretaría de Estado resuelto el problema y allanadas las dificultades.

La Exposición Nacional de Honduras, que tuvo lugar en septiembre del año próximo pasado, ha sido un hecho de carácter esencialmente progresivo, el primero de esta naturaleza en Centro América.

Debese a la inteligencia combinadora y voluntad perseverante del personal del Gobierno el éxito cumplido de su verificación dentro de un término apenas bastante para haber encarnado la idea en los pueblos impresionados por primera ver entro esta forma civilizadora. Ese múltiple concierto de las manifestaciones del genio, de los artefactos, de las producciones de la industria y de los frutos naturales del país, determinarán un cuadro digno de la contemplación de los hombres inteligentes y capaz de engendrar en el patriotismo las más gratas esperanzas para el porvenir.

La Hacienda pública, palanca poderosa y base la más firme de un Gobierno, presenta un cuadro lisonjero, atendido el estado de las rentas en años anteriores. Basta la simple comparación del rendimiento de unos años con otros, para palpar el incremento que ha alcanzado el erario mediante reformas que la ciencia económica aconseja y que pueblos avanzados han ensayado con ventaja.

La ley orgánica de la renta de aguardiente, la de tabaco, la de papel sellado, y los decretos y disposiciones y sobre aduanas y contribución pecuaria, han producido como era de esperarse sus mejores resultados, aumentando los ingresos fiscales a una cifra sorprendente, si la comparamos con cualquiera de las de épocas pasadas. El Congreso debe esperar de la ciencia con que hoy se tratan las materias económicas en el Ejecutivo, una progresiva riqueza para la Hacienda Pública.

El impuesto de la alcabala, inaceptable en los principios de buena legislación económica, ha sido de sentir en la Comisión, suprimida con acierto por el Gobierno.

Vasto es el campo administrativo en materia de rentas. Para su organización mucho ha hecho ya el Ejecutivo; pero como apunta el Señor Presidente, hay defectos que corregir y vacíos que llenar, sobre ramos especiales de la hacienda pública, y sobre organización completa y definitiva, para dejar establecido un sistema satisfactorio de contabilidad. Cree la Comisión que el Gobierno, investido como se halla de plenitud de facultades, es el llamado a perfeccionar la administración pública en este ramo Vital, con entera independencia de rutinas inexplicables y bajo un nuevo sistema que lo abrase todo, que simplifique, espedite y aclare el manejo de los caudales de la Nación.

Ver que el Gobierno de Honduras cumple con decidida voluntad sus compromisos interiores, constituye una esperanza consoladora, y es nada menos que establecer el crédito nacional en que descansan los Gobiernos del mundo. Se hace más interesante la consideración de este punto, si se atiende a que Honduras conserva en el exterior intereses de superior entidad que sólo en su crédito puede afianzar.

El Decreto emitido para amortizar continua y gradualmente la deuda interior, garantiza el pago a los acreedores de la Hacienda Pública, consultando la exhaustez relativa de los productos fiscales. El plan de esa. ley entraña además de un fondo de justicia, una combinación original y acertada en el terreno económico.

La Comisión se detiene ante el caso que se le ofrece al contemplar los empréstitos negociados en Inglaterra y Francia, para la construcción del Ferrocarril interoceánico de Honduras. Enorme es la deuda que por consecuencia de estos empréstitos pesa sobre la Nación, y mayor su descrédito en los centros monetarios de Europa, sin tocar a una esperanza que satisfaga por completo la ansiedad de los hondureños por ver terminada la obra que más halagos le presenta y una vez realizada engrandecerá el país con prodigiosa rapidez.

Sin embargo de los esfuerzos del Gobierno por sus investigaciones directas y mediante la de sus agentes enviados al efecto, no se ha podido fijar y esclarecer todo cuanto interesa en estos graves negocios. La conducta irregular de los Representantes y Agentes de Honduras en

Europa, sus procedimientos, informes y a veces desautorizados; la deficiencia de documentos y antecedentes en los archivos del Gobierno; el silencio hasta el cinismo de los mismos Representantes y Agentes ante la censura de la opinión pública, pregonada con estrépito por sonadas logrerías y deshonrosas especulaciones; todo está probando que hay en el seno de ese abismo tenebroso, grandes responsabilidades sobre la conciencia de nombres, a quienes es tiempo ya de exhibir y llamar a cuentas; siquiera sea para justificar la ninguna complicidad del pueblo y Gobierno hondureño. A este efecto, la Comisión cree que el Congreso debe dictar por separado, y con conocimiento de los datos que el Gobierno haya podido recoger y le presente, las medidas más eficaces, apremiantes y salvadoras.

El Congreso deberá tomar a la vez, en su alta consideración los resultados de los trabajos del Comisionado especial que el Gobierno tenía acreditado en Inglaterra para la gerencia de estos asuntos, y resolver al mismo tiempo sobre las proposiciones de ferrocarril dirigidas al Gobierno; y con las cuales daría cuenta la Secretaría General, según la indicación del Señor Presidente en su Mensaje.

Entre tanto, la Comisión estima muy oportunas y seguras las bases que el mismo Señor Presidente se sirve exponer someramente para la continuación de la empresa hasta su término.

En el Ramo de la guerra se encuentran igualmente mejoras promovidas por el poder Ejecutivo durante el período transcurrido desde los últimos meses del año 1876 hasta la fecha.

La ley de milicias de cuatro de Octubre último comprende, a todos los hondureños, sin más excepción que la edad, y de otras causas que en ellas se especifican, puntos por cierto dignos de fundada limitación.

En tales términos la ley consulta la igualdad constitucional que debe haber sobre el particular, más que otras disposiciones emitidas en épocas precedente acercando que otro militar hondureño. Indudablemente esa reforma influirá con eficacia a beneficio del país. Un número de milicianos como el que ha debido resultar de la organización militar bajo aquel respetable, salvaguardia del orden público, y sostén de la integridad nacional.

Bajo todos aspectos se nota el celo del actual Gobierno por la tranquilidad y progreso de estos pueblos. Como una medida previsora y de seguridad pública, ha mandado recoger las armas nacionales que después de las continuas revoluciones quedaron diseminadas en toda la

República, y ha hecho venir del extranjero abundantes elementos de guerra de moderna invención.

Considerables sumas de dinero ha invertido el Gobierno en estos elementos, aunque gran parte son debidos a su iniciativa, a sus relaciones y aún a sus expensas personales; pero por grande que fuese la erogación, poco significa, toda vez que ella tienda a dar respetabilidad al país y a contener cualquier desbordamiento de los trastornadores de la quietud pública.

HONDORABLE CONGRESO:

La Comisión ha terminado sus trabajos sin presunción de infalibilidad en sus juicios. Dispuesta se halla a tomar parte en las discusiones sobre cada uno de los puntos del Mensaje Presidencial que se ha permitido analizar, y se dará por muy satisfecha si mediante vuestras luces rectificase errores a que con la mayor buena fe quizá haya incurrido.

Tegucigalpa, Marzo 15 de 1879.

Arias Meza

Ferrari López de Arce

MENSAJE QUE EL PRESIDENTE CONSTITUCIONAL DE HONDURAS, DOCTOR DON MARCO AURELIO SOTO,

DIRIGIÓ AL CONGRESO ORDINARIO DE LA REPÚBLICA, SOLEMNEMENTE INSTALADO, EL DIA 28 DE ENERO DE 1881

Señores Diputados:

Vuestra reunión se verifica bajo los auspicios de un grande acontecimiento, la reforma de la Ley Fundamental y de los diversos ramos de la legislación secundaria. - Pláceme veros iniciar la ejecución del alto encargo que os corresponde como Representantes de la Nación. Al cumplimentaros por tan plausible suceso, me es grato esperar de vuestras labores, el más amplio y beneficioso desarrollo de las nuevas instituciones.

Expuestos mis sinceros votos por el éxito de vuestras tareas legislativas, tócame manifestaros, bajo sus más importantes aspectos, el estado en que ha permanecido la República, y los elementos de que es poseedora para proseguir la comenzada obra de reforma, de libertad y de progreso.

Satisfactorio es el estado en que mantiene Honduras sus relaciones exteriores.

Con las Repúblicas vecinas y hermanas de la América del Centro, el Gobierno ha tenido una cordial inteligencia, ha acrecido sus vínculos amistosos, por medio de tratados que garantizan la más perfecta armonía, y que reúne, como en un haz, los intereses políticos, económicos y administrativos de los pueblos centroamericanos. Se han canjeado los tratados con Nicaragua, se ha concluido un liberal tratado con Guatemala, se han canjeado el tratado y convenciones con El Salvador, se ha adicionado para común beneficio el tratado con la misma República, y se ha concluído un convenio por el que se someten a la decisión arbitral de S. E. el Presidente de Nicaragua, las antiguas cuestiones sobre propiedad de terreno, de algunos pueblos fronterizos de Honduras y El Salvador, a par que la fijación de límites territoriales de uno y otro Estado, en la misma zona de los terrenos cuestionados.

Recomiendo a vuestra ilustrada consideración el negociado sobre arbitramento. Digno es de ser atendido por su marcada trascendencia. Pienso que es llegada la época en que las luces se abran paso para impedir que por unos palmos de tierra se ocasionen los errores y los escándalos de una lucha fratricida. Los Estados no tienen facultad para resolver por la fuerza cuestiones en que se avienen. El arbitramento debe sustituir a la guerra el arbitramento será en lo porvenir el anhelado triunfo del derecho. Honra y no escasa, corresponderá a esta pequeña nación, si, como lo espero se coloca en las cimas de la justicia, resolviendo sus cuestiones internacionales por medio del arbitramiento. Proceder así, es trabajar en pro de la civilización, es acelerar el advenimiento de mejores días para las naciones cultas.

Con los demás estados de la América del Sur y del Norte, cultiva amistosas relaciones. Me es satisfactorio exponeros que el Gobierno ha acreditado un Ministro Plenipotenciario en México, y que ha sido reconocido el Doctor don Tomas Lama en su carácter de Ministro Residente en Centro América, acreditado por el Gobierno de la República del Pera. El Doctor Cornelios A. Logan ha reemplazado al Señor Willianson en el cargo de Ministro Residente de los Estados Unidos Norteamericanos. La Legación confiada al Sr. Logan coadyuva eficazmente al cultivo de muy amistosas relaciones con el Gobierno de la Gran República. Continúa acreditado ante este Gobierno el mismo Cuerpo Diplomático a que me referí en mi Mensaje dirigido a la anterior Legislación. Sensible es que el Señor don José Anfora, Duque de Licignano, Encargado de Negocios de Italia, y Diplomático tan hábil como ilustrado, con motivo de su ausencia de Guatemala, haya dejado temporalmente el ejercicio de su cargo.

España ha constituido un Consulado General en Centro América. Lo ha confiado al Señor don Miguel Suárez Guane, a quien se ha expedido por mi Gobierno el "exequátur" correspondiente.

De desearse es que estrechen las relaciones del país con la Nación española. Historia, tradiciones, raza, idioma e intereses de familia, ligan íntimamente a los pueblos de América con la que en tiempo fuera la madre patria. Prevenciones y preocupaciones pasajeras no deben sobreponerse a aquellos sagrados e indestructibles vínculos.

La práctica de las leves de la República, en el departamento de las Islas de la Bahía, ha ocasionado varias quejas de algunos isleños, y consiguientes reclamaciones del Representante de S. M. B.

El Gobierno, en la conducta que ha observado, no ha hecho más que hacer efectiva la soberanía de Honduras en las Islas, garantizada por el Tratado de 1859. Así lo ha sostenido y demostrado con irrefutable copia de razones en notas dirigidas a la Legación Inglesa. Muy satisfactorio me es manifestaros que después de discutido tal incidente, el Honorable Representante de S. M. B., Sr. Rejinaldo Graham, ha hecho cuanto ha estado a de alcance para poner término a las injustas reclamaciones de los isleños descontentos. Es de esperarse que el Gobierno de S. M. B proceda sobre el particular sobre el mismo espíritu de rectitud y de justicia.

Prosigue el Gobierno dando cumplimiento al Tratado de 25 de Febrero de 1878. Se han pagado las anualidades correspondientes a la amortización de la deuda contraída a favor de la Legación Inglesa, procedente de antiguos reclamos. Satisfecho un pequeño saldo que del año anterior adeuda la Aduana de Amapala, sólo se deberá, por toda cuenta, $20.000.

La Legación francesa ha reclamado a favor de la familia Mercher el pago de la suma de $ 36000 que le fue reconocida en la convención ajustada en octubre de 1864. Esta convención prudentemente concluida da prelación al pago de la deuda inglesa. Bajo tal concepto, el Gobierno ha manifestado al Señor Encargado de Negocios de Francia que hará el pago requerido tan pronto como se amortice la deuda preferente que dejo mencionada.

La Secretaría de Estado en el Despacho de Relaciones Exteriores ha comunicado a los Ministros de Estado y Agentes Diplomáticos de las Naciones extranjeras, la nueva Constitución Política de la República.

Los señores Representantes de Alemania, de Francia, de la Gran Bretaña y de España, han manifestado estar en desacuerdo con el artículo 22 de la Constitución, que establece, que los nacionales y extranjeros no serán indemnizados por los daños y perjuicios que les causen las facciones; y con el artículo 3° que declara que, en falta de tratados que determinen la nacionalidad de los extranjeros, son hondureños los hijos nacidos en Honduras de padres extranjeros domiciliados en la República.

En mi entender, sólidos son los fundamentos, muy obvias las razones que existen para sostener con firmeza los citados artículos; tal es el propósito del Gobierno.

Se ha elevado a la categoría de un principio, en la ciencia del Derecho de Gentes, la doctrina de que los extranjeros, no deben ser indemnizados por el Estado, por motivos y de daños y perjuicios que les causen las facciones. Esta doctrina se ha reconocido en la práctica, con ocasión de ruidosas cuestiones, por las cancillerías de Rusia, Austria, Italia, Inglaterra, Estados Unidos de América y España. Los Estados Latino-Americanos, de con alguno, la han reconocido, igualmente. Honduras, pues, no hará más que ejercitar un derecho consagrado, por la ciencia y por la práctica, sosteniendo el artículo 22 de su ley fundamental.

Respecto a la Nacionalidad de los hijos de Extranjeros para determinarla el Gobierno está dispuesto a celebrar tratados sobre bases de estricta reciprocidad. Pero en falta de éstos, abunda en razones para sostener que son hondureños los hijos nacidos en Honduras de padres extranjeros domiciliados en el país.

Los dictados de la naturaleza, los mandatos de la justicia, y las exigencias de la pública conveniencia, y aun de los futuros destinos de la nación, reclaman imperiosamente que se mantenga en vigor, el citado artículo 30 de la constitución.

Cuanto dejo expuesto basta, en mi concepto, señores Representantes, para que podáis formar idea de los principales Negociados, concernientes al Departamento de Relaciones. Mis asertos espero que os darán el convencimiento de que nunca, y de que, respecto a los demás Estados, ahora como nunca, se sustentan con justificable entereza los legítimos intereses de la Nación.

La política interior del Gobierno, ha sido la que corresponde a las exigencias de la paz, de los derechos del cuerpo social y del adelantamiento del país. Ajena mi política a todo linaje de parciales contemplaciones de partido, se ha basado en todo, y a pesar de todo, en los grandes intereses del orden y de la justicia. Fuera de esta política, creo que el poder y la Autoridad moral de los Gobiernos en Honduras, no serán más que el poder y la autoridad de una facción armada, en pugna con el derecho y la tranquilidad de la mayoría de los ciudadanos. La Historia del país justifica de un modo incontestable mis asertos. ¡Ojalá que el porvenir no venga también a darles una dolorosa confirmación!

La política observada ha hecho que se mantenga inalterable el orden público. Las intentonas criminales de trastorno ocurridas en 79, en La Paz, y en el año anterior, en Choluteca, no llegaron ni aun a inspirar serias desconfianzas en los pueblos. El Gobierno obró con toda actividad para ahogarla en su origen, y sus principales autores fueron castigados con toda severidad reclamada por la ley. Así como a la falta de exclusivismo en política se debe la confianza pública, a la severa represión de los trastornadores se debe ya más de cuatro años de paz, en que se ha economizado mucha sangre, en que la moralidad se ha cimentado, y en que el trabajo ha podido acrecentar los capitales y dar notable ensanche a la industria, a la agricultura y al comercio.

El Gobierno no ha querido verse en el caso de que se apliquen severas penas a los enemigos del reposo público. Todo lo contrario. En mayo del año anterior dio amplio decreto en amnistía concediéndola, sin limitación alguna, a todos los que tuviesen responsabilidades por delitos contra la seguridad de Estado. Mas a la magnanimidad se opuso la obsecación del crimen; y hubo entonces que aplicarles las leyes penales en todo su rigor. Por fortuna, hoy el desengaño hace que por ninguno parte se amargue la tranquilidad de la República.

Las autoridades departamentales y municipales han continuado funcionando con entera regularidad. Su acción ha mejorado el modo de ser de los respectivos pueblos y departamentos.

Se han reparado y puesto en mejores condiciones los edificios nacionales.

La imprenta del Estado se ha arreglado de la manera más conveniente, y hoy está establecida con toda comodidad en uno de los departamentos de la Casa de Moneda.

En materia de beneficencia pública se ha dado un gran paso Se decretó el establecimiento de Hospitales en esta capital, en las cabeceras de los departamentos, y en la ciudad de San Pedro y puertos de Amapala y Trujillo. El Gobierno ha subvencionado a dichos establecimientos, cediéndoles, además, los fondos desamortizados de cofradías y archicofradías.

El decreto aludido se está poniendo en práctica, por las Juntas Directivas de hospitales que el Gobierno ha nombrado para la creación y régimen de esos importantes establecimientos. En esta capital van ya muy avanzados los trabajos de construcción del edificio que servirá para Hospital General de la República.

Ese edificio promete ser uno de los establecimientos más útiles y bellos con que podrá honrarse la capital de Honduras. El Gobierno está dispuesto a emplear todo esfuerzo para que la beneficencia pública no continúe siendo entre nosotros una palabra vana. La más noble atribución del Estado es la que corresponde al auxilio de los pobres, de los desvalidos, abrumados por enfermedad y la falta de recursos. Hago votos porque el Gobierno encuentre ayuda eficaz en la sociedad. ¡Ojalá que esta sustituya para siempre la pasión política por el nobilísimo sentimiento de la beneficencia!

En el Ramo de lo interior se ha creado un Departamento de Estadística Nacional. La Oficina Central está organizada y se efectúan los trabajos preparatorios para que ejerza sus funciones, que serán de incalculable provecho para todos los ciudadanos en particular para la Administración Pública.

La situación del país, los elementos y recursos con que cuenta, no pueden ser conocidos en el interior ni en el exterior sin los datos, que proporciona la Estadística. La Administración del Estado tampoco puede tener todo el acierto ni la debida fuerza de impulsión cuando le faltan tan preciosos datos. Honduras necesita ser bien conocido: Honduras necesita ser muy bien gobernado; y la satisfacción de tan palmarias como urgentes necesidades contribuirán, en mucha parte los trabajos estadísticos cuya ejecución se ha prevenido.

El país carecía de un Archivo Nacional. La incuria y las soluciones hicieron que se perdiesen o dispersasen los títulos, documentos y papeles del Estado. El Gobierno dicto por unas providencias para recogerlos y coleccionarlos, y alcanzados estos fines, se ha establecido un archivo en donde están perfectamente conservados y arreglados por orden cronológico, documentos numerosos e importantísimos para la Historia y para la Administración pública.

Las reformas introducidas en todos los ramos de administración, y el espíritu liberal de la época han demandado una nueva ley fundamental, en armonía con ese espíritu y esas reformas. El Gobierno, autorizado por los congresos 78 y 79, convocó en agosto último una Asamblea Constituyente que, después de serios y meditados estudios y trabajos, emitió la Constitución de 1° de noviembre próximo pasado que, con aplauso de propios y extraños, hoy rige a la República.

La nueva Constitución ha dado el golpe de gracia al espíritu colonial que aún estaba vivo y robusto, oponiendo fuertes resistencias al progreso de nuestra sociedad. La nueva Constitución garantiza todas las libertades que reclama el derecha político moderno: robustece el principio de autoridad haciéndolo incontrastable en las épocas excepcionales en el trastorno: encamina la Administración pública al desarrollo de los intereses económicos del país, y al fomento efectivo de la instrucción popular: da a la inmigración extranjera todas las facilidades y ventajas que requiere, para establecerse en nuestro suelo: sanciona el planteamiento de una legislación secundaria coherente con las instituciones republicanas, y con los peculiares intereses del país, y asegura los fueros de la conciencia y del pensamiento, manantiales de donde fluyen las ideas benéficas de la ciencia que transforman y engrandecen las modernas sociedades. Creo que la nueva Constitución está a la altura de los principios políticos del siglo, y si bien tiene algunos defectos, estos dependen, no de falta de estudio y de previsión, sino de la necesidad de poner de acuerdo la ley fundamental con el Estado social de Honduras. Creo además que, por mucho tiempo, cualquier Gobierno bien intencionado Puede hacer progresar a la República y servir a sus más grandes intereses, bajo los auspicios de la Constitución de 1880.

Estando para terminarse el período constitucional para que fui electo, la Asamblea Constituyente convocó a los puebles para elecciones de Presidente. Estas se han efectuado en diciembre anterior conforme a la ley, en completa libertad, sin haber mediado trabajos ni influencias oficiales. Esto os lo demostrará, hasta la evidencia, el resultado del escrutinio que vais a hacer, y vos otros mismos podéis testificarlo, por lo que habéis presenciado en los departamentos que dignamente representáis en esta Asamblea.

En el Departamento de Justicia se ha operado un cambio tan radical como benéfico.

Desde el 27 de agosto próximo pasado se promulgaron solemnemente los Códigos Civil, Penal, de Procedimientos Civiles y Criminales, de Minería y de Comercio. En diciembre último se promulgó la ley de Organización y Atribuciones de los Tribunales.

La Ley de Tribunales y los nuevos Códigos están en práctica en toda la República, desde el día primero del mes que curso. Se han establecido y funcionan regularmente la Corte Suprema de Justicia, que tiene la facultad de Tribunal de Casación, las Cortes de Apelaciones, y los Juzgados de Letras correspondientes a los departamentos y a las

Secciones Judiciales.

La Administración de Justicia es en la actualidad pronta y gratuita, está sujeta a responsabilidad efectiva en sus agentes; y subordinadas a reglas tan claras y precisas como conformes con los interese de los particulares y con las exigencias del derecho.

Abrigo la confianza de que la legislación que hoy rige será un nuevo elemento de orden, una nueva garantía para los ciudadanos, y un firme sostén para nuestras instituciones libres. La nueva legislación ha venido a completar la efectiva independencia de Honduras, antes regida por leyes extrañas, ha venido a imprimir por completo el sello de nuestra nacionalidad.

El patriotismo tuvo las más puras expansiones al publicarse la liberal Constitución del Estado. Y el Gobierno, a impulsos de grandes sentimientos de magnanimidad, quiso que todos los hondureños fuesen participes de la general satisfacción. Estos sentimientos lo determinaron a dictar el decreto de indulto que conocéis, que alivió la suerte de muchos desgraciados que salieron de las cárceles el día memorable en que se promulgó la nueva ley de da mental. Ese Decreto fue recibido con aplauso por la opinión pública.

La instrucción pública ha sido atendida debidamente, y continúa tomando un incremento satisfactorio.

En 1879 estuvieron abiertas 316 escuelas primarias dȩ varones, y 55 de niñas. A las primeras concurrieron 10.039 alumnos, y a la segunda 2.426 alumnas. En el sostenimiento de las referidas escuelas, se invirtió la cantidad de $ 55.133, suministrada por las Municipalidades y el Gobierno.

En el año 1880 hubo establecidas 377 escuelas de varones, y 120 de niñas. A las primeras concurrieron 13.017 alumnos, y a las segundas 3,896 alumnas. Se gastó en dichas escuelas la suma de $67.178.

En el bienio trascurrido se ha gastado pues, por el Gobierno y las municipalidades, en sostener la Instrucción Primaria, la cantidad total de $ 122.311.

A pesar de que el mal invierno redujo a una escasez lamentable a muchos de los pueblos, lo que alejó a gran parte de los alumnos de las escuelas, e impidió el aumento de éstas, no obstante, esas penosas circunstancias, por los datos que os presento, se nota que la Instrucción Primaria, comparada en los años de 79 y 80 lejos de sufrir retroceso en el último, ha progresado notablemente.

El Gobierno ha provisto de textos a las escuelas, y ha introducido en todas ellas el método de lectura fonética. El nuevo método está dando ya buenos resultados, los niños que antes, siguiendo los antiguos sistemas de enseñanza, aprendían a leer con dificultad y en el transcurso de mucho tiempo, en la actualidad hacen su aprendizaje con una grande economía de tiempo y de trabajo. Además, el método adoptado uniforma en todas las escuelas de la República las bases de la primera enseñanza.

El estado de la segunda enseñanza no es menos satisfactorio.

En 1879 estuvieron abiertos cuatro establecimientos de segunda enseñanza servidos por 18 profesores, concurrieron 214 alumnos. Se gastó en su sostenimiento $ 9.210.

En 1880 estuvieron proporcionando la segunda enseñanza cinco establecimientos, servidos por 26 profesores: concurrieron 287 alumnos. Se gastó en sostener aquéllos la cantidad de $ 10.483.

En el bienio se ha gastado en la segunda enseñanza, la suma de $ 19.693.

Los informes sobre el resultado de los exámenes habidos en los establecimientos mencionados son halagadores. La segunda enseñanza encierra variedad de materias, es práctica y los alumnos obtienen conocimientos útiles en los principales ramos del saber humano.

La Universidad ha seguido confiriendo grados relativos a estudios mayores. Los que se han hecho privadamente por los cursantes, a causa de que no ha sido dado a organizar como se debe ese establecimiento profesional.

El Gobierno ha esperado el planteamiento de la nueva legislación para organizar como corresponde la Facultad de Derecho, a mismo que la obtención de algunos profesores europeos que vendrán en breve para establecer las Facultades de Medicina y Farmacia, de Ciencias y los demás estudios profesionales.

Estando, pues, para realizarse por completo la oportunidad que el Gobierno ha esperado para formar en todos los ramos de enseñanza un plan de estudios practicable, el Secretario de Estado en el Despacho que corresponde, tiene ya el proyecto de Código que reglamentará esta materia en sus diversos ramos. El nuevo Código mejorará la Instrucción

Primaria, uniformará y facilitará la segunda enseñanza, y organizará de un modo practicable, las Facultades de la Universidad encargadas de las profesiones que dados los recursos del país, sea posible establecer.

Poderoso auxiliar para el desarrollo de la instrucción pública es el establecimiento de bibliotecas. No hay país que merezca el nombre de culto que no haya fundado tan inestimables institutos, verdaderos focos de luz. El Gobierno aprecia su alta importancia, y penetrado de ella, ha establecido una Biblioteca Nacional, en donde los amantes del saber pueden dedicarse a la lectura de obras de ciencias y artes, y enriquecer su inteligencia con la adquisición de variados y útiles conocimientos. Aquí, en donde los buenos libros no están al alcance de todos, se hacía más necesario el planteamiento de la Biblioteca. El libro es el elemento más civilizador; la Biblioteca contribuirá en gran manera al fin grandioso de dar vida y robustez a la cultura de nuestra sociedad.

Digna es la Instrucción Pública de dedicarle atención y esfuerzos preferentes. Nunca será demasiada la solicitud que se dedique al objeto de tamaña trascendencia. La instrucción pública es la base más sólida de la paz, y del progreso: es el fundamento más firme de las instituciones republicanas; cuya práctica recta y bienhechora depende de la ilustración que hace a los pueblos amarlas y cumplirlas con acierto, fidelidad y entereza.

En el Ramo de Fomento se presenta un estado bonancible.

La agricultura ha recibido decidida a ata estadio a Gobierno. En el año de 1876, en que empecé a regir la República, no se oía hablar siquiera de empresas agrícolas. De entonces acá son notables los progresos alcanzados. El cultivo de la caña de azúcar y del tabaco se ha ensanchado considerablemente. Este último artículo tiene en la actualidad muy buenos precios.

El comercio de rutas lates de 1876, se hacía únicamente en pequeña escales. En las Islas de la Bahía, de dónde se exportaban en goletas. Después de ese año se han hecho muchas plantaciones de árboles frutales en el litoral del norte, y tanta importancia ha tomado el tráfico, que en el año anterior llegaron constantemente seis vapores a los puertos del Atlántico a comprar, al contado, las producciones de la costa, para llevarlas a Nueva Orleans. Solamente en las Islas de la Bahía el valor de la exportación de frutas ascendió en el año anterior, a $ 155.375.35 centavos. La facilidad para las plantaciones, la prontitud con que obtienen las cosechas, y el buen precio a que se pagan en los mercados nuestras frutas tropicales, aseguran a este ramo agrícola un gran porvenir.

El cultivo del jiquilite, que estaba en abandono ha vuelto a restablecerse, en los departamentos de la Paz y Choluteca, proporcionando muchas utilidades a los agricultores.

Se han formado en casi todos los departamentos, fincas de café. Según los datos estadísticos, recogidos y publicados oficialmente, en principios del año anterior había 3.103.410 cafetos en hacienda, y 4,177.586 en almáciga. Según últimos datos en el mismo año se han aumentado notablemente las plantaciones de café. Hoy puede calcularse fundadamente que hay plantados, por lo menos; 5.000.000 de árboles. Este valioso artículo comienza ya a dar grandes beneficios a los empresarios y al comercio en el movimiento de exportación.

El Gobierno en beneficio de la agricultura y el comercio, sigue subvencionando vapores, tanto para el servicio en el Pacífico como en el Atlántico.

En el propósito de mejorar especialmente la raza de los ganados, se ha dispuesto el establecimiento de una Granja Modelo, y de Juntas de Fomento para favorecer la industria ganadera en los departamentos. Se trabaja para llevar a cabo lo acordado, en la esperanza de obtener buen éxito. La industria ganadera es una de las más valiosas en el país. Estimularla, protegerla, es en lo económico uno de los principales deberes del Estado.

Mejorada la raza de los ganados, éstos tendrán más valor, aumentará su demanda y la riqueza nacional de un modo extraordinario.

En observancia de la ley, los caminos han sido objeto de las reparaciones necesarias. El ferro-carril, cuya conservación y administración irrogaban al Gobierno cuantiosos gastos, por acuerdo de 20 de febrero de 1880, fue arrendado al Sr. R. H. Haydon.

Por el convenio celebrado, son de cuenta del Empresario todos los gastos de reparación y conservación de la línea, le concierne extenderla hasta la Pimienta; y corresponde al Gobierno aprovechar la vía férrea en los servicios públicos. Bajo estas condiciones se conserva y funciona la sección del ferrocarril.

El servicio telegráfico cada día se ensancha y perfecciona más. Su arreglo fue objeto de un reglamento emitido en 19 de diciembre de 1879. La República tiene en la actualidad construidas 1.409 millas de telégrafo; estarán concluidas en el mes próximo 99: y están en construcción 64 más, que dan el producto total de 1.572 millas. Hay abiertas al servicio público 40 oficinas. En éstas, desde marzo 79 hasta noviembre último, se han trasmitido 50,893 telegramas oficiales, y 36.493 particulares. El valor de los telegramas oficiales importa $ 40.249.87; el de los particulares importa $ 10.282.62½. Suman los ingresos en el tiempo enunciado $ 50.482.50; y los egresos $ 47.976.95 centavos. Hay una diferencia en favor del telégrafo de $ 2.505.55 centavos. En mi Mensaje dirigido a la Legislatura de 79 manifesté que estaban concluidas 692 millas de telégrafo. Hoy, computando las que se concluirán en el mes próximo, hay un aumento de 816 millas.

Tenemos enlazados por la red telegráfica, todos los departamentos y puertos. El país se comunica por líneas dobles con todas las Repúblicas vecinas, y recibimos noticias de Europa, por Trujillo, comunicadas por el cable de La Habana, con cuatro o cinco días de diferencia.

El servicio de correos se ha ensanchado notablemente, y continúa prestándose con la deseable regularidad. La República ha entrado definitivamente en la Unión Postal Universal, y el país ha comenzado a reportar los beneficios que proporciona aquella institución importantísima. La Administración postal está separada por una distancia inmensa de la época, no lejana, en que el comercio del país pagaba periódicamente correos particulares para el trasporte pronto y seguro de su correspondencia.

Durante el año de 79 hubo este movimiento en las oficinas, de correos: 38.380 piezas oficiales; 1.127 cartas insuficientemente franqueadas; 35.459 franqueadas; 30.113 periódicos y diversos impresos; y 109 certificados. Estas cifras se refieren al servicio interior. Las relativas al servicio internacional son las siguientes: piezas oficiales: 3.103; cartas insuficientemente franqueadas 3.440; cartas franqueadas 15.336; periódicos 17.152, otros impresos 2.935; y 45 certificados.

La Casa Nacional de Moneda, que empezó a funcionar desde julio de 79, ha acuñado en piezas de plata de 5, de 10, de 25 y de 50 centavos, la suma total de $ 65.884.45 centavos, correspondiente 7.027 marcos, 4 onzas 5 ochavos de plata en pasta; proporcionada por los particulares, la que afinada y reducida a la ley de 900 milésimos dio 7.270 marcos 6 onzas.

El cobre elaborado en la Casa de Moneda, representa 3.440 5 onzas, 2 octavos, acuñado y reducido a centavos produjo un valor de $

3.461.73 centavos, quedando afín sin acular una existencia de 840 libras 1 onza 15/32 que está preparada para la acuñación.

El Gobierno ha celebrado un convenio con el señor Frenner, excelente grabador establecido en Guatemala, con el fin de que fabrique una colección completa de troqueles destinados a la acuñación de oro, plata y cobre en la Casa Nacional de Moneda. Se ha empezado a satisfacer el costo de los troqueles, los que se breve serán remitidos por el contratista. Con los nuevos troqueles la moneda que se acuñe en lo sucesivo será mejor grabada y de mejor belleza en su forma.

Aunque no se ha logrado que los provechos de la Casa de Moneda alcancen a compensar los crecidos gastos que el Gobierno hace para su sostenimientos, no obstante está satisfecho del beneficio que produce para el público. La Casa de Moneda ha reanimado los trabajos de minería que aumentan la riqueza del país, y proporciona numerario suficiente para las transacciones del comercio, que antes se veían muy entorpecidas por la falta de metálico en circulación. Tales bienes son tan grandes como innegables, y compensan, con creces, los gastos de que no se reembolsa el Gobierno.

Dificultades sin cuento se presentan para mantener en buen pie la Hacienda Pública. A ellos se oponen la poca importancia de los capitales del país, los malos e inveterados hábitos en materias fiscales, la considerable extensión del territorio, su poca población, y otras causas que sería prolijo enumerar. Sin embargo, es grato ver que los esfuerzos hechos en el Departamento de Hacienda han tenido un favorable y extraordinario resultado.

La renta de las aduanas es una de las más importantes. Su progreso estaba contrariado, por la Tarifa de 1875, que era muy incompleta y ocasionada a abusos en el cobro de los derechos de importación. Por esto, el Gobierno, en 1° de marzo del año anterior emitió una Tarifa completa en lo posible, metódica y eficaz, por sus disposiciones para garantizar el debido cobro de los derechos de aduana.

En el año de 79 fue extraordinario el número de las importaciones. Las aduanas produjeron $ 422.074.34¼ centavos. Como había grandes existencias de las importaciones del año anterior, las aduanas dieron en el año de 80 $ 408.727.49¼ centavos. La considerable existencia de mercaderías explica la pequeña diferencia habida de $ 13.346.85 centavos.

El impuesto sobre exportación de ganado se ha rebajado para

facilitar la salida de ese artículo. No ha sido tan valiosa como en el año de 1879, debido al entorpecimiento del negocio en Cuba, y los contratiempos y desgracias ocurridas en la Costa Norte con motivo de fuertes e inesperados temporales. Así se explica que en 79 produjo la exportación de ganado $ 72.930 y en 80 $54.087. Debe también tomarse en consideración la rebaja que se ha hecho en el impuesto.

Se han dictado las medidas oportunas para asegurar los mayores rendimientos de la renta de aguardiente. Su movimiento en el último año importó $ 323.060.98¼ centavos, y su producto líquido $ 199.563.$8^{7/8}$ centavos. Las dificultades de transporte del artículo, aumentadas por la copiosidad del último invierno, han impedido obtener todo el provecho que era de esperarse de esa renta.

Para simplificar la Administración del ramo de tabaco y hacerla más económica, las atribuciones de la Factoría se han reasumido en la Administración de Rentas de Copán. Se ha fijado un pequeño impuesto sobre la siembra del artículo, que pagan en especie los cultivadores. El Gobierno se provee de tabaco por medio de contratas con los particulares. El único impuesto que hoy grava la exportación de tabaco es el de un peso por carga, que se ha cedido a la Universidad de Occidente. Para evitar el contrabando y obtener tabaco de buena calidad, se ha prevenido que el cultivo de ese ramo sólo se haga en Gracias y Copán, y en algunos puntos del departamento de Santa Bárbara. En el último año fiscal el movimiento de la renta de tabaco importó.... $126.624.27 centavos, y el producto líquido $ 81.969.$35^{3/8}$ centavos.

El ramo de pólvora se ha reglamentado debidamente. El Gobierno es el único importador de ese artículo, que se expende por cuenta del Estado.

La renta de papel sellado ha tenido considerable aumento. En el último año produjo $ 23.096.05¼ centavos. Esto prueba el ensanche que toman las transacciones y los actos administrativos que ocasionan el consumo del papel sellado.

Para preparar el arreglo fiscal que corresponde al corte y exportación de maderas, se ha prevenido la presentación de los títulos originales que demarcan la propiedad de los terrenos de la Costa del Norte y, demás puntos donde hay o pueden establecerse cortes de madera. El examen de los títulos hará conocer las propiedades legítimas de los particulares, anulará las ilegítimas, fijará las pertenencias del

Estado, y proporcionará al Gobierno preciosos datos para crear un importante recurso fiscal. Este ramo en el último año produjo, \$ 19.974.64$^{3/4}$ centavos.

La recaudación de impuestos sobre herencias se ha reglamentado convenientemente, y empieza a proporcionar favorables resultados.

La Secretaría de Estado a quien corresponde, os dará detalles sobre la situación de las diversas rentas.

Según la cuenta general del tesoro, hecha por la Oficina Central de Contabilidad, en el último año económico, los ingresos ascendieron a \$969.854.94$^{3/4}$ centavos, y los egreso a...\$854.352.67$^{7/8}$ centavos: hubo a favor del Tesoro un superávit de \$115.502.26$^{7/8}$ centavos destinados al servicio de la deuda interior. Recordareis, Señores Representantes que, en el Mensaje que dirigía la anterior legislatura, presenté el producto de las rentas en el año 77, que ascendió a \$402.452.93$^{3/8}$ centavos y en el año de 78 a \$692.793.50$^{3/8}$ centavos. Comparad estos rendimientos con los del último año, y encontrareis un progreso notabilísimo, progreso debido a la Paz, al aumento de la riqueza pública, y a las disposiciones adoptadas para alcanzar la más acertada administración fiscal.

Me es satisfactorio manifestar que debido a las disposiciones emitidas, y a las aptitudes y laboriosidad de los empleados superiores en el Ramo de Hacienda, se han establecido en esta capital y funcionan con buen éxito, la Dirección General de Rentas, la Oficina General de Cuentas, y la Oficina de Contabilidad Central. A este último nuevo arreglo se debe que desde agosto de 79 haya un verdadero poder directivo en la gestión de los negocios fiscales, una efectiva responsabilidad en los funcionarios que administran fondos públicos, y una centralización de todas las cuentas que conciernen a la Administración de las rentas del Estado. De esta suerte, hoy es dado a conocer, día por día, la situación exacta del Erario Nacional, hasta en sus más pequeños detalles, resultado importantísimo que nunca se había podido obtener en el país. Si examinaís los libros de la Oficina de Contabilidad Central, podréis conocer minuciosamente el movimiento rentístico, y saber en qué se invierte hasta el último centavo de las rentas nacionales.

Para estar a salvo de cualquiera eventualidad, se os presentará como cálculo del mínimun de las rentas en el período de 81 a 82 el producto de \$ 861.970, y como presupuesto de gastos, anuales la suma de $ 759.930.50 centavos, presupuesto que asciende a la suma indicada en virtud de hacerse grandes economías en los gastos militares. Dados los presupuestos de la renta y gastos en los términos referidos, habrá un superávit de $ 102.039.50 centavos que se destinará al servicio de la deuda interior.

Por los datos indicados podréis juzgar que la situación es bonancible, que el país tiene hacienda pública, en relación con sus necesidades; que puede pagar con sus entradas ordinarias todos los servicios administrativos cuya remuneración se ha aumentado en algunos ramos, particularmente en el de la Justicia; que en consecuencia está garantizada la propiedad de los particulares, antes sujeta a inmoderadas y violentas contribuciones forzosas; y que en fin, el estado actual de las rentas difiere en gran manera de la época, no remota, en que producían, $ 259.032, suma en su mayor parte nominal, y que no alcanza ni aun cubrir el presupuesto de gastos militares. Me complazco en creer que cualquier Gobierno, que se establezca, con solo conservar la situación en que permanecen las rentas podrá funcionar con regularidad, manteniendo a salvo las propiedades particulares que, a costa de su destrucción continua, llenaban antes el déficit de los gastos más urgentes de la Administración del Estado.

Creo que en el corriente año económico el producto de las rentas llegará a un millón de pesos; quedará, pues, completamente resuelto el más arduo problema de Honduras, su problema rentístico. Con un millón de renta anual, el Estado puede pagar su presupuesto, quedándole un sobrante de $ 200 a 300 mil pesos que puede emplearse en obras de fomento, en la instrucción pública, y en robustecer el crédito, aumentándose así para Honduras sus elementos de orden y prosperidad. Hechos los fuertes gastos que han demandado los telégrafos nacionales, la compra de armamento, y el establecimiento de todos los servicios administrativos, el Estado queda con mucho desahogo, en completa aptitud de aprovechar los sobrantes de la renta para dar vigoroso impulso al progreso de la República.

Se han efectuado trabajos de entidad en el Departamento de Crédito Público.

Se ha llevado a práctica la ley que previno la conversión de las diversas y numerosas deudas de carácter interno contraídas por las anteriores Administraciones.

Hasta el 31 de julio último se emitió en vales de la Deuda

convertida $ 1.000.000. Los vales han sido entregados a los tenedores de papeles de crédito contra el Estado, procedentes de deudas anteriores a 1876. Hoy todas esas deudas están representadas por un solo papel que ofrece eficaces garantías, y que está sujeto a una regular cotización. Aunque las deudas indicadas justamente se calcularon en millón y medio de pesos, la emisión de billetes de la deuda convertida no ha llegado ni puede llegar a esa suma, a causa de que el Gobierno actual desde su inauguración hasta el 31 de diciembre último, por negociaciones que ha concluido con el comercio, y por motivos de muy calificada equidad, ha amortizado en efectivo, en órdenes contra las Aduanas, y en cambio por Billetes del Tesoro la suma de $ 445.700.87$^{1/2}$ centavos.

Se ha hecho la amortización de los cupones de la deuda convertida correspondiente al primer año.

Para dar el arreglo debido al pago de la deuda precedente de libramientos hechos para la amortización de deudas anteriores al año 76, y de varios saldos provenientes de negociaciones con el Comercio, se dispuso a emitir Billetes del Tesoro amortizables precisamente por las aduanas en un cuarenta por ciento de los derechos de importación. Hasta el 31 de julio último se hizo una emisión de Billetes de $ 150.820, habiéndose amortizado hasta el 31 de diciembre anterior $ 40.282.

En la Memoria de la Secretaría de Hacienda y en el informe del Director General de Rentas, veréis que la deuda flotante bajo cuya denominación se comprende la contraída desde agosto de 1876, hasta el 31 de diciembre último, importa $ 578.609.33$^{3/4}$ centavos. En esos documentos hallaréis la explicación clara y detallada de que ese saldo no constituye una nueva deuda contraída por mi Administración, un nuevo gravamen para la República. Como dejo insinuado, en la época de mi Gobierno, desde agosto de 1876 hasta diciembre último, se ha amortizado, de las deudas de los Gobiernos anteriores, la suma de $ 445.700.87$^{1/2}$ centavos; de forma que, rebajada esta cantidad del saldo referido de la deuda flotante, y rebajada también la suma de $ 60.000 que importan las existencias en valores y especies fiscales hasta 31 de diciembre, resulta que la única deuda previamente contraída por mi Gobierno, en los cuatro años y meses que cuenta de existencia, es la suma de $ 72.908.46¼ centavos. A este pequeño saldo responden los considerables gastos ordinarios y extraordinarios que ha habido que hacer por razones de orden público, y con motivo del establecimiento, organización y cambios de residencia del Gobierno, que ha pagado religiosamente todos los servicios que ha recibido, y respetado a la vez, la propiedad particular, pues desde agosto de 76 hasta la fecha, ni un centavo se ha exigido por vía de contribución forzosa o extraordinaria. Satisfecho el pequeño saldo de $ 72.908.46¼ centavos, quedan a beneficio de la Nación, sin el más pequeño gravamen, todas las líneas telegráficos, sus oficinas y almacenes, los edificios públicos comprados y las mejoras hechas en los que había existentes, el armamento nacional, el establecimiento del Cuño con sus nuevas maquinarias y enseres, las nuevas imprentas con sus grandes depósitos de papel y demás útiles, la Biblioteca Nacional, todos los enseres de las Administraciones de Correos y de las Administraciones fiscales, el mobiliario de todas las oficinas públicas, y las costosas reparaciones y mejoras del ferrocarril. No es exagerado calcular que el valor de todo esto, y el de otras obras y mejoras que no se mencionan, ascienden a un millón de pesos.

La favorable situación de las rentas, las economías que se han hecho, la circunstancia de estar concluidas las grandes obras que más urgentemente necesitaba el país, y la forma en que está representada la "Deuda Flotante", permitirán sin duda alguna amortizarla sin gravar la Hacienda Pública, ni privarla de los fondos, que necesita para los gastos del Estado.

En el propósito de determinar la responsabilidad consiguiente a la Administración de los fondos de los empréstitos hechos en extranjero para la construcción del ferrocarril interoceánico, se ha establecido una comisión autorizada para pedir y recibir las cuentas de los Agentes de la República que efectuaron los empréstitos y manejaron los fondos producidos. El Señor don Carlos Gutiérrez, Ex-Ministro de Honduras en Londres, ha dirigido sobre el particular, una Memoria a la Comisión, y está para rendir sus cuentas. El Señor don Victor Herran, ex-Ministro de Honduras en París, ha remitido sus cuentas a la Comisión, las que con los reparos hechos, se le devolverán en traslado.

Los trabajos de la Comisión, al no dudarlo, esclarecerán el importante punto de responsabilidad o irresponsabilidad de los agentes del Estado en el manejo de los negociados concernientes a la empresa del ferrocarril interoceánico.

Ante todo, importa establecer fundadamente la justificación del país en orden a la empresa enunciada; importa recuperar su crédito en el exterior; importa rectificar ideas extraviadas en su daño, no sólo por la honra de la República y de sus Agentes, sino también porque recuperado el crédito, conocida la buena fe del Estado, será posible emprender nuevos esfuerzos para la prosecución del ferrocarril interoceánico, obra importantísima que, tarde o temprano, tiene que ser un hecho que cambiará la faz de la República.

Se ha proseguido con empeño el arreglo de los negociados correspondientes al ramo de la Guerra. El Ejército está organizado y adelanta mucho en la disciplina. Las milicias creadas por el Gobierno, según el Estado que os presentará la Secretaria de Guerra, constan del número de 38,498 milicianos, organizados en 79 batallones que contienen 312 compañías, quedando un sobrante de oficiales y tropa de 298 individuos. En la organización de las milicias hay 1,683 oficiales y 29,815 individuos de tropa.

Un servicio activo ha habido 54 jefes, 124 oficiales y 765 individuos de tropa. Hoy se está haciendo la reducción de ese número para disminuir considerablemente el presupuesto militar.

El Secretario de la Guerra os presentará el estado correspondiente al armamento nacional, que ha tenido un notable aumento. Por él veréis que el Gobierno tiene en los almacenes armas y enseres de guerra suficientes, no sólo para garantizar el orden interior, sino también para mantener, con respecto al exterior, la seguridad y derechos de la Nación.

El fuero militar cuya amplitud ofrecía graves inconvenientes, por decreto de 7 de diciembre último ha sido limitado restringiéndolo a los casos especiales en que imperiosamente lo exigen las disciplinas en el ejército, y altas razones del orden público.

Están ya redactados e imprimiéndose el Código y Ordenanzas Militares. Sus disposiciones están en conformidad con los adelantamientos de la ciencia y con las peculiares exigencias de la práctica. El Código y la Ordenanza vendrán a complementar la organización del Ejército, y a dar a la noble carrera militar principios y reglas fijas, señalándole el puesto importantísimo que le corresponde en la Sociedad y en el Estado.

SEÑORES DIPUTADOS: en breves términos os he expuesto el carácter y curso que ha tenido la Administración pública en sus diversos y más importantes negociados. Lejos de mí, la idea de haber hecho grandes cosas. En abierta y constante pugna con obstáculos de todo linaje, provenientes del estado de desorganización en que encontré el país, no puedo menos de limitar mis pretensiones al hecho de haber procurado cumplir con mi deber.

Arduo, por demás, es el cumplimiento del deber cuando se gobierna un país, que de la anarquía se vuelve al orden, que del atraso se lanza en las vías del progreso, que de las preocupaciones e ideas reaccionarias se encamina por la reforma de las instituciones, a un estado social y político, en que se adoptan resueltamente impersonales y regeneradoras ideas, que hieren de muerte envejecidos y desacreditados sistemas, aceptados para los hombres públicos que viven del presente, pero no para los que quieren vivir en una esfera más amplia, para los que trabajan por el advenimiento de un gran porvenir para los pueblos.

El espíritu y los actos de Reforma de una Administración hieren por lo común bastardos intereses y lastiman egoístas pasiones. Cuando faltan ese espíritu y esos actos muy cómodo es mandar muellemente, sin hacer nada, sin contrariar intereses, sin realizar reformas, y en brazos de la ficticia popularidad que proporciona, en países atrasados una política de partidos de estacionamiento y de contemplaciones. Al establecer un nuevo sistema de política, e iniciar una radical transformación en el país, no me cuidé de hacer tales reflexiones para ver las consecuencias que

MENSAJE
QUE EL PRESIDENTE CONSTITUCIONAL DE LA REPÚBLIC DE HONDURAS DOCTOR MARCO AURELIO SOTO

DIRIGIÓ AL CONGRESO ORDINARIO SOLEMNEMENTE INSTALADO EL 19 DE FEBRERO DE 1883

Señores diputados:

Desde que distéis término a vuestras últimas sesiones en febrero de 1881, el país ha continuado sin interrupción su marcha de progreso al amparo de una paz perfecta, y de cumplidas y de acatadas instituciones. Ni el más leve rumor de trastorno ha turbado la tranquilidad de la República. El pueblo hondureño es hoy modelo de orden, de amor a la ley y al trabajo.

La nueva Constitución se ha practicado con toda regularidad. Están implantadas sus grandes reformas. No ha sido necesario apelar a las extraordinarias facultades que, en casos excepcionales, confiere el Poder Ejecutivo.

Bajo los auspicios de esta situación de paz y legalidad, la agricultura ha tomado incremento, el comercio se ha engrandecido de un modo notable, y la industria, en sus diversos ramos, ha alcanzado progresos tales, que fundamentalmente puede decirse que la República ha entrado, de lleno, en la ancha vía de la civilización y de la prosperidad.

He procurado que el cultivo de las relaciones de la República con sus hermanas de Centro América y las naciones extranjeras, presidan la buena fe y la más amistosa inteligencia, que son, en mi entender, las sólidas bases de la política exterior.

Han sido canjeados los liberales tratados que ligan a Honduras con El Salvador y Guatemala. Con ambos Gobiernos, lo mismo que con el de la República hermana de Nicaragua, se han mantenido la amistad o inteligencia más cordiales.

Me es grato manifestaros que en 15 de septiembre último se restablecieron las relaciones oficiales con la República de Costa Rica. Como bien lo sabéis, habían cesado de hecho, a causa de que la política del anterior Gobierno, de aquel país, no permitía que hubiese una franca y leal inteligencia. Debemos felicitarnos porque ha concluido situación tan anormal, y porque ya nos es dado cultivar estrechas relaciones con el Gobierno de aquella República hermana, tan acreedora de nuestro afecto.

Aun no ha sido resuelta la cuestión de limpites sometida por los Gobiernos de El Salvador y Honduras al juicio arbitral del Excelentísimo Señor Don Joaquín Zavala, Presidente de Nicaragua. Ambas partes, por graves dificultades, remitieron al arbitrio sus documentos e informes, después del término que para ello fijaba la convención de arbitramiento; y por este motivo, el Excelentísimo Árbitro opinó que no debía emitir su fallo, hasta que las Convenciones que prorrogaron dicho término, nuevamente ajustadas entre ambos Gobiernos, tuviesen la aprobación de las respectivas Legislaciones. La Secretaría de Relaciones os presentará los antecedentes, y situación del negociado de arbitraje, para que, si lo tenéis a bien, confirméis la prórroga de tiempo, en que fueron presentados al Árbitro los informes y documentos referentes a esa cuestión de límites.

Animado de patriótico entusiasmo, os manifiesto que se agita la idea de reconstruir la grande y noble Patria de nuestros mayores. Interpretando el sentimiento del pueblo, hondureño, y obedeciendo a mis más caros y vehementes deseos, en 15 de septiembre último manifesté oficialmente, mi absoluta adhesión a la causa nacionalista. Últimamente los Gobiernos del Salvador y Guatemala han hecho proposiciones, al de esta República, con el objeto de reorganizar a la nación Centro-Americana. El Gobierno ha aceptado esas proposiciones, que ya conocéis por la prensa oficial, y os serán presentadas por la Secretaría de Estado. El país puede contar con todos mis votos, con todos mis esfuerzos, para el honroso triunfo de causa tan grandiosa, fiel a mi palabra, seré un trabajador desinteresado, que no aspire más que a dejar el poder que representa, para que reaparezca respetable y glorioso, ejercido por un Gobierno culto e ilustrado, que, con el voto de la verdadera opinión, de los pueblos, en justicia y libertad, dirija dignamente los destinos de los hijos de Centro América.

Con las demás Repúblicas de América se han ensanchado nuestras relaciones.

El Gobierno de los Estados Unidos, de ese pueblo admirable, no tan grande por su poder, como por la excelencia de sus instituciones, ha dado poderes de Plenipotenciario a su Ministro Residente acreditado ante este Gobierno. Muy satisfactorio es el ensanche de atribuciones, del Representante de la Gran República, puesto que implica para nosotros, un acrecentamiento de relaciones políticas, con un país vecino, en cuyo seno se desarrollan las fuerzas más activas de la civilización.

Con verdadero sentimiento os informo que el proyecto sobre el Congreso Americano, que debía reunirse en Washington, para afianzar la paz, y regular las relaciones de los pueblos de América, ha tenido, para su realización, indefinido aplazamiento.

Con la República de México, se ha concluido, por medio de nuestro Agente Diplomático, una Convención beneficiosa sobre canje de publicaciones oficiales.

El Gobierno de la República de Colombia acreditó, ante este Gobierno, una Legación confiada al Señor General Don Rafael Aispuro, con quien se celebraron dos Convenciones, una, sobre arbitraje, y otra sobre propiedad literaria y canje de publicaciones.

La Secretaría de Estado os presentará estos convenios, para que, si lo tenéis a bien, le deis vuestra rectificación.

Las relaciones de la República con las Naciones de Europa, se han sostenido bajo los auspicios, de la mejor inteligencia.

El Cónsul General de España, por instrucciones de su Gobierno, ha manifestado vivos deseos de que se concluya un tratado de amistad y Comercio con aquella Nación. El Gobierno ha acogido con placer, iniciativa tan amistosa, proponiéndose celebrar el tratado, lo más pronto que le sea posible. Nada será tan grato para mí, como ver a esta Nación, de noble, de española raza, unida, por los vínculos de un liberal tratado, a la Madre Patria, a España, descubridora esforzada de este Nuevo Mundo, destinado a ser la clásica, tierra de la libertad y de la República.

Las reclamaciones que hiciera el Representante de S. M. B. con motivo de la práctica de las leyes de la República, en Departamento de las Islas de la Bahía, han sido satisfactoriamente concluidas. El Gobierno inglés, mejor informado, no sólo se muestra satisfecho de la administración que hoy tienen las Islas de la Bahía, sino que también ha felicitado a este Gobierno, por el buen éxito que han tenido las nuevas leyes implantadas en aquella parte de la República.

La deuda inglesa, cuya satisfacción se arregló, por convenio ajustado en 1878, está completamente extinguida. En el año próximo anterior se acabó de pagar la suma de $50.000 a que ascendía. Hoy, el país está libre del gravamen que le impusiera, ese antiguo crédito, que por tantos y tantos años, pesó sobre la Aduana de Trujillo.

Con los demás países europeos, el Gobierno ha tratado de ensanchar sus relaciones, y, al efecto, ha nombrado nuevos Agentes Consulares, que, conocedores de las tendencias políticas, y administrativas de la República, la representen, útil y dignamente, en los primeros centros comerciales del antiguo mundo.

Para regular el servicio Consular, que estaba en pleno desorden, que era un servicio casi nominal, y más bien ha ocasionado abusos, se cancelaron, haciendo debidas excepciones, las patentes de los Cónsules nombrados, con anterioridad, al 27 de agosto de 1876. Hecha esta cancelación, y nombrados buenos Agentes Diplomáticos y consulares, ya será posible emitir con acierto, un reglamento que determine y haga fructuosos los servicios consulares y diplomáticos, servicios de inestimable interés para todo país regularizado y culto.

Notándose que Agentes Consulares del país habían expedido sin discernimiento, patentes de navegación, lo que puede dar muy perniciosos resultados, se ha dispuesto, últimamente que sólo puede expedirlos, de un modo directo, el Poder Ejecutivo, y se ha fijado un prudente plazo, para renovar si fuere debido, las patentes ya expedidas, al amparo de antiguas y viciosas prácticas.

Todas las reclamaciones por daños y perjuicios, motivadas por hechos anteriores, a mi Gobierno, se han arreglado satisfactoriamente. No hay una sola cuestión pendiente, en el departamento de Relaciones Exteriores.

La política interior ha sido la misma que inicié, al encargarme del Gobierno, en 1876. Nada de disposiciones preventivas, nada de partidos privilegiados, nada de sistema que haya constituido una amenaza, u organizado la opresión. Las distintas opiniones políticas, no han estado comprimidas, se han manifestado. libremente, dentro de la esfera de la legalidad. Creo haber cumplido mi propósito de fundar un Gobierno para todos, Gobierno no de Partido, sino de la Nación.

La paz interior se ha sostenido de una manera inalterable, el régimen constitucional se ha llevado a cabo en toda su extensión, sin tropiezo alguno, y todas las autoridades han funcionado dentro de la órbita de sus respectivas atribuciones.

Bajo los auspicios de la paz, los pueblos están consagrados a sus labores fecundas, para su bienestar, y garantes del reposo público. En casi todas las poblaciones se han construido o reparado edificios de utilidad comunal, o se han llevado a cabo algunas otras mejoras de general interés.

La falta de lluvias que hubo en el año pasado, causó suma escasez de víveres, en toda la República. A fin de evitar los muchos males que por tal motivo debían sobrevenir, se hicieron esfuerzos para que se sembrara bastante maíz, en todas partes, y acordé pedir a California cantidad suficiente de ese artículo, y la exención de derechos por los víveres que se importaran a la República. Tales disposiciones han atenuado, en mucha parte, las perjudiciales consecuencias de la mala estación de lluvias.

El litoral del Norte toma cada día mayor importancia, con el cultivo y exportación de frutas. El departamento de la Mosquitia no tenía razón de ser, y era dificultosísimo gobernarlo por medio de las autoridades de Juticalpa. La sección interesante de Trujillo, perteneciente a Yoro, sufría en lo administrativo, a causa de la gran distancia que la separaba de la cabecera departamental. Para remover tales obstáculos y atendiendo a los intereses públicos, se creó el departamento de Colón, formado del territorio de la Mosquitia y de la sección de Trujillo. Los hechos han venido a confirmar las ventajas de tan acertada medida.

En el departamento de Islas de la Bahía, si se quiere, a poco tiempo extraño a la vida política ya administrativa del país, rigen por completo las leyes de la República. Hoy puede decirse que aquella sección, al amparo del orden y de las patrias instituciones, forma verdadera parte del territorio nacional.

Se han comprado varias casas para el servicio de las oficinas públicas; y reparado y mejorado las que ya existían. El país tiene hoy los edificios nacionales necesarios para el servicio y completo de la administración pública.

La Imprenta Nacional, perfectamente dirigida, ha continuado funcionando de un modo regular, y con notable actividad, hasta diciembre último se habían hecho 1.766 impresiones con, 2.072.122 ejemplares, entre los que se cuentan 42 libros y 512 periódicos. Se ha gastado en la mano de obra $ 22.839, o sea, $ 531 al mes. El valor del trabajo, calculado a precio ínfimo, asciende a $ 63.000. El Gobierno ha economizado unos $ 40.000 o sea cerca de $ 1.000 mensuales.

Los datos anteriores revelan que empieza a manifestarse, entre nosotros, un movimiento apreciable en la vida científica y necesaria.

Se ha acabado de organizar el Archivo Nacional, en donde puede encontrarse en el acto, cualquier documento que se solicite. Cuenta el Archivo con 2,158 expedientes de tierras, y con 200 colecciones de periódicos del país, de las Repúblicas vecinas y de algunas naciones de Europa y América. Las colecciones de manuscritos comprenden 4,419 volúmenes, que contienen 162,164 documentos útiles. Se ha gastado en el arreglo del Archivo, desde su establecimiento hasta la fecha, $ 11.270.

La Oficina General de Estadística ha continuado sus importantes trabajos, trabajos ocasionados a constantes dificultades, porque se refieren a un servicio administrativo hasta hace poco desconocido entre nosotros, y que no obstante, debe ser la base de todos los arreglos de la administración pública. La Oficina de Estadística, aunque con imperfectos datos, ha formado el censo de la población y el catastro general del país, que están publicándose oficialmente. Está sentada la base de ese utilísimo ramo que con el tiempo ha de perfeccionarse, y se ha de reconocer, por todos, su capital importancia.

La ley benéfica, sobre creación de hospitales, se ha llevado a debido efecto. El Hospital General de la República, se inauguró el 27 de agosto recién pasado; prestan ya sus servicios los Hospitales de Yoro y de Comayagua, y están en construcción los de Santa Bárbara, Juticalpa, Choluteca y el Paraíso. Cada establecimiento de este género, que se funde, dará testimonio de que el pueblo hondureño es un pueblo culto, sensible a las dolencias de las clases menesterosas.

Satisfactorio es el estado que ofrece el Departamento de Justicia.

Los nuevos Códigos, que rompieron, en redondo, con vetustas leyes y añejas y arraigadas tradiciones, se han practicado, como lo insinué al principio, con éxito felicísimo. Bajo las nuevas leyes de la Administración de Justicia ha tenido un curso normal, con beneficio de su propia expedición, y de los particulares y públicos intereses de los asociados.

La Corte Suprema de Justicia observó algunas pequeñas dificultades en el cumplimiento de la nueva legislación: las hizo presentes al Poder Ejecutivo-. y éste las ha puesto a pública discusión, para que se forme un común y reflexivo sentir, sobre, si en alguna parte deben o no reformarse las leyes. Formada la opinión a este respecto, se harán las reformas necesarias, pero, para ello, ha de usarse de la mayor reserva, pues una legislación apenas puesta en práctica, debe someterse a una probada experiencia, antes que sujetarla a reformas inspiradas, muchas veces, por una observación incompleta, o por un espíritu de inconsulta innovación.

El Título del Código Civil que establece el matrimonio civil potestativo, se ha sustituido con la ley de 15 de julio de 1881 que previene el matrimonio civil obligatorio, como antecedente necesario para cualquier matrimonio eclesiástico, y como indispensable para que produzca efectos civiles.

Las razones de tal reforma son muy obvias. El espíritu y la letra de nuestra Constitución. que no reconoce, en lo civil, sino actos civiles, ha demandado esa innovación, y además la conveniencia de que, para actos que producen efectos civiles, ningún individuo se sustraiga a la acción de la autoridad civil, ha hecho necesaria la práctica del matrimonio civil obligatorio.

Consideraciones derivadas del orden constitucional y del orden administrativo justifican, pues, la enunciada y trascendental reforma que, con satisfacción os manifiesto, ha sido aceptada por el espíritu liberal de nuestros pueblos.

Había un vacío en nuestra legislación: faltaba una ley completa de Notariado, en armonía con las radicales innovaciones que se han, hecho en materias jurídicas. La ley de 27 de agosto de 1882, ha venido a llenar tan notable vacío: esta ley da al Notariado la importancia y la respetabilidad que debe tener, y garantiza, como es debido, los intereses y derechos de los particulares, confiados a la fe pública de los notarios, La Ley del Notariado forma el complemento de nuestra Legislación civil.

Para facilitar la Administración de Justicia, se ha creado una Sección Judicial de Primera instancia en Nacaome, y se ha establecido un Segundo Jugado de Letras en este Departamento.

Me es grato informaros que la Administración de Justicia gratuita está dando los resultados que se esperaban: administración: pronta de parte de los jueces, y facilidad de todas las clases sociales para hacer valer sus derechos. La justicia no debe comprarse, debe recibirse como un servicio que el Estado para y garantiza, en provecho de todos los individuos del cuerpo social.

Últimamente se ha decretado el establecimiento de una Penitenciaría, para que las penas se apliquen conforme a los dictados de la humanidad y a los adelantamientos de la ciencia penal. El edificio está ya construyéndose, con sujeción a las reglas del arte, y con la amplitud necesaria para recibir a todos los individuos penados de la República. Hemos dado un gran paso con la emisión de nuestro Nuevo Código Penal; pero, para que nuestra satisfacción sea completa, debemos dar otro gran paso, estableciendo, a estilo de los Estados Unidos y de las naciones cultas de Europa, una penitenciaría bien organizada. Mientras nuestras antiguas cárceles existan, mientras esos establecimientos incómodos, insalubres y desmoralizadores, sean el lugar de reclusión para los desgraciados criminales, no hay que creer en su corrección, no hay que esperar que sean completamente benéficas las disposiciones de nuestro nuevo Código, no hay que confiar en que, por la virtud de la reforma de nuestras leyes penales, se ha de mejorar la condición moral y material de los hombres que perturban el social organismo, cometiendo delitos y crímenes.

El más alto fin de la pena debe ser corregir y rehabilitar: la enmienda y la rehabilitación las tendremos cumplidas, construyendo y organizando, en toda regla, un buen establecimiento penitenciario.

Completa y trascendental reforma se ha realizado en materia de la Instrucción Pública.

Carecíamos de leyes metódicas y subordinadas a un plan general que, conciliando las exigencias de una reforma científica con las circunstancias peculiares del país, diesen estímulos, atinada dirección, fijeza y garantía de buen éxito a los estadios primarios, secundarios y profesionales. El Código de Instrucción Pública, emitido el 31 de diciembre de 1881, ha llenado tan lamentable vacío. Reglamenta, en su carácter de laica, obligatoria y gratuita, la instrucción primaria: da toda la extensión debida y la importancia que merece a la segunda enseñanza; y organiza los estudios profesionales, en un sentido práctico, positivo y acorde con los adelantos de la ciencia moderna.

El nuevo Código empieza a ponerse en práctica, y ha dado beneficiosos resultados. De ellos son un testimonio el aumento y arreglo de las Escuelas primarias y los satisfactorios exámenes de fin de curso, que han presentado la Universidad Central, la Universidad de Occidente y los Colegios nacionales de segunda enseñanza.

No obstante las dificultades que ha traído a los pueblos la escasez de víveres, se han sostenido en 1881, 356 escuelas de varones, y en 1882, 440: en el primer año mencionado 116 escuelas de niñas, y en el segundo 133: han asistido a las escuelas de varones en 1881, 13.463 alumnos, y en 1882, 15.720: asistieron a las escuelas de niñas en 1881, 3,852 alumnas, y en 1882, 4.430: se ha gastado en el sostenimiento de las escuelas : primarias de ambos sexos, en 1881 $63.946, - 11-314, y en 1882, $ 73.646,-7-112. En el bienio se ha invertido la suma total de $137, 592-19-114.

En el último año del bienio, notareis que hay un aumento de consideración en el número de escuelas, en el número de alumnos y en la suma de los gastos. Tal aumento puede notarse también, en su mayor parte, comparando esos datos con los que os presenté en mi informe de 28 de enero de 1881.

En el Colegio Nacional de segunda enseñanza de esta capital, hubo en 1881, 95 alumnos, y en 1882, 125. La Universidad Central, recientemente fundada, tuvo 34 alumnos. El Colegio Nacional de segunda enseñanza de Copán, tuvo en 1881, 32 alumnos, y en 1882, 34: igual número ha tenido la Universidad de Occidente. Al Colegio de Santa Bárbara asistieron en 1881, 53 alumnos, y en 1882, 87. Al Instituto de Gracias, en 1881, 45 alumnos, y en 1882, 41. En la segunda enseñanza y profesional, se gastó en 1881 la suma de $ 27.193, -02-118, y en 1882, la de $ 32.386-54 - 518, importa pues, el gasto del bienio $ 59.579-56-34.

Últimamente, el Gobierno, deseoso de ensanchar la segunda enseñanza, ha creado colegios nacionales en las ciudades de Gracias, Juticalpa y La Paz. Es de esperarse que esos nuevos establecimientos contribuyan a difundir y vigorizar la instrucción de la juventud hondureña.

Aun no se ha podido plantear escuelas normales conforme al nuevo Código; pero, atendiendo a sus prescripciones, hay una sección de enseñanza normal en los colegios de segunda enseñanza.

En estos establecimientos, aunque con dificultades, se están formando maestros idóneos para las escuelas primarias.

El Gobierno ha hecho venir de Europa hábiles profesores y costeado y traído todos los elementos materiales necesarios para su basta y sólida enseñanza. Tenemos ya en el país los instrumentos y útiles para plantear un completo gabinete de física y un excelente laboratorio químico: mapas, esferas e instrumentos matemáticos para la segunda enseñanza e instrumentos y aparatos suficientes para la enseñanza especial de la Escuela de Medicina y para el aprendizaje práctico de la historia natural en sus diversos ramos.

La enseñanza de la Medicina y Cirugía de las Ciencias Naturales, necesita un edificio especial, adecuado, museos bien establecidos y jardines botánicos y zoológicos, en donde los estudios puedan hacerse de una manera práctica. Para llenar esa necesidad y dar a la Facultad de Medicina toda la importancia que merece, se está construyendo, conforme al decreto emitido y plano levantado, un vasto edificio, frente al Hospital General.

La Biblioteca Nacional, completamente organizada, contribuye a que se desarrolle entre nosotros el gusto por la lectura, y da facilidades a nuestra sociedad para que acreciente sus conocimientos científicos y literarios. Este establecimiento cuenta ya con 1.306 volúmenes de obras importantes, y 444 folletos de notable interés. El valor de libros y folletos asciende a $ 2.151,-25, y el de la lujosa estantería que los contiene, y del mobiliario del establecimiento a $ 2.983-28-112: valor total $ 5.134-53-$^{1/2}$.

Organizados como están todos los Departamentos del Gobierno, en situación próspera las rentas, satisfechos los compromisos del Erario, y habiendo un sobrante disponible, el Estado está ya, en aptitud de atender, como es debido a la Instrucción Pública, haciendo considerables gastos para sostenerla y procurarle eficazmente prontos y utilísimos adelantamientos. La Instrucción pública es y será uno de los ramos de vital interés para gobernantes y gobernados.

En justo aprecio a la memoria de los ilustres hondureños que trabajaron en pro de la difusión de las luces, he dispuesto que se erija una estatua al Sabio Don José Cecilio del Valle, que se escriba la Biografía de hombre tan eminente y benéfico, que se haga una edición de sus obras notabilísimas, que no sólo honran a su patria, sino también a la América toda, y que se coloque el Busto en mármol, del Doctor Don José Trinidad Reyes, que fue uno de los más preclaros fundadores de la Universidad de la República. En breve se inaugurarán solemnemente la estatua de Valle y el busto de Reyes. La biografía del ilustre Valle, que forma un libro, está publicándose. Sus obras completas se imprimirán en el corriente año.

Nada tan satisfactorio y honroso como la gratitud de la posteridad, tributada con noble desinterés, en homenaje a la memoria de los hombres generosos que pusieron su inteligencia al Procurar por medio de oportunas y bien calculadas medidas de fomento, el mayor desarrollo posible de nuestros intereses agrícolas, comerciales e industriales tal es, en mi concepto, uno de los fines más recomendables y útiles de la acción administrativa. Particularmente en nuestro país, en donde la actividad individual es incipiente, se hace necesaria una protección perseverante y enérgica de parte del Gobierno. La Sociedad no es bastante iniciadora, para remover obstáculos y dar facilidades a nuestros intereses económicos: en este supuesto, toca al Gobierno una grande iniciativa, un trabajo de impulsión que garantice, el arraigo y la mejora de nuestra agricultura, de nuestro comercio y de nuestra industria La agricultura del país progresa. La siembra de árboles frutales en las feraces costas del Norte se ha ensanchado extraordinariamente; el café, el jiquilite, la caña de azúcar y el tabaco han tenido también en su cultivo, considerable aumento. Sensible es que el valioso ramo del café, haya decaído, a causa de las grandes cosechas del Brasil y de la India; pero es de esperarse el alza de este artículo, apenas sea restablecida la proporción entre la producción y el consumo. En todo caso, el café de Honduras, que es de la mejor calidad, siempre será un artículo de útil explotación.

Se han comenzado a formar, con buen éxito, grandes potreros de repasto, principalmente en la Costa Norte. El gobierno ha impulsado su formación y ha protegido con eficacia ese ramo agrícola tan necesario para el progreso de la industria ganadera, que por hoy, constituye una de las principales riquezas del país.

Formados por doquiera buenos repastos, es indudable que la industria pecuaria quintuplicará sus productos, favoreciendo con valiosos provechos a los particulares y acrecentando el movimiento económico de la República.

En beneficio especial de la agricultura, se ha decretado el edificio de la GRANJA MODELO para la Escuela Agrícola y para el formal aprendizaje de Artes y Oficios. El edificio está ya construyéndose. Cuando mejora tan trascendental se realice, se formarán en este establecimiento agricultores que, con el menor costo, hagan los mejores y más provechosos cultivos: artesanos que, sabiendo utilizar experiencias científicas y el uso de las maquinarias, proporcionen, con mucha ganancia, excelentes artefactos; y ganaderos que, conocedores de los medios prácticos de mejorar las razas de nuestros ganados y de conservarlas, estén en aptitud de dar a nuestra industria ganadera vasta importancia, hoy incalculable, y rendimientos que, en poco tiempo, aseguren grandes capitales.

Se han formado en los Estados Unidos, recibiendo concesiones de este Gobierno, dos respetables Compañías, con el objeto de explotar y cultivar las plantas fibrosas, en que abunda nuestro suelo: una de las Compañías aludidas, con la correspondiente maquinaria, está ya trabajando en la Mosquitia: la otra empezará en breve a colocar sus máquinas en las inmediaciones de Puerto Cortés, para establecer en toda forma su empresa. Honduras abunda en elementos naturales de prosperidad: sólo el ramo de las plantas textiles constituye por sí solo un gran ramo de riqueza; foméntese su explotación, acuérdensele medidas protectoras, y veremos formarse industrias y capitales, merced a un cultivo antes desconocido, en este suelo privilegiado, que, por doquiera convida al capital, al trabajo, a la acción creadora del espíritu de empresa.

Ha aumentado el comercio de importación y exportación. Como los trabajos estadísticos van haciéndose gradualmente, no había sido dado, hasta hace poco, recoger datos sobre el movimiento de las importaciones y exportaciones. En el último semestre del año pasado, el valor principal de las mercaderías importadas por el Puerto de Amapala, ascendió a $ 401.453.00, y el de los derechos fiscales, a $ 182.660.37; la exportación en el mismo semestre, importó $ 162.964.65 y el valor de los derechos, $1.691.01. En septiembre y octubre del año anterior, la importación por el Puerto de Trujillo, ascendió a $ 118.211.57, y sus derechos a $ 8.390.33; la exportación, en esos mismos meses subió a $ 245.755.00, y el valor de los derechos a $ 31.379.16. Por Puerto Cortés y Omoa, de marzo a noviembre último. se importó por valor de $ 422.247.46, ascendiendo los derechos a $ 85.620.05. Por los mismos puertos y en el mismo tiempo, se exportó por valor de......$ 542.751.82¼, importando los derechos......9.060.65.

Tomando por base estos incompletos, pero exactos datos, y comparándolos con el producto de los derechos fiscales, se puede calcular aproximadamente, que, en el año anterior, el valor total de la importación ascendió a $ 1.806.968.00, incluyendo en esta suma un 14% calculado por cambio de moneda. La exportación computando el valor del ganado a $ 21 - 50 centavos cabeza, puede calcularse que importó en el mismo año $ 2.265.651. Comparado el valor de la exportación con el de la importación, hay una diferencia de $ 458.682, cantidad que representa un saldo favorable al comercio del país, y que denota un aumento de riqueza pública. Ya en el año corriente, hechos, como están, los dificultosos arreglos para el servicio de la Estadística, se obtendrán datos completos, que demostrarán, no por cálculos aproximados sino con rigurosa exactitud, el estado de la balanza comercial del país.

Con esos datos, el estadista podrá formarse ideas precisas y de resultados inequívocos sobre las leyes y medidas que sea conveniente dictar, para dar impulso y favorecer del modo más eficaz, los distintos ramos del comercio de la República.

En obsequio de los intereses comerciales, el Gobierno ha hecho concesiones a los buques de vapor que vienen a nuestras costas, eximiéndolos del pago de derechos de puerto, y aun acordándoles efectivas subvenciones. Es satisfactorio ver como aumento el número de embarcaciones de vapor y de vela, que llegan a nuestros puertos.

Nuestros ríos navegables comenzarán en breve a ser cruzados por embarcaciones de vapor el Ulúa y el Blanco, serán los primeros en recibir los beneficios de la navegación por vapor.

Para el logro de este fin, el Gobierno celebró una contrata sobre canalización y navegación de estos ríos, lo pactado está para cumplirse, y, a más tardar, en el mes entrante, según lo ofrecido, por el contratista, estará un buque de vapor surcando las aguas del Ulúa. Es indudable que nuestro comercio obtendrá mayor progreso y extraordinarias ventajas, merced al establecimiento de la navegación en nuestras vías fluviales. Otras empresas de esa clase están iniciadas para otros varios ríos navegables.

Las pequeñas industrias del país se desarrollan satisfactoriamente. Con el objeto de mejorar las manufacturas de sombreros de palma, en los departamentos de Olancho y Santa Bárbara, el Gobierno ha pedido al Ecuador, dos familias conocedoras de este ramo, para que, con su enseñanza, perfeccionen esas manufacturas. La construcción de goletas se aumenta y perfecciona en las Islas de la Bahía. He acordado algunas concesiones a esa industria naciente, que puede llegar a una altura incalculable de progreso.

La industria minera ha tomado en su desarrollo grandes proporciones. En los Estados Unidos y Francia se han formado seis Compañías con un capital en acciones de $ 21.300.000, para invertirlo en la explotación de minas de este país. En los departamentos de Tegucigalpa, Yuscarán, Santa Bárbara y Juticalpa, es en donde se han iniciado, de un modo formal, los trabajos de dichas compañías. Dadas la abundancia y riqueza de nuestros minerales, es de augurar el mejor éxito a las importantes empresas de las compañías mineras.

Otras sociedades se están formando en el extranjero. A medida que las empresas existentes se consoliden y den resultados satisfactorios, y, cuando el país sea más conocido, indudablemente se formarán numerosas compañías para emprender productivos trabajos mineros.

El suelo hondureño constituye uno de los más ricos minera les del mundo. Numerosas y notables fueron las empresas que, con éxito feliz, se llevaron a cabo en tiempo de la colonia. La naturaleza parece que indica en el territorio de cada país sus destinos. Honduras, ante todo, es un país minero por excelencia. La minería debe ser a su principal industria nacional. Hoy la ciencia ha hecho de esa industria un negocio seguro, y, por completo sometido al cálculo y no es ya lo que antes era, un juego de azar. Esa industria que ha estado casi muerta en la República, no podía reanimarse y robustecerse con los elementos del país. Los capitales que se empleaban eran suma extranjeras establecidas demostrarán que con capitales suficientes, científica explotación, trabajo y perseverancia, el laboreo de minas en la República puede dar todos los provechos de una gran industria nacional. Conocida por extranjero, a virtud de nuestros progresos industriales, la riqueza mineral del país, espontáneamente vendrán a nuestro suelo inmigrantes laboriosos y considerables capitales. Honduras recibirá una corriente fecunda de progreso y civilización.

Con el fin de asegurar y favorecer el desarrollo de la industria minera, el Gobierno ha acordado liberales concesiones a los hondureños y extranjeros que se ocupen de la explotación de minas. Sé, por experiencia, que ninguna empresa útil puede establecerse y desarrollarse en el país, sin el apoyo decidido de la autoridad y menos la industria de explotación de minas, que en todas partes tiene que vencer mayores dificultades que las que se oponen al establecimiento de las demás industrias. Juzgo que las concesiones hechas darán aliento a los trabajos de minería y atraerán del exterior beneficiosas empresas.

La Casa de Moneda ha continuado funcionando con regularidad. Se ha construido una máquina para acuñar monedas de a peso, cuya falta se hacía sentir en el comercio.

Hasta la fecha se han acuñado $ 185.785.374 centavos. Los ensayos hechos de la moneda hondureña en Inglaterra y los Estados Unidos son satisfactorios. La ley de nuestra moneda resulta superior a la fijada legalmente. Esto honra al país.

La Casa de Moneda ayuda eficazmente al desarrollo de los trabajos mineros, haciendo que la plata en pasta tenga mayor valor en el mercado. La importancia de este establecimiento exige que se sostenga para que continúe proporcionando sus incontestables utilidades.

De muchos meses acá, ha sobrado plata para la acuñación. Esto demuestra que ya se conocen las ventajas de la Casa de Moneda, y da el resultado de que el Establecimiento se sostenga sin gravamen para el Erario público.

El servicio telegráfico se mantiene en buen pie: no se ha omitido gasto alguno para conservar las líneas en el mejor estado Posible. La importancia de ese prodigioso elemento de comunicación y los beneficios particulares y público que produce compensas ampliamente los ingentes gastos que causa su conservación y perfeccionamiento.

Se han construido 295 millas más de telégrafo. Hoy tenemos 1.704 millas y 53 oficinas. El personal de los empleados es el que sigue: un Director 65 Telegrafistas, 12 Inspectores, 49 carteros y 67 celadores.

En 1881 se trasmitieron 39.815 telegramas particulares y 41.125 telegramas oficiales con 1.473.314 palabras; su trasmisión importó $ 11.563.767 en 1882 se trasmitieron 42.115 telegramas particulares y 48.367 telegramas oficiales, con 2.059.6813 palabras. Valió su trasmisión $ 56.511.75 centavos. Ha producido el telégrafo en los dos últimos anos $ 98.064.50 centavos. Se han gastado en el bienio en sostener su servicio $ 104.433.55$^{7/8}$.

Desde el mes de septiembre último, la República está en comunicación con América y Europa por el cable sub - marino de la Compañía del Centro y Sur de América, que ha colocado sus oficinas en La Libertad y San Juan del Sur. Nuestros cablegramas se trasmiten por las líneas del Salvador y Nicaragua: los Gobiernos de estos pueblos hermanos han convenido en franquearlas para el servicio del cable y para provecho de las comunicaciones de la República.

En virtud de convenciones celebradas, Centro América es hoy un solo territorio telegráfico y postal. Lo mismo vale una carta o telegrama dirigido a la población más inmediata, que al pueblo más distante de la América Central.

El servicio de correos ha mejorado notablemente.

No se paga por el trasporte de los periódicos de Centro América.

Con las naciones extranjeras estamos ligamos por el Convenio de la Unión Postal Universal. Esta Convención importantísima ha venido a establecer un nuevo y estrecho vínculo entre las más apartadas naciones. Los productos de la Administración de Correos, no compensan en manera alguna los gastos que causa. Siempre he creído que el correo y el telégrafo deben considerarse como servicios administrativos, y no como rentas. Lo que importa es facilitar las comunicaciones y dar garantía absoluta a la correspondencia.

La Administración de Correos honra al país porque, como es bien sabido, la correspondencia entre nosotros está completamente garantizada, y el servicio postal se hace con plena honradez, con marcada exactitud y notable inteligencia.

El movimiento de la correspondencia, durante el bienio pasado, ha sido el siguiente: en el servicio interior, 48.208 comunicaciones oficiales; 56.037 cartas franqueadas; 42.602 periódicos y 8.487 varios impresos. En el servicio internacional 1.441 comunicaciones oficiales, 7.565 cartas no franqueadas, 47.618 franqueadas, 123.311 periódicos y 15.009 varios impresos.

Gratos es ver que se aumenta, de día en día, el movimiento postal. Este progreso implica adelanto en el comercio, y da un signo inequívoco de mayor civilización.

Está imprimiéndose una extensa ley orgánica de la Administración de Correos, que mejorará el servicio postal, pues se ha formado en vista de los datos proporcionados por una dilatada experiencia, hecha sobre las necesidades y conveniencias de los arreglos más oportunos y útiles, en ramo de tan vital interés para la administración pública.

La conveniencia del comercio de este y los Departamentos vecinos, que se hace por Amapala, y los valiosos trabajos de minería que se han puesto por obra, demandaban que se abriese un camino carretero entre esta ciudad y el mejor punto que se escogiese en la Costa Sur para puerto menor. Por tales motivos, se decretó en julio de 1881 la apertura de la carretera del Sur, señalándose fondos especiales para su construción.

Se mandó levantar el plano de toda la línea y hacerse el trazo material de la carretera.

Se ha escogido como puerto menor a San Lorenzo, por tener ese lugar las mejores condiciones para puerto, y por ser menos la distancia que nos separa de aquel punto. A La Brea no puede llevarse la carretera. Los ríos que hay antes de llegar a Nacaome, son muy caudalosos, y sólo el valor de alguno de los puentes que habría que colocar, importaría tanto como toda la carretera.

Se ha hecho venir la herramienta y enseres necesarios para mantener hasta 1.000 hombres en el trabajo. Con motivo de la epidemia que hubo en el primer semestre del año pasado, y de otros inconvenientes, no fue posible, hasta en el mes de agosto último, organizar los trabajos con la energía y actividad debidas.

Los trabajos van hoy por la falda del Cerro de Hule, y está vencida la mayor dificultad que se presentaba, en toda la línea, que consistía en subir la altura de 4.890 pies, elevación del mencionado cerro.

La carretera se está construyendo bajo las mejores condiciones posibles. Tiene una nivelación suave que no excede del 8% una anchura conveniente, los puentes y alcantarillas necesarios para que las aguas, por fuertes que sean, no la perjudiquen, y además, está calzada con sólidos materiales.

La construcción de la carretera no presenta ninguna grave difcultad. Los fondos creados para abrir esta vía de comuicación, son suficientes para terminarla en el espacio de año y medio. Lo que queda por hacer corresponde a terrenos menos duro, tos, que facilitan la construcción, y las planicies de la costa prestan mucha comodidad.

Es de esperarse que, una vez construída la carretera al Sur, que servirá de modelo, en vista de su ventaja, habrá grande estímulo para la construcción de otros caminos de igual clase. El país tiene imperiosa necesidad de vías de comunicación para el pronto desarrollo de sus riquezas naturales.

El negociado del Ferrocarril Interoceánico ha sido siempre el principal objeto de mis trabajos administrativos. A pesar de que la Empresa del Ferrocarril de Honduras lucha con empresas grandiosas, a las que puede hacer alguna competencia, tales son: el Ferrocarril y el Canal de Panamá, el Canal de Nicaragua, el Ferrocarril de Tehuantepec, dos ferrocarriles interoceánicos que están para llevarse a cabo en México, y los grandes ferrocarriles continentales de los Estados Unidos; y, a pesar, de los funestos antecedentes y del descrédito en que había caído el proyecto del Ferrocarril de Honduras, en fuerza de perseverantes trabajos, se ha logrado, al fin, fijar la atención de algunas personas respetables de Nueva York sobre nuestra Empresa Nacional.

En uso de las facultades que el Congreso dió al Ejecutivo, el 25 de marzo de 1879, he celebrado un contrato con los señores Juan J. Waterbury y Joseph L. Hance, ciudadanos del Estado de Nueva York.

El contrato contiene tres partes; 1° -Concesiones que hace el Gobierno sobre el Ferrocarril Interoceánico, y compromisos de la Compañía; 2° -Concesión para construir ferrocarriles adyacentes; y, 3° -Concesión para explotar varios minerales de la República.

En el contrato se da a los concesionarios el derecho exclusivo de construir un camino de hierro, con sus correspondientes líneas telegráficas, a través del territorio de la República, desde Puerto Cortés, u otro punto de la Bahía de Honduras, a cualquier punto de la Bahía de Fonseca, en la Costa del Pacífico, con todos los ramales que se considere convenientes.

El ferrocarril será de una sola vía, o de doble vía, y del ancho que los concesionarios conceptúen oportuno, no dibiendo ser de menos de tres piés y 6 pulgadas ingleses, ni de más de cinco piés ingleses. La construcción será sólida y el camino estará provisto de todos los materiales indispensables para que su servicio sea fácil y expedito. Los concesionarios se obligan a construir los muelles, diques, canales y demás obras necesarias para mejorar los puertos que sirvan de extremos a las líneas férreas, de modo que pueda hacerse con toda comodidad, la carga y descarga de los buques. El precio máximo de transporte para cada pasajero, en razón de cada milla inglesa, será el siguiente: 11 centavos en primera; 5 en segunda, y 8 en tercera. Por el transporte de mercaderías ereaderias se con razon derecio máximo por tonelada de 2.000 libras inglesas, y en razon se cada milla, como sigue: en 1ra. Clase 1o centavos; en 2° 7 y en 3° , 6° la concesión es por el término de 99 años; pero, pasados 30, el Gobierno puede hacer nuevas concesiones para que se construya otro u otros ferrocarriles interoceánicos.

Al espirar el término de 99 años, el ferrocarril y las líneas telegráficas que se hubieren establecido, lo mismo que las estaciones, los trenes y los derechos de vía, pasarán a ser propiedad nacional, debiendo hallarse todo en el mejor estado posible. Los trabajos deben comenzar en marzo próximo, y concluirse en el término de 5 años, debiendo construir los empresarios anualmente, a satisfacción del Gobierno, por lo menos 10 millas. Los concesionarios se obligan a arreglar la deuda contraída con motivo de los empréstitos ruinosos hechos en Inglaterra y Francia, dejando libre al país de esos abrumadores compromisos.

Los medios excogitados por los concesionarios para lograr la extinción de la deuda, son eficaces y equitativos. Los bonos hondureños están hoy, en su mayor parte, en manos de especuladores, y se cotizan a bajo precio. Si, por de pronto, no es posible tener un arreglo con dichos tenedores de bonos, en tal caso, según el contrato celebrado, los concesionarios ponen a disposición del Gobierno valiosos elementos, con los cuales puede irse amortizando la deuda injusta que representan dichos bonos.

Las demás concesiones que se han hecho a los empresarios, y que veréis consignadas en el contrato que se os presentará original, son los que usualmente se hacen en todos los países a esa clase de empresas. Los terrenos concedidos corresponderán, pormitad, al Gobierno y a la Compañía; de esta suerte, el valor de la parte que quede correspondiente a la Nación se elevará mucho, y esto compensará, superabundantemente, el precio de los terrenos que se ceden.

Se concede también a los empresarios el derecho de explotar los minerales de Opoteca y otras minas que escojan en el país. La explotación de esas minas puede compensar a la Compañía sobradamente, los gastos que haga en el Ferrocarril, y darle pingues utilidades, pues, es sabido que los minerales de Honduras son muy extensos y ricos; pero, a la vez, esa misma explotación será muy beneficiosa al país, porque cada empresa de minas que establezcan los concesionarios, será un nuevo centro de labor, de riqueza y bienestar.

Los concesionarios tienen el previlegio de construir los ferrocarriles que comuniquen con la línea central las fronteras del Salvador y Nicaragua y ta ciudad de Tegucigalpa. Esta concesión es utilísima, porque los beneficios de la vía férrea los recibirán, de un modo inmediato, los distintos lugares de la República de Nuestro Ferrocarril, más que hondureño debiera llamarse Centramericano; así es que ha debido se debe procurarse que se facilite su comunicación con los países vecinos.

Los puntos expuestos expresan las bases principales del contrato celebrado para la construcción del Ferrocarril Interoceánico.

El texto del contrato se ha dividido en tres decretos de concesión, con los que os dará cuenta la Secretaría de Fomento.

Los concesionarios Waterbury y Hance, organizaron conforme a las leyes del Estado de Nueva-York, una Compañía compuesta de personas respetables, por su posición social, y por sus capitales, a la cual le traspasaron todos sus derechos adquiridos, a virtud del contrato que celebraron con el Gobierno de la República.

Esa Compañía es hoy la que tiene legalmente las concesiones hechas. En el mes de octubre último, de acuerdo con lo convenido, mandó un plano completo de la vía interoceánica, y ha comunicado haber hecho ya contratas para la construcción de la primera sección, y que empezarán los trabajos en el mes entrante.

Últimamente, ha llegado a Puerto Cortés, con plenos poderes de la Compañía, el señor H. D. H. Snyder, a recibir la línea férrea ya construida y empezar los trabajos urgentes de su inmediata reparación, para utilizarla en la construcción de la línea correspondiente a la 1ª sección. La Compañía comienza, pues, a cumplir de un modo práctico, indudable, los compromisos que ha contraído.

Los contratos concluidos y los trabajos llevados a cabo para hacer conocer el país en el extranjero, han hecho que fijen en Honduras su atención varios capitalistas de los Estados Unidos de América.

Después de celebrado el contrato a que me he referido, otros empresarios me han hecho propuestas, aunque no tan ventajosas, para construir el Ferrocarril Interoceánico. Esto significa que nuestra magna obra está colocada en excelentes condiciones, y que, por lo tanto, a pesar de cualquiera dificultad que se presentara a la actual Compañía, el Ferrocarril hondureño tiene que ser, entre pocos años, indefectiblemente, un hecho, una realidad.

Los señores Waterbury y Hance, solicitaron al Gobierno una concesión para fundar un Banco en la República. Con tal motivo, se emitió el Decreto de 2 de enero de 1882, que os presentará la Secretaría respectiva. En virtud de esa ley, cuyos términos fueron aceptados, en todas sus partes por los concesionarios, éstos están obligados a establecer un Banco en esta Capital, con oficinas sucursales en Amapala y Trujillo, así como también en un punto inmediato a Puerto Cortés. Durará 18 años el privilegio que se concede, si el banco negocia con un capital de $1.000.000.00 y 12 años si el capital se reduce a $500.000.00, cantidad que se fija como mínimum en todo caso. Entre sus diversas operaciones, ese establecimiento hará las que corresponden a la clase de Banco Agrícola Hipotecario. En deberá hacer préstamos a los agricultores bajo buenas garantías hipotecarias, concediéndoles largos plazos para su reintegro y al interés, a lo más, del 10 por ciento anual. En las demás operaciones que efectúe el Banco, el máximum de interés que cobre será el de 12 por ciento al año. La Compañía tiene su autorización para emitir billetes de banco. El valor de la emisión será igual al valor del capital en acciones que haya sido pagado. En garantía de los billetes emitidos, la Compañía tendrá, como fondo permanente para la redención de los mismos, una cantidad en acciones o bonos de Gobierno, o de Sociedades competentemente organizadas, o en bonos asegurados por hipotecas sobre bienes raíces, cuyo valor sea igual al de la suma de billetes en circulación. Los billetes que se emitan expresarán la obligación de que será satisfecho su valor al presentarlos. El Banco pagará, cada semestre, al Gobierno un impuesto de medio por ciento sobre la suma, término medio de sus billetes en circulación, y un cuatro por ciento, término medio, sobre la suma de sus depósitos.

Todas las medidas de seguridad están prevenidas en decreto. El Gobierno tiene una inspección inmediata sobre las operaciones, cuentas, etc., etc., del establecimiento de crédito que va a fundarse.

Los señores Waterbury y Hance han comunicado que está ya formada la Compañía que va a establecer el Banco, conforme a la concesión hecha. Dicha Compañía ha sido incorporada de acuerdo con las prescripciones de la legislación vigente en el Estado de Nueva York, y se espera que, en el mes próximo, estará funcionando en esta ciudad la oficina central del Banco.

Muy beneficioso será al país, la fundación de ese establecimiento de crédito. El comercio, la agricultura y la industria, crecerán y se desarrollarán con mayor presteza a favor de las ventajas que proporciona la abundancia de capitales. Un Banco fecunda a un país como las lluvias a la tierra. Honduras, sobrado en elementos naturales de riqueza, y escaso de capital y de iniciativa, tendrá en ese Banco poderoso estímulo para su prosperidad.

La Hacienda Pública está al presente bajo muy favorables condiciones. Las rentas produjeron en 1881, \$ 1.120.175.92$^{1/8}$, y en 1882, \$ 1.298.878.74$^{1/2}$. De un año a otro ha hablado el aumento de \$ 178.702.81$^{3/4}$.

El producto líquido de la renta, en el año económico próximo pasado, ascendió a \$ 1.032 344.40$^{5/8}$.

La renta aduanera ha obtenido marcado progreso, desde que en 1880 se cambió la Tarifa. Las aduanas produjeron en 1880, \$ 408.727.49$^{1/4}$; en 1881, \$ 476.776.89$^{1/2}$; y en 1882, \$ 594.392.45$^{3/4}$. Comparados los productos de cada aduana en estos tres años, se ve que todas han aumentado gradualmente.

La renta de aguardiente, a pesar de los obstáculos con que tropieza, ha ido también en aumento. El alza de un real por botella, limitó el consumo de esa dañosa bebida, y acrecentó los productos de la renta. La cantidad de botellas consumidas en 1881, es casi igual a la de 1882. El real aumentado ha producido, de utilidad líquida extraordinaria, más de $ 8.000.

Existe en depósito gran cantidad de aguardiente, de licores extranjeros: su realización dará pingues utilidades.

La renta de tabaco y los demás impuestos, en general, han dado también mayores productos en el último año.

Si en medio de tantas dificultades, y estableciéndose sistemas que eran anteriormente desconocidos en el país, se ha obtenido el resultado que todos palpamos, es natural esperar que todos los productos de las rentas sean mayores en los años venideros.

La ley de papel sellado se reformó completamente, por decreto de 31 de octubre de 1881. La reforma ha tenido buen éxito. A pesar de haberse puesto más barato el papel, el producto de la renta, lejos de disminuir, ha aumentado.

Para evitar los fraudes que se cometían en la recaudación de impuestos sobre herencias, se han dictado dos acuerdos que adicionan de una manera conveniente el reglamento respectivo.

Las leyes que había sobre contrabandos no cuadraban con las nuevas disposiciones de la legislación vigente. Por tal motivo, se emitió el decreto de 10 de junio de 1881, que reforma las penas y el procedimiento en materia de contrabando.

La Oficina de Contabilidad Central continúa mejorando el desempeño de sus importantes funciones. Es satisfactorio examinar los libros que lleva, y el arreglo que da a la Centralización de Cuentas. Sus trabajos sirven de asiento general de las operaciones que ejecutan las oficinas de rentas, y a la vez, proporcionan inmediatamente los datos que la ciencia de Gobierno necesita para la mejor dirección de la Hacienda Pública. La centralización permite abarcar de un solo golpe de vista, el movimiento rentístico del país, hasta en sus más minuciosos detalles.

Como veréis en el Estado respectivo. en el año económico próximo anterior, se han gastado $ 37.022-21-$^{3/4}$ menos que el año de 1881. La prudente economía es una de las principales bases de la hacienda pública: debe gastarse en lo necesario, pero no en lo superfluo.

Los nuevos sistemas establecidos en hacienda pública, no tienen todavía el suficiente asiento para convertirlos en artículos fijos de un Código Fiscal. Para hacerse esto, deben probarse más en la práctica, y recogerse los datos que suministre la experiencia. Por este motivo, he creído mejor reformar las leyes de Hacienda que más imperiosamente demandan la reforma, antes que llevar a cabo su codificación.

Una de ellas es la ley de aduanas. La que rige es del tiempo de la Federación, y ya no corresponde a la importancia que tiene hoy el comercio. A este fin, está ya formulado el proyecto del Código de aduanas, donde se arregla todo lo concerniente a los puertos, al comercio de importación y de exportación, al depósito y almacenaje, a la organización de las Aduanas y sus empleados, a la carga y descarga de los buques, al comercio de cabotaje, etc., etc. El proyecto es extenso, lo comprende todo en los 24 Títulos de que se forma. La emisión de este Código mejorará mucho el servicio de las aduanas y de los puertos.

Como parte del Código de Aduanas, se publicará la nueva Tarifa, reformada en vista de los datos que ha suministrado la experiencia, y de las observaciones que han hecho los principales comerciantes de la República, a solicitud del Gobierno.

Según ella, el derecho de importación tendrá una rebaja del 40 porciento, y quedarán abolidos en su totalidad los derechos de exportación. Las circunstancias favorables del tesoro público, permiten hacer esa rebaja en beneficio del comercio de importación. La exportación debe ser libre. La ley debe favorecerla por todos los medios posibles.

Ya os he expuesto, y lo veréis minuciosamente comprobado en los informes y estados de la Dirección General y Oficina central de contabilidad, que el producto líquido de las rentas en el último año, ha sido, \$ 1.032.344-40$^{5/8.}$ Todas las entradas fiscales han venido aumentándose de año en año. Fundadamente debe creerse que ese aumento será progresivo; pero, dada la hipótesis de que no hubiere más aumento, podemos decir que esta cifra basta para asegurar que Honduras tiene ya Hacienda Pública, en relación con sus necesidades actuales. Con \$ 700.000 pueden hacerse los gastos de la Administración, y quedan, \$ 332.000 para fomentar la enseñanza y emprender obras de positivo progreso. Está, pues, resuelto el más arduo problema administrativo del país, y puesta la sólida base en que debe descansar el Estado.

Interesantes trabajos se han llevado a cabo en el Departamento de Crédito Público.

Se han amortizado $ 115.000 de la deuda convertida.

Esta queda reducida a $ 885.000, casi la mitad de lo que importaba toda la deuda interior, contraída por los Gobiernos anteriores al 27 de agosto de 1876. Los billetes que representan esa deuda tienen buena cotización y gozan de crédito. Con el sistema de amortización establecido, esa deuda se irá gradual e insensiblemente pagando, sin menoscabo de las rentas públicas.

Los "Billetes del Tesoro" que se emitieron para pagar en parte la deuda contraída durante mi administración, han sido en su totalidad amortizados. No representan un crédito contra el Tesoro Público. Limitada su circulación, a $ 1.00.000, corren hoy como un papel moneda, que facilita el pago de los derechos de aduana y la traslación de fondos.

La "Deuda Flotante" en el año de 1880 ascendía a $ 578.609-33-¾. Esta suma ha sido totalmente amortizada. - Lo único que se debe hoy es la suma de $ 244.694-15, cantidad que forman $ 204.694-15 centavos de libramientos contra las aduanas, y $ 40.000 que importa el saldo a favor de diversos acreedores por varios suplementos. Esta deuda ha sido contraída en su mayor parte por negociaciones hechas, para proveer en grande escala los depósitos de licores, pólvora y tabaco. Las existencias de esos artículos y otros valores en cartera, como lo veréis detalladamente en el informe de la Dirección General, importan $ 247.184-39 centavos. Si con esta suma se quisiera pagar hoy todo el pasivo que tiene la Hacienda Pública, quedarían $ 2.490_24 centavos a favor del tesoro nacional. Puedo decir, en tal concepto, que el Gobierno nada debe: que durante mi administración se han pagado $ 617.365-874 de la deuda nacional; y que en valores positivos y en obras de progreso queda más de $ 1.200.000 a beneficio del país. El detalle de los valores de la cuenta del Tesoro Público a que me refiero, lo veréis perfectamente explicado en la Memoria de la Secretaría de Hacienda y en el informe de la Dirección General.

La Comisión autorizada para pedir y recibir las cuentas de las negociaciones del Ferrocarril interoceánico, no ha podido adelantar en sus trabajos. Juzgo imposible, con los datos de que se dispone, esclarecer los manejos a que dieron margen los empréstitos del

Ferrocarril. Pero, a pesar de esto, la opinión sensata de Europa y América, tiene por cierto, que Honduras ha sido una víctima, y que de la inmensa cantidad que representa el valor de los bonos hondureños, apenas se invirtió una escasísima parte en construir pésimamente unas pocas millas de ferrocarril, de las cuales no existiría ni rastro, si no fuera que el Gobierno ha gastado considerables sumas en reconstruirlas y sostenerlas. En verdad y en estricta justicia, el país es irresponsable de esa enorme deuda contraída en su nombre. Los que especularon en todas esas negociaciones tienen toda la responsabilidad moral ante los prestamistas de Inglaterra y Francia, ante la República de Honduras, y ante la opinión del mundo ilustrado y justiciero de importancia.

En el ramo de la Guerra se han efectuado también trabajos El Código y las Ordenanzas militares fueron publicados, y están rigiendo con provecho para la organización y disciplina del ejército.

Se emitió un nuevo reglamento para el servicio militar obligatorio, en armonía con el Código y las Ordenanzas: de conformidad con él, se practicó una nueva inscripción. En el estado que os presentará la Secretaría de la Guerra, veréis que hay 41.992 milicianos inscritos, inclusive los 6.648 que forman las reservas, organizados en 102 batallones, que contienen 408 compañías. Los registros se irán perfeccionando de día en día, hasta obtener una inscripción completa.

El servicio activo se hace con 14 Generales Oficiales, 39 superiores, y 755 individuos de tropa.

El fuero militar ha sido abolido. El Código determina únicamente los delitos militares, y establece así una reforma muy acorde con las verdaderas instituciones republicanas.

El país cuenta con los elementos de guerra necesarios para mantener el orden interior y para la defensa de sus derechos y de su territorio, razón única por la cual la República deberá ponerse en armas. Toda guerra que no sea por la defensa de esa causa sagrada, será siempre un acto impolítico, un crimen ante la patria y ante la historia.

Deseoso de hacer justicia a los méritos insignes de los Generales Don Francisco Morazán y don José Trinidad Cabañas, que, durante una vida gloriosa, sirvieron dignamente a la grande y patriótica causa de la unión nacional; y supieron subordinar la fuerza de las armas, poniéndola al servicio de las ideas, de las leyes y de las instituciones republicanas; deseoso de perpetuar la memoria de hondureños tan ilustres, he decretado se levante una estatua ecuestre al General

Morazán, en la plaza principal de esta ciudad, y se erija un bustos del General Cabañas en la plaza de la Merced. Están construyéndose los suntuosos monumentos decretados, y en abril próximo, en que se inaugurarán, probaremos noblemente que la República de Honduras venera la memoria de sus buenos hijos, que han sabido servirla y enaltecer la honra de su nombre.

Termino, señores representantes, el informe que con la debida extensión os he dado sobre los varios ramos de la Administración Pública. Queda sujeto a vuestro examen y elevado juicio. Si en los distintos trabajos realizados, halláis algo que beneficie u honre al país, debéis tener en cuenta que eso se debe al pueblo hondureño, que ha querido y sostenido, en bien de la patria, una situación de paz, de progreso y de libertad.

Toca ahora a vosotros Señores Representantes, con el conocimiento que tenéis del verdadero estado, y de la marcha política del país, a virtud de vuestras savias medidas, asegurar la favorable condición presente de los pueblos, acrecentar sus progresos materiales y sociales, y perfeccionar nuestras republicanas instituciones. La solicitud de los poderes púbicos nunca será bastante, en orden a trabajar por la felicidad de Honduras. Nación incipiente, necesitada de bases sólidas, e inconmovibles, en que descansen los grandes intereses que importan su bien actual, y su prosperidad y ventura en lo porvenir.

Marco Aurelio Soto

Tegucigalpa, 19 de febrero de 1883.

SANTA LUCÍA, FELIPE II Y EL VALLE DE LOS ÁNGELES

El que tenga la dicha de salir de Tegucigalpa y quiera pasar alegres días y noches apacibles, que se encamine hacia el Oriente, suba la empinada cuesta de la "Mololoa", llegue á Santa Lucía, y vaya á reposar al pintoresco Valle de los Ángeles.

El camino está de vericuetos, á lleno, pero se recorre y robles y divirtiendo la vista con los horizontes que impregnados de faldeando las lomas, entre bosques de pinos y álamos, luz se divisan a lo lejos. Apenas remonta la cumbre de la "Mololoa", el paisaje cambia, la naturaleza es más bella y la atmósfera más pura y ligera. En la cima de la cuesta y donde hay una tosca cruz, que ha poco tiempo puso un devoto anciano, se ve por última vez a Tegucigalpa y a poco andar se presenta Santa Lucía, como de sorpresa, casi enfrente, porque las dos cumbres tienen poca diferencia de altura. Siguiendo más adelante, como a tres millas de Santa Lucía, a la derecha del camino, encuéntrase una gran peña sobre un montón de piedras hacinadas, cubierta de verde musgo y retorcidos cactus. Encima de la peña hay una pequeña cruz de madera pintada de azul. Siempre sucede que al ver en nuestros caminos un rimero de piedras y sobrecogidos de terror, por una cruz nos sentimos esa es la señal con que se designan los fatídicos lugares que han sido teatro de criminales escenas, de horrendos asesinatos.

Bajo esta impresión preguntamos á nuestros compañeros de viaje qué significaba aquella cruz; su respuesta nos disipó la sombra que había pasado por nuestro espíritu. Aquella cruz es el símbolo de una tradición; aquella cruz, que hasta hoy veneran las gentes sencillas, y ante la cual, religiosamente, se descubren y arrodillan, guarda una leyenda de los tiempos coloniales, tan explotados por viejas y embaucadores.

Pero sigamos adelante, que andando un poco nos espera otra agradable sorpresa: la vista de Santa Lucía al descender la cuesta y bajar a la quebrada del Perrillo. Este histórico y pintoresco pueblo está situado en la cima de la montaña; así es que desde aquel lugar se le ve como nido blanquecino que cuelga de la más alta rama de un árbol corpulento. Sólo un minero, o un conde feudal de aquellos que buscaban los lugares donde anidan las águilas para hacer sus castillos, podía fijar una mirada en aquel sitio tan elevado y escabroso. El pueblo parece desordenado anfiteatro, cuyas gradas las forman hileras de casas todas de techos rojos y blanquísimas paredes. De día, cando el sol alumbra aquel paisaje, la vista de Santa Lucía en la cumbre, rodeada de verdes pinares, dominando aquellas sinuosidades, es interesante; y no lo es menos en la noche cuando de cada puerta y de cada ventana, salen rayos de luz que en conjunto semejan á iluminado altar en noche de jueves santo. Santa Lucía es uno de los de minerales primeramente explotados por los españoles, y de los más ricos República. La cuchilla de tierra que se levanta al lado izquierdo de la iglesia del pueblo, la producido muchos millares de pesos, y no hay duda de que por todos aquellos cerros se encuentran ricas vetas de plata. Hoy ese mineral apenas se trabaja, aunque siempre da buenas ganancias.

La temperatura de Santa Lucia es fresca, pero no pareja. Las flores se producen con profusión: es donde se cultivan el rosado clavel y las moradas carboneras, que tanto aprecian las bellas de Tegucigalpa. Pero lo que hay de más hermoso y sorprendente en aquel lugar es contemplar la caída del sol. Ver cómo desciende el astro del día sobre aquel inmenso horizonte de luz y de colores, que cambia de tintes desde el rojo y encendido arrebol hasta el oscuro azul del crepúsculo es verdaderamente bello y encantador. El espectáculo se hace más interesante en esas tardes de mayo, cuando la luz del sol que cae se refleja en inmenso arcoíris, levantado sobre los altos montes que encierran a Santa Lucia.

Es de noche; ha llegado el momento propicio para las consejas: preguntamos ahora cuál es la tradición de la cruz, para referirla á nuestros lectores, diciéndoles con el poeta:

"El pueblo me la contó
Y yo, al pueblo se la cuento,
Y, pues la historia no invento,
Responda el pueblo y no yo".

Españoles de pura raza poblaron á Santa Lucía. Así lo atestiguan las tradiciones históricas y el tipo dominante de sus actuales pobladores. No se conserva memoria de las familias que vinieron a habitar y a enriquecerse en este mineral. Solamente en la iglesia se. encontraba, hasta hace poco, cerca del confesionario, una lápida de madera, donde estaba grabada, con muchos adornos de escultura, la siguiente inscripción:

"Aquí está sepultada Sofia Isabel Barba, mujer que fue de Diego Mejía. Murió a 25 de julio de 1598 años, á los 24 años de su edad. Rueguen a Dios por su ánima con la oración del pater noster".

¡Una lápida! ¡He aquí el solo vestigio que ha dejado el tiempo de aquella colonia española! El signo de la muerte, es decir, de la nada, es lo único que queda en la vida. ¡Qué irrisión!

Aunque es cierto que nuestros inmensos y riquísimos minerales no están más que cateados, también lo, que los españoles sacaron de nuestro suelo casi todas las riquezas someras que encerraba. Los cerros de Santa Lucia muestran vestigios antiguos de grandes trabajadores. Hay datos de que en tiempos de los españoles se sacó de este mineral más de un millón de marcos de plata. Solo en el año de 1739 se mandaron a la casa nacional de moneda de Guatemala, 35.159 marcos 5 onzas que, regulados por la ínfima ley de once dineros y medio, como lo hicieron entonces, ascendió su producto á 302.217.40. Tal suma fue principalmente sacada de la antigua Alcaldía de Tegucigalpa.

¡Qué tantos millones extraerían, que es de fuma notoria que una sola vez regalaron los santa lucías á un rey de las Españas 500.000 duros! Dícese que el Monarca agradecido, correspondió tan magnífico presente enviándoles de regalo un Crucificado, un cáliz de plata sobredorado, un incensario, una palmatoria y unos candeleros del mismo metal. En aquella época tal regalo era digno de un rey bondadoso y no tenía precio para los creyentes de entonces. Es cierto que un cualquiera podía comprometerse á hacer un obsequio más espléndido que el que hizo el Rey, mediante el medio millón concebido, pero el que una Majestad de aquellos tiempos se dignase corresponder un presente que le hicieran sus vasallos, era cosa de gran valía, cosa de Pero ¿quién fue el Monarca espléndido que hizo ese regalo? No se conserva memoria de él. Tratando de averiguarlo, nosotros hemos examinado los objetos que aún existen del regio presente: empezamos por el Cristo, creyendo que una obra de arte española conservaría el nombre de su autor y la fecha en que se hizo. En seguida examinamos el incensario cuyo trabajo revela el adelanto de aquella época en esta clase de trabajos; no encontramos más grabados en él, que la corona real y las armas españolas. Vanas parecían nuestras pesquisas, hasta que descubrimos en el pie del cáliz, pésimamente grabada en forma circular, la inscripción siguiente:

"ESTE CÁLIZ DIÓ EL R DON FHELIPE NORS ANRA SESOR DE LAS MERCE—MONESTERO 1594".

Felipe II, décimo quinto rey de Castilla y de León y cuarto de las Indias, era el que gobernaba en 1594; por consiguiente, fue en los postreros años de su reinado que el sucesor de Carlos I de España y V de Alemania hizo a Santa Lucía el regalo de que nos ocupamos.

La sombría figura de aquel Monarca, se alzó entonces ante nosotros, y nos hizo recordar aquellas estrofas del gran Quintana, en que tan bien pinta al siniestro Felipe II, cuando dice en su Oda al panteón del Escorial:

"¿Quién soy? iba á decir cuando á otra parte
Alzarse vi una sombra, cuyo aspecto
De odio á un tiempo y horror me estremecía.
El insaciable y velador cuidado,
Las sospecha alevosa, el negro encono,
De aquella frente pálida y odiosa
Hicieron siempre abominable trono.
La aleve hipocresía
En sed de sangre de dominio ardiendo
En sus ojos de víbora lucia;
El rostro enjuto y míseras facciones
De su carácter vil eran señales
Y blanca y pobre barba las cubría
Cual yerba ponzoñosa entre arenales".

A pesar del largo tiempo transcurrido y de multitud de investigaciones, Felipe II es todavía un enigma para la historia. El príncipe de los modernos historiadores españoles, cuando principia el relato de la época de ese Monarca, dice estas notables palabras: "Llegamos a uno de los períodos de nuestra historia que han alcanzado más cele- bridad entre nacionales y extranjeros, y de los que excitan más la curiosidad pública. Y siendo para nosotros evidente que este reinado estuvo lejos de llevar ventaja ni en interés ni en grandeza a los de los reyes católicos y Carlos V que le precedieron, en cuyo tiempo se realizaron los descubrimientos más portentosos, las más ricas y vistas conquistas, los tan heroicos y gloriosos hechos de armas, las reformas y mudanzas políticas de más trascendencia e influjo en la condición social y en el porvenir de la nación española, creemos poder atribuir aquella singularidad al carácter especial no bien definido, ni fácilmente definible de Monarca. De aquí los encontrados y opuestos juicios que, desde su época a la nuestra, han seguido haciéndose del hijo y heredero de Carlos de Austria.

Nació Felipe II en Valladolid el año de 1527. Sucedió a su padre en el trono de Nápoles y Sicilia en 1554, en el de los Países Bajos en 1555, y en el de España en 1556. Su largo reinado es un contraste de grandezas y de crueldades, de glorias y de crímenes. Era un político astuto: su carácter era frío, impasible ya en la próspera como en la adversa fortuna. El triunfo de Lepanto fue celebrado con júbilo por los países que componían la liga. Felipe II estaba en el Escorial rezando las vísperas de todos los Santos en el coro bajo de la iglesia provisional cuando don Pedro Manuel le comunicó la fausta noticia: Felipe no se inmutó siquiera, continuó su rezo con impasible serenidad hasta que se acabaron las vísperas. Allí también estaba cuando le comunicaron la pérdida de la Armada invencible, pero Felipe II siempre sereno, no dijo más que estas palabras: "Yo no envié mis buques a combatir con las tempestades, sino con los ingleses". conocía profundamente à los hombres, y poseía altas dotes administrativas. Era menos, mucho menos que su padre el famoso Carlos V; pero fue más, mucho más que sus descendientes. ¡Carlos I el Grande y Carlos II el Hechizado: he aquí el principio y el fin de la dinastía austriaca: la epopeya acabando en sainete!

El alma de Carlos V no la heredó Felipe II; fue vaciada en su hijo natural don Juan de Austria, que murió a los 33 años, víctima probablemente de su celoso hermano. El fanatismo de Felipe II rayó en barbarie: parece que el fin de su vida era ahoga en sangre II à todos los herejes. Acostumbraba a decir: Prefiero perder los súbditos a gobernar sobre herejes. El duque de Alba y la Inquisición servían admirablemente a sus designios. En sus dominios había 312.000 sacerdotes seculares; 200.000 eclesiásticos del orden medio y 400.000 frailes. ¡Qué horror! Ese sombrío Monarca ha dejado escrito su nombre con inmensas charcas de sangre, y se le acusa de crímenes horribles, tales como la muerte de su hijo el príncipe don Carlos, y de su esposa la bella Isa- bel de Valois. Refiriéndose a estas víctimas, dice Quintana:

"Entre sus manos frías
Se miraba la copa envenenada,
Que terminó sus días,
Y el príncipe en las suyas agitando
Un sangriento dogal, con faz terrible
A su bárbaro padre atormentaba".

Siempre que se recuerden las sangrientas ejecuciones de Aragón, Flandes y Portugal, y los nombres de Lanuza, Juan de Austria, Horn y Egmont, será justamente escarnecida la memoria de Felipe II. Siempre que se recuerde al Duque de Alba que estableció el consejo de los Tumultos 6 sea el Tribunal de la sangre; al Duque de Alba al dar cuenta al rey de la toma de la heroica Harlem, le decía he escrito á don Fadrique no me deje hombre á vida y de los alemanes las cabezas, no puede menos de execrarse la memoria de tales monstruos.

A Juan de Lanuza lo mandó matar Felipe II con esta simple orden: Prenderéis a don Juan de Lanuza, y hacedle luego cortar la cabeza. Con razón dice Cabrera que su risa y su cuchilla eran afines. Al pie de la letra cumplía la máxima de José II, de que el fuego de in rebelión solo puede apagarse con sangre

Escobedo fue otra víctima inmolada por él; lo mandó a asesinar en las calles de Madrid. Este suceso nos trae a la memoria a Antonio Pérez y a Ana de Mendoza, que tan importante papel desempeñaron en esa época terrible.

La princesa de Éboli fue amada por Felipe II apasionadamente. Era tuerta, pero su belleza, su carácter y demás prendas morales, la hacían encantadora. El dulcísimo Arolas, refiriéndose al defecto de 19 11 la hermosa princesa, dice con inimitable gracia y delicada gentileza:

"Un párpado levantado
Mostraba negra pupila,
Que con su fuego aniquila
Cuanto una vez ha mirado;
Y el otro cubre, caído,
Como renda bien hechora
La pupila matadora
Que cerrada se ha dormido".

Antonio Pérez, ministro de Felipe II, era ciegamente amado doña Ana. Sus amores llegaron hasta el descaro, tanto que una vez fueron cogidos infraganti por Escobedo. Como éste era secretario de don Juan de Austria, Antonio Pérez para deshacerse de él, explotó tal circunstancia, hasta que obtuvo del Monarca orden terminante para matarlo, como mejor le pareciese. Cuando Felipe II averiguó la mala pasada que le habían jugado su querida y su ministro, se ensañó contra la princesa, la mandó prender y trasladar á la fortaleza de Pinto.

La bella prisionera continuaba profundamente enamorada de Antonio Pérez, y Felipe II profundamente enamorado de la bella prisionera; le ofreció la libertad, volverla á sus Estados y á su gracia siempre que le diese palabra de caballero (así se la pidió siendo señora) de no continuar más, ni jamás sus relaciones con Antonio Pérez: aquella le contestó de una manera poco satisfactoria, tornando por eso el celoso Monarca, como dijo Pérez, á dormirse en su letargia de venganza y desconfianza a naturales.

Darán eterno lustre al reinado de Felipe II los nombres del vencedor de Lepanto, de Santa Cruz, Farnecio, Cervantes, Herrera, Mariana, Fray Luis de Granada y Fray Luis de León. De este ser, que duramente perseguido por su traducción en romance del "Cantar de los Cantares" y por la cual estuvo en las cárceles de la Inquisición cinco años, era tal su virtud que nunca se le oyó exhalar la menor que. Catedrático de Sagrada Escritura cuando le prendieron, el día en que recuperó la libertad y volvió á sus explicaciones, para demostrar su entero olvido de lo pasado, empezó con estas palabras: "Decíamos ayer"... Esta frase ha sido calificada de sublime por los literatos.

No puede omitirse hablar del Escorial al tratarse de Felipe II. En memoria de la batalla de San Quintín, que tuvo lugar el 10 de agosto de 1557, Felipe II hizo el voto de elevar al Dios de los ejércitos un templo magnífico y suntuoso. Cumplió su voto, y levantó el Escorial, bajo la advocación de San Lorenzo. Llámase á este monumento la octava maravilla del mundo; su construcción duró diez y nueve años; fue empezada en 1563 por el arquitecto Juan Bautista de Toledo, y concluida en 1582 por su discípulo el célebre Juan de Herrera. En el Escorial dejó Felipe II impreso su, carácter, un espíritu su y su genio adusto y religioso

En ese espléndido monasterio, templo y palacio, murió Felipe II á los 71 años. Aguardó la muerte con rostro sereno y expiró tranquilamente, como si fuera insensible hasta en esos últimos y supremos instantes, y esto que, como dice Lafuente, con dificultad príncipe alguno, habrá sufrido al dejar esta vida de peregrinación enfermedades más horribles, padecimientos más crueles, dolores más agudos, tormentos más vivos y situación más angustiosa y miserable. Antes de morir expresó una gran verdad. Llamó a su hijo, y al verlo exclamó: "He querido, hijo mío, que os hallarais presente en este acto, para que veáis en qué para todo".

Al principio de un reinado Felipe II quiso e intentó casarse con Isabel de Inglaterra; al requerirla le manifestó que contaba con la dispensa del Papa. Ella contestó: que pensaba estar sin casarse, porque tenía mucho escrúpulo en lo de la dispensa del Papa. La imaginación no puede idear los sucesos que habrían tenido lugar en el mundo que ase do con la unión de esos célebres tipos, y los monstruos a quienes hubieran dado vida. ¡Felipe II unido a Isabel de Inglaterra, la, sino a María Estuardo, a los diez y ocho años de tenerla en dura prisión, sólo porque era más hermosa! La Providencia no quiso que tal matrimonio se efectuase, librando así a la tierra de tan abominable pavorosa unión. Pero quédense los muertos en sus sepulcros, y volvamos nosotros a nuestro cuento.

¿Cuál es la tradición de la cruz que encontramos en el camino? Hela aquí: objetos regalados por Felipe II á Santa Lu como hemos dicho, un Cristo que à la verdad es una regular, era obra de escultura. Tal imagen como venida de rey, cobró desde su llegada gran celebridad y de por fuerza tenía que ser milagrosa. Los prodigios que el Cristo hacía esparcieron la fama por todos los ámbitos de la provincia, y aún más allá, pues se cuenta que hasta do de México han venido en romería. Los enfermos que curó, los náufragos que salvó, etc., etc., venían ellos á sus deudos a visitar al Señor, trayéndole pingües ofrendas El Cristo de Santa Lucía, era dueño de haciendas y de cuantiosos bienes de fortuna: tal vez en sus buenos en sus 100 mil duros. En la iglesia del pueblo se conservan muchas estampas y amuletos que forman los trofeos del Señor. Hay un atril de plata donde hemos visto estación: "Devoción de Nicolás Navas-Año de 1799". El tal Navas, según se cuenta, regaló al Señor tan valioso mueble, porque debido esta inscripción a ser devoto del Cristo, se encontró una mina riquísima, cuya fama y nombre se conserva todavía.

Imagen de tanto valor y de tanto poder para hacer milagros, era natural que despertase vehementes deseos de poseerla. Inspirados en ese interés, dícese que los vecinos de Tegucigalpa (ellos habían de ser) dieron en la treta de traerse a la ciudad el Cristo de Santa Lucía. Pusieron mano a la obra y comenzaron trayendo prestada la imagen con la buena intención de quedarse con ella la vez menos pensada.

Fueron al fin a poner en práctica su premeditado plan, y alegres venían ya, y como en triunfo, sin saber la mala jugada que les prepa raba el Cristo. Una legua próximamente había andado cuando tuvieron que pararse; el Cristo se había vuelto tan inmensamente pesado, que no podían moverlo: sólo tomaba su natural peso cuando retrocedían con él. En la imposibilidad de llenar sus deseos, los conductores mohinos tuvieron que volver el Cristo á su lugar. Los de Santa Lucía contentos con el amor que les demostraba el santo, y del chasco que habían sufrido los Tegucigalpenses, hacinaron en el sitio de la milagrosa hazaña, un montón de piedras, y en su cima pusieron In Cruz que de tiempo en tiempo renovada, se encuentra hasta hoy en el lugar que ya hemos dicho.

Tal es la tradición y no tenemos más que añadir, sino que la fe en el Cristo de Santa Lucia se conserva viva en nuestros pueblos y que sus milagros pasan de boca en boca como verdades inconcusas que no necesitan demostraciones.

La noche se pasa muy bien en Santa Lucía y más cuando uno es huésped de Hermenegildo Díaz que tan amablemente hace los honores de su casa. Las mañanas generalmente son frías y destempladas, pero al salir el sol, bien puede emprenderse de nuevo el camino. La montaña que divide á Santa Lucía del Valle de los Ángeles, es la más agria y elevada del camino, pero apenas se fija uno en esto, yendo distraído con la vista en aquellos espléndidos panoramas. Toda la montaña está cubierta de pinares corpulentos y gallardísimos: los más viejos cubiertos de cenicientas parásitas, parecen aquellos gigantes de los cuentos orientales que arrastran sus largas barbas y luengos cabellos empapades en la nieve de los tiempos. El aire que se respira en aquellas alturas es purísimo y está impregnado del olor penetrante y resinoso de los pinares. El viento, ya sea fuerte o sosegado, forma al pasar entre el follaje de esos bosques seculares, lo que nosotros llamamos, las armonías de la montaña. Tanta belleza hace que aquel camino, que cruza por elevadas cimas y al borde de profundos despeñaderos, se pase casi sin sentirlo y con el espíritu enajenado.

Al descender la montaña se divisa el pueblo y casi todo el Valle de los Ángeles. La vista se recrea en aquella naturaleza espléndida y sonriente. El panorama es encantador; vastos horizontes se confunden o se desvanecen entre el verde oscuro de lejanos pinares y el zafirino azul de un cielo limpio, sereno y brillante. El Valle es bastante extenso y está rodeado de hermosas montadas. Es El pueblo lo forma en su mayor parte una larga calle. Desde la altura se ven las casas blancas y coquetas entre bosques de altos y corpulentos naranjos, que en la primavera perfuman el Valle con el delicioso aroma de sus azahares.

El Valle de los Ángeles se llamó en otro tiempo el "Cimarrón", feo nombre que hizo célebre en sus villancicos la fácil y volteriana musa de nuestro inolvidable padre Reyes. Tal es el poder del genio: por donde pasa deja rayos de luz inextinguibles. Un obispo fue el que dio á ese lugar el nombre que hoy lleva de Valle de los Ángeles. Si los hubiera no dudamos que habitarían aquella mansión deliciosa para vagar a su placer entre aquellos poéticos bosques de pinares, y por aquellas verdes campiñas cruzadas en todas direcciones por corrientes cristalinas y bulliciosas.

El clima del Valle de los Ángeles y sus aguas, son notables. Allí se goza de una temperatura pareja: fresca y constante brisa bate a todas horas cargadas de perfumes y oxígeno. El agua es pura, clara, y sumamente agradable. La quebrada del agua Dulce nace á poca distancia de la población, de dos vertientes, y pasa límpida por un lecho de arenas doradas. Bañarse en ellas es uno de los más gratos placeres que pueden disfrutarse en el Valle de los Ángeles: la frescura de aquella agua es deleitosa, tiene un no sé qué de particular que la hace à todas horas agradable y convidadora.

Pobre aldea era el Valle hará 19 años. Un incidente casual fue el que la sacó de la oscuridad, y el origen de la importancia que hoy tiene. Un niño hijo de un labrador, que estaba haciendo sus siembras en la montaña de la Marranera, jugaba cierto día fabricando una pequeña casa: para clavar uno de los horconcitos, el niño hizo un hoyo, de donde sacó unas piedras que llevó á su padre diciendo con sorpresa infantil: "Me he hallado una mina". El padre una vez que vino al "Cimarrón" trajo las piedras y se las mostró á cierto conocedor de metales, quien después de examinadas, le dijo: "Nada vale esto", y las arrojó al camino, preguntando simplemente dónde habían sido encontradas.

El inteligente fue después al lugar de donde procedían dichas piedras y sacó una cantidad de brozas cuyo ensayo lo dio magníficos le resultados: entonces denunció la mina. Tras ese descubrimiento vinieron otros, habiendo sido algunos verdaderamente notables y productivos; pero debe consignarse que el pequeño Lippershey del Cimarrón, ni su padre recibieron beneficio alguno de la riqueza cuyo descubrimiento ocasionaron. ¡Qué caprichos tiene la fortuna!

El Valle de los Ángeles puede ser el asiento de una gran ciudad. Su clima es tan sano, que allí son raras las enfermedades y sí muy comunes los casos de longevidad: no es extraño ver ancianos de 80 ó 100 años todavía con toda la fuerza de la virilidad. Ahí se duerme deliciosamente, mecido y besado por esas imágenes transparentes y vaporosas que los ángeles del sueño derraman en la mente, como para hacernos esperar un mundo mejor. Un hijo de los Estados Unidos estaba sentado en la puerta de su casa en una noche de luna, aspirando de su casa en una noche de lana, aquel aire vivificante, y contemplando aquel cielo diáfano y sereno: de pronto, como si respondiera a una pregunta interior, exclamó. “Si Dios me diera el poder de hacer el mejor clima del mundo, yo no podría hacerlo mejor que éste”.

A todos los extranjeros que han visitado el Valle de los Ángeles hemos oído hacer entusiastas elogios de su atmosfera y de sus bellezas naturales. El agua puede llevarse para riego por todas partes y como el clima es tan favorable, aquella tierra puede producir las flores y las frutas todas de las zonas templadas. El terreno es extenso y casi plano; así es que como hemos dicho ya, puede asentarse en el Valle una población feliz, rica y próspera. A este lugar dotado tan pródigamente por la naturaleza, debe estarle reservado un gran destino en lo porvenir.

En el Valle de los Ángeles todo sonríe, todo respira vida y placer; nosotros tenemos por él inmensa gratitud. Allí hemos pasado días de satisfacción y contento en casa de Alberto Smith, caballero amable, obsequiosísimo, y tipo del verdadero trabajador. Cuando se tiene la fortuna que nosotros tuvimos, de estar en compañía de amigos del corazón y de la idea, de talentos floridos y artistas entusiastas. no puede desearse más, la dicha es completa.

Nosotros solo recordamos haber pasado días tan gratos allá en la antigua capital de Guatemala; en aquella tierra de encantos, guardada por inmensos volcanes; en aquella ciudad de las ruinas y de las tradiciones, sembrada de carmines floridos y arrullada por los murmurios melancólicos del Pensativo…; ¡Oh memoria, memoria, qué bien mereces aquel apóstrofe de la Avellaneda!

¿Serás del alma eterna compañera
Tenaz memoria de veloz ventura?
Si el bien pasó cual ráfaga ligera,
¿Por qué el recuerdo inalterable dura?

¡Oh memoria, memoria, tú eres como la vida, que el hombre ignora todavía, si es un bien ó un mal! ¡Miseria humana!

Tegucigalpa: marzo-1881.

CABAÑITAS

I

El paisaje del Cerro de Hule es el más pintoresco que se contempla en esta antigua ciudad, á la que los aborígenes dieron el significativo nombre de Teguzgalpa ó sea Cerro de Plata. Desde el gracioso corredor, que mira al río, de la casa histórica que habitamos, se domina la perspectiva que se extiende hacia el lado del Sur, y que acaba en el frío Cerro de Hule, último término del horizonte visible de los hijos de este pueblo. ¡Cuántos viven y morirán sin traspasar los estrechos lindes de ese horizonte!

Aparte el llano del Potrero, lo demás es terreno quebrado, que va elevándose gradualmente. Vecina al Cerro de Hule corre una pequeña cordillera de cerritos, truncados atajos. Esos conos decapitados parece que forman la corte del hermoso Cerro de Hule. Tal fenómeno no puede tener otro origen que una revolución geológica. La constitución mineral, agria y montañosa del país, es un indicio de montañosa La que el territorio hondureño, aunque no aparecen en él volcanes, ni aun extintos, fue teatro de terribles sacudidas plutónicas; pero esto debe haber ocurrido en épocas muy lejanas, porque no se encuentran rastros recientes de volcánicas erupciones.

El panorama siempre es lindísimo. Los juegos de colores que, en suaves y varios tintes, doran la cumbre del Cerro al nacer el día y a las melancólicas horas del crepúsculo de la tarde, sólo puede formarlos el mágico pincel de la naturaleza, la Luz, expresión, vida y alegría del universo. Cuando la tempestad se desencadena, el Cerro de Hule tiene un aspecto sañudo, envuelto en negras nubes, erizado de rayos, y alumbrado por relámpagos. ¡Qué bello es contemplarlo así, y escuchar al mismo tiempo el estruendo del Río Grande, hinchado y majestuoso arrastra, para estrellarlos contra los arcos del puente, los árboles de la montaña, descuajados por su fuerza devastadora! Las verdes y corpulentas ceibas, que se levantan á lo largo de la margen izquierda del río, se estremecen y se inclinan al paso triunfal de su embravecido señor. En las noches primaverales, el Cerro de Hule es una gigantesca sombra coronada de refulgentes estrellas. Alumbrado por la amarillenta luz de la luna, en las altas horas de la noche, cuando apenas se vislumbra una que otra fosforescente luz de moribundo fogón, y apenas se oye ladrar al perro soñoliento, y correr, mansamente, las linfas murmuradoras del río, el cuadro es triste y convida á la meditación. Entonces los intrincados problemas de la vida y de nuestro destino se presentan como aterradoras esfinges, y tras inútil batalla, el alma desfallece, impotente, rendida y desconsolada, porque no puede penetrar los grandes y profundos misterios de la creación.

El Cerro de Hule es el campo de guerra de los vientos Sur y Norte: ahí libran sus combates enfurecidos y bramadores. De la cumbre, en los días serenos, se divisan la hermosa Bahía de Fonseca, y la in- mensa llanura líquida, el mar, el abismo sin fondo, el desierto espantoso, la barrera infranqueable para los antiguos; y para los modernos el mundo. maravilloso que la ciencia ha sondeado hasta en sus senos más profundos, el centro de vida poblado de admirables organismos, lleno de tesoros, exuberante en bellezas y armonías, y el lazo más estrecho de unión entre los pueblos. Grande es el mar, pero está sobre él algo más grande todavía, algo sublime, el espacio infinito y eterno; así como sobre las miserias de la vida, sobre la desconsoladora realidad, están el ideal divino y las aspiraciones inmortales del linaje humano.

Al poniente del Cerro de Hule, está situado, entre pinares, el pequeño pueblo de Ojojona, de fresco clima, de aguas deliciosas, de casas blancas y vista pintoresca. Ahí nació Demetrio Aguilar, hará cuarenta años el 22 de este diciembre: ahí nació ese hijo del pueblo, héroe modesto del episodio que, en estas pobres páginas, nos proponemos relatar.

II

Inocente González, dómine de Ojojona en aquella época, dio a Demetrio Aguilar, cuando estaba en la escuela, el sobrenombre de CABAÑITAS, a causa de su carácter inquieto y peleador, y de su pequeña estatura. Después de haber aprendí la cartilla de San Juan y el Ripalda, se dedicó Aguilar al oficio de herrero. Su honradez y laboriosidad, conquistárosle el afecto del vecindario; pero no fue generalmente conocido sino hasta el año de 1873, en que se verificó el suceso que verdaderamente lo ha hecho acreedor al sobrenombre honroso de CABAÑITAS.

Aciagos años fueron para la República los de 1872 y 1873: una época terrible en nuestra dolorosa historia. La guerra civil encendía todos los ámbitos del país con su flamígera tea: las pasiones infernales desencadenadas, sembraban por todas partes el exterminio y el espanto: los genios del mal revoloteaban en el oscuro horizonte, como fatídicas aves nocturnas: y, entretanto, la patria se retorcía de dolor, y en vano, con lágrimas en los ojos, demandaba piedad a sus ingratos hijos, y a su implacable y cruelísimo destino.

¡Qué triste es recordar las épocas sombrías de nuestra historia nacional, Pero reflexionemos, ¡siquiera sea de paso! ¿Sucede algo en la vida de los pueblos que sea el resulta lo ineludible de sus virtudes ó de sus errores? ¿Hay desgracias que no puedan explicarse por la conducta buena ó mala de los hombres? No: la historia, enseña la lógica de los hechos y su encadenamiento necesario: la semilla que se siembra es la que germina: los infortunios son la consecuencia de las faltas de cordura y de patriotismo. El que siembra cientos recogerá tempestades. Los hombres son los culpables. Sólo la patria, aunque mártir, es siempre inocente. ¡Bendita sea la patria!

III

El vandalismo más odioso y desenfrenado asolaba, en la época á que nos referimos, los departamentos del Sur de la República. Gavillas de bandidas asaltaban los indefensos pueblos saciando en ellos sus instintos feroces y criminales. Aquello era la anarquía, arrastrando al país, precipitadamente, al primitivo estado de barbarie.

Ojojona, como todas las demás poblaciones, vivía temblando, amagada por diversas partidas de facciones. Pueblo honrado y laborioso, era el blanco de las irás de todos los malvados.

Demetrio Aguilar, ó sea CABAÑITAS, como le dicen pueblo, y como nosotros seguiremos nombrándole, desempeñaba en 1873 el Juzgado de Paz. Por esto, mortalmente lo odiaban los bandidos.

¡Difícil tarea la de impartir justicia en aquellas épocas turbulentas! Temis avergonzada se remonta al cielo, cuando la fiebre del crimen se apodera del espíritu de los hombres, y se enciende la guerra civil, y corre a torrentes la sangre de hermanos.

Había pasado ya el día de Ceniza: era como el 27 de febrero. Aunque llenos de pavor, los ojojonas estaban de fiesta, ocupados en mandar su santo Patrón, San Sebastián, á recibir a Santiago, Patrón de Lepaterique, como de antiguo tienen de hacerlo por religiosa usanza.

Ojojona y Lepaterique no interrumpían su fiesta de amistad, á de aquella situación en que soplaban vientos encontrados, y pesar en que todo era odios y discordias.

Los pueblos de Ojojona y Lepaterique tienen una fiesta tradicional cuyo origen se ha perdido en la noche de los tiempos. Lo probable es que esos pueblos indígenas, deben haberse profesado, en época lejana, mortal enemiga y que, cansados de luchar, y a favor tal vez de alguna buena inspiración piadosa, hicieron pacto de concordia y unión, y lo simbolizaron con la festividad que vamos a describir, pidiendo se nos perdonó esta digresión, acaso inoportuna.

Aquellos pueblos, como hemos manifestado, se hallan, por la tradición, unidos para celebrar la fiesta de sus Patrones: el primero celebra San Sebastián, en febrero, y el segundo, al Apóstol Santiago, en agosto. Tu mes antes del tiempo de la celebración se reúnen el vecindario y la Municipalidad a tratar de la fiesta y de la invitación. Unánimes resuelven estar todos listos con las limosnas y servicios personales que sean necesarios. Acto continuo escriben una nota al pueblo amigo, en términos muy amables y corteses, rogándole se sirva asistir á la festividad, trayendo consigo la imagen con las correspondientes insignias de adoración, y las demás diversiones acostumbradas. Ese billete, como ellos le nombran, lo firman todos los concurrentes y lo lleva una comisión compuesta de seis ó siete personas. Juntas llegan éstas al pueblo convidado, donde de toda ceremonia las notables. En pie, y antes de darse las manos, el más avisado de la comisión, dirige el siguiente discurso, cuando es Lepaterique el que celebra la fiesta: "Hé, pues, señores Alcaldes, Regidores y Mayordomos del Señor San Sebastián, los hijos del Señor Santiago mandan el billete á convidar á los amados hijos de nuestro Padre San Sebastián, para hacer unidos los dos pueblos, la santísima función que nuestros padres nos dejaron para servir á Dios nuestro Señor. Hé, pues, nosotros, como Embajadores, ponemos el billete en manos de su honradas personas; y rogamos á esos divinos Patrones que nos den licencia de llegar á aquel día dichoso, sin que sus personas pongan ninguna dificultad; yo quien nos juntó en este lugar de Dios, nos junte también en el reino de los cielos".

El Municipio convidado recibe el billete, y en el mismo estilo contesta por él un saludador: así llaman y a la persona anciana que eligen para tal fin. Concluida la ceremonia, se dan todas las manos muy contentas, y llevan á los embajadores, tambor. pitos, etc., á la casa que les tienen preparada para hospedarlos.

La Municipalidad invitada, en la misma forma y términos, contesta aceptando el billete de invitación. Mientras se llega el tiempo señalado, ambos pueblos están preparándose: el uno para marchar con el Patrón, insignias, etc., y el otro para recibir dignamente a su convidado.

El pueblo que convida manda el jueves, precisamente, al caporal y cargadores a traer al Patrón del pueblo convidado. Es tos llegan el viernes en la mañana a cierto lugar, desde donde se divisa el pueblo de Ojojona: allí queman cohetes, hasta que les contesta la Municipalidad de la misma manera, lo cual significa que no hay embarazo para que llegue la comitiva, que se compone del caporal, cargadores, de hombres, mujeres y muchachos de todas edades, que p en alegre grupo, y echando a volar infinidad de cohetes, llegan a don de los esperan la Municipalidad y junta de vecinos. El caporal, puesto en pie, dirige un salutatorio, á estilo del que hemos antes copiado.

Como a las once ó doce del día siguiente, el caporal y cargadores, y la Municipalidad y acompañamiento notable, parten con el Patrón, encajonado, al son atronador de recámaras, cohetes y repiques. Como a las cinco ó seis de la tarde, entran a la demarcación del pueblo convidador: en el lugar donde ponen una casita para colocar al Patrón lugar que viene, se halla la Municipalidad acompañada de lucida con el objeto de recibir al que llega. En pie la que recibe, dirige un, salutatorio, y la recibida otro, por medio del consabido saludador. Al concluir los discursos tocan las cajas y pitos de uno y otro pueblo, se saludan afablemente, se estrechan las manos, y no faltan quienes se den abrazos. Allí pasan toda la noche, distraídos con la música, en alegre compañía.

Al amanecer, después del chocolate, que obsequia el caporal, se dirigen al lugar que le nombran la Cofradía ó Recibimiento, donde está ya la Municipalidad que hace los honores, dispuesta a recibir en brazos al Patrón. Descansan al pie de una cruz, que hay en aquel lugar, y allí vuelven a dirigirse las dos Municipalidades sus acostumbrados salutatorios.

Continúan la marcha hasta el rancho del chilate, en donde se obsequia esta bebida a todos los acompañantes. Desde ese lugar ya van unidos los dos pueblos, y crece el alborozo hasta llegar a la Iglesia de Lepaterique, donde colocan al Patrón San Sebastián.

Al día siguiente las municipalidades y mayordomos, se ocupan en componer los Patrones colocándolos en andas. Como alta cortesía, la municipalidad de Ojojona adorna al Patrón de Lepaterique, y la de éste al de aquel pueblo. Compuestas las imágenes, las echan al atrio: cada pueblo rodea la suya, y en esa disposición, por medio à de personas expertas, las imágenes hacen ademanes de salutación y de recibimiento. Los estandartes y banderas también se saludan. En seguida ponen al par las dos imágenes y se dirigen otros salutatorios. Hecho lo cual, vuelven a colocar á los Patrones en la parte superior de la iglesia.

En la noche del sábado los mayordomos obsequian al pueblo convidado y á la mayor parte del convidador con refrescos y viandas. Después de esto viene el baile de moros i cristianos. Los primeros se visten con turbantes, llenos de listones y adornos churriguerescos que les cuelgan de la cabeza á las espaldas: los segundos llevan sólo un pañuelo debajo del sombrero, con las puntas echadas hacia atrás. Todos se arman de garrotes con los que ejecutan las partes del baile que los músicos tocan en las cajas y pitos. En el baile de Santiago, figura éste montado á caballo: dos negros enmascarados lo atacan, y, aunque con gran trabajo, Santiago se les escapa lo lazan y aparentan que tratan de venderlo, b monta á caballo y les da golpes, con una vejiga soplada, hasta rendir á los moros. Este acto es el que más aplauden los espectadores, porque significa el triunfo de los cristianos. Dichos pueblos tienen su especial baile, con el que mutuamente se obsequian cuando se visitan.

El domingo y lunes lo pasan celebrando la función de Iglesia: el martes se divierten con el juego de cañas, que ejecutan individuos montados de uno y otro pueblo: el miércoles corren gallos, ¿y es el día? de más alborozo, por las despedidas: el jueves regresan con la imagen visitante, casi en la misma forma, y pronunciando siempre sus consagradas salutaciones.

Con la celebración de esta festividad, los pueblos de Ojojona y Lepaterique se han mantenido siempre unidos, pero es de notarse que no obstante esa fraternidad, es rarísimo ver un enlace matrimonial entre los individuos de uno y otro pueblo. Sus vecinos se dan el tratamiento de paisanos, amigos y compadres. Ellos creen que á la devoción de sus Patronos deben su estado de moralidad, el no haberse mezclado en ninguna de las facciones pasadas, y la salvación providencial de Ojojona, el memorable 27 de febrero de 1873, en que fue invadida por una partida de facinerosos.

Nosotros creemos estar en el secreto, y que el verdadero salvador de Ojojona en esa ocasión, fue CABAÑITAS que supo cumplir con su deber, heroicamente.

IV

El 27 de febrero, como hemos dicho, Ojojona estaba de fiesta. En todas las escenas de la vida el placer a dura un instante: el fondo sobre que pasan nuestros días es oscuro y sombrío: el alimento del alma es el dolor. La fiesta se tornó en tragedia para los vecinos de Ojojona.

Diego Capón y Sancho García, capitaneaban una partida de facciosos, y habían jurado que entrarían á saco aquel pacífico pueblo. Los nombres de esos capitanes infundían terror, y justamente.

CABAÑITAS estaba en su casa, situada á orillas del pueblo hacia el lado de Santa Ana. Se ocupaba en componer unos machetes de labor. De improviso llega su tía, Francisca Aguilar, despavorida, temblando, y le dice: "La Municipalidad está presa en el Cabildo por los bandidos; huye, te buscan para asesinarte".

En efecto, una partida había llegado, y á estilo de algunos generales, fingiendo ser la descubierta de una gran fuerza, pedía 500 raciones. Apresó á los municipales, y estaba dueña del pueblo.

CABAÑITAS respondió a su tía: "No puedo irme, soy Juez, debo correr la misma suerte de mis compañeros". ¡Nobilísima respuesta! Toma su revolver, y en camiseta como estaba, cual valeroso gladiador, se ciñe al cinto una vieja daga de rifle, y con el bastón de autoridad en la mano izquierda, sale de la casa y se dirige al Cabildo. Encuentra en el camino a Francisco Banegas, a Luis González, y a un tal Funes que iban huyendo: los detiene y les pide auxilio. Obedecen, a pesar del miedo, porque Cabañitas tiene la voz de mando, y lo siguen. Al desembocar en la plaza, descubre a los principales bandidos recostados sobre sus cabalgaduras, al mismo tiempo vuelve la vista atrás y se encuentra solo: los individuos que lo acompañaban habían huido, creyendo la muerte segura. No obstante, el esforzado ánimo de CABAÑITAS no se amedrenta. Con voz clara y enérgica les grita: ¿Qué andan haciendo Uds., bandidos? Al verlo, éstos se montan, preparan sus rifles y le hacen fuego. Después se desmontan, creyéndolo víctima, y corren a atacarlo. Sancho García estaba armado de un revólver, Diego Capón, de espada; y otro negrito colochón muy guapo, cuyo nombre no se supo, tenía una daga y un rifle. Cercan a CABAÑITAS, y se traba encarnizada lucha: sólo se oye el ruido de terribles golpes, sólo se ve brotar la sangre, y abrirse tajos en la viva carne. CABAÑITAS recibe en el brazo izquierda tres balazos y cuatro machetazos, una puñalada en medio del pecho, una herida en la nariz, otro machetazo de á geme en la espalda, e innumerables golpes y heridas en la cabeza. Pero aun así, despedazado, tinto en sangre, heroico, se sostiene en pie. Al fin, Diego Capón cae mortalmente herido y al verlo en tierra, huyen todos los demás bandidos. Viendo terminado el combate, volvieron los del auxilio, echándola de guapos, como hacen muchos, cuando no había ya peligro. En la persecución fue muerto Sancho, y Juan Norberto mató al valiente negrito. Diego Capón murió á las pocas horas.

En tanto, CABAÑITAS, sin sentido, casi expirante, se recuesta en un escaño que estaba en el corredor de una casa próxima. Lo creían muerto. Pero los compañeros de Cabañitas estaban libres, y la población á salvo del saqueo y de la sangrienta saturnal que aquella noche preparaban los terribles facciosos. Para esto, había bastado que hubiese un hombre de honor que cumpliera con su deber. Tal es la justa gloria de CABAÑITAS.

Nuestro héroe fue traído a Tegucigalpa, donde lo volvieron a la vida el empeño y cuidados de nuestro amigo Francisco Cáceres, joven apreciable por las dotes de su inteligencia y de su corazón. Curado que fue, CABAÑITAS regreso a su pueblo a continuar sirviendo la judicatura de Paz.

Nosotros hemos tenido en nuestra sala, a nuestro lado, á CABAÑITAS, y al oírle referir con amable sencillez, esto episodio de su vida, nos hemos sentido llenos de aprecio y de entusiasmo por ese modesto y valeroso hijo del pueblo.

V

La hazaña de CABAÑITAS, que hemos relacionado, la juzgamos digna del gran Cabañas.

Este nombre inmortal trae à nuestra mente gratos recuerdos de las gloriosas épocas en que se batallaba por la libertad, tristes memorias de grandes caracteres que so fueron de la tierra para fijarse como fúlgidas estrellas en el cielo de la patria. ¡Qué gran figura la del General Cabañas! Honrado, modesto, noble, generoso, caballero sin tacha y sin miedo, a estilo de los de la Edad Medía. He aquí las cualidades universalmente reconocidas, reconocidas hasta por el ogro Carrera, en el héroe de mil combates; en el firme sostén de las grandes ideas que surgieron desde la proclamación de la independencia hasta el año de 1839, en el mantenedor ilustro de la bandera nacional, hecha jirones por el bando conservador de Centro América. En Cabañas se observa un fenómeno rarísimo. Pocas glorias ciegas de la fuerza, abandona hasta a los héroes cuando la victoria se desencadena de su espada, triunfadora. Cabañas excitaba el mismo entusiasmo ya vencedor, ya vencido. Nuestro gran poeta Reyes marcó esta circunstancia en un magnífico verso: "Laurel de vencedor lleva aun vencido". Así le decía en una a composición notable: frase está muy más espiritual y elegante quedas célebre del glorioso vencido que tan en boga estuvo aplicada al Mariscal de Mac-Mahon.

El fenómeno que notamos tiene su explicación, a nuestro entender. Los pueblos recibían á Cabañas con arcos triunfales demostraciones de júbilo, aunque entrara derrotado, porque él siempre triunfaba, siempre vencía a todos en personal valor. Los pueblos recibían de esa manera á Cabañas, porque, aunque la suerte le fuese adversa, ésta era impotente, nada podía hacer contra las ideas que aquel representaba; es decir CONTRA LA LIBERTAD Y CONTRA LA NACIONALIDAD DE CENTROAMÉRICA. Las reacciones todas y los tiranos todos del mundo no pueden destruir la libertad, que es la vida del hombre, ni el destino de los pueblos decretado por la Providencia.

Cabañas en su última época, casi siempre fue derrotado. ¿Por qué, cuando en todo combate peleaba como todo un héroe? Cabañas perdía las batallas por la misma razón que Napoleón perdió en Waterloo; porque luchaba contra el cumplimiento de una ley histórica. La reacción tenía que venir fatalmente, pues el mundo marcha de acción reacción, pero siempre progresando.

La historia conservará el nombre de Cabañas como uno de los más puros y esclarecidos de los hijos de Centro América. Su memoria vivirá eternamente para ejemplo de consecuencia, de lealtad y de valor legendario.

El nombre de nuestro CABAÑITAS también debe vivir mientras haya quien, como nosotros, haga alto aprecio de los hechos heroicos que, sin esperar recompensa, llevan a cabo los humildes hijos del pueblo.

¡Inescrutable es el destino! Tal vez CABAÑITAS pudo haber sido un Cabañas, si hubiera tenido teatro. El pensamiento se abisma al reflexionar sobre los caprichos de la suerte. ¡Cuántos hijos del pueblo, teniendo en sí el poder de hacer grandes cosas, viven ignorados y mueren sin dejar más rastro en su vida, que una cruz! ¡Cuántos genios descenderán á la tumba desconocidos!; ¡Cuántas virtudes vivirán latentes como la chispa en el pedernal! Pero ¿quién sabe si esas almas viajeras pasarán á otros astros á brillar con la luz es propia, y que aquí no difundió sus resplandores? ¿Quién lo sabe?

El espíritu humano necesita adecuadas condiciones para desarrollarse. Por esto la enseñanza obligatoria, que proporciona á todas las clases sociales los medios de educar sus facultades, cambiará la faz del universo. Y si no, véase esa gran República donde el sastre y el leñador suben por los méritos de su educación, hasta la presidencia, ¡puesto eminente donde están equiparados con las soberbias testas coronadas de la vieja Europa!

Tal vez CABAÑITAS con escuela habría desarrollado las dotes de un gran General. Hasta nos lo hacen presumir su temperamento sanguíneo, su ojo pequeño, vivo y dominante, sombreado por espesa ceja, y su cabello negro y recio.

Nosotros lo que podemos afirmar es que, el 27 de febrero de 1873, se comportó como un héroe, y que la historia, si recoge de estas líneas el oscuro nombre de CABAÑITAS, dirá que en esa fecha cumplió como bueno con su deber, elevándose a las alturas sublimes del sacrificio que no pide ni espera recompensa. Así la historia lo hará justicia, ejerciendo su bello destino de glorificar el deber cumplido, el DEBER que en lo porvenir será la única ley, la única religión de la humanidad.

Tegucigalpa: diciembre de 1881.

¿DESEMBARCÓ CRISTÓBAL COLÓN EN TIERRA FIRME DEL CONTINENTE AMERICANO?

Valle de Ángeles: 27 de junio de 1882.

Señor don José Milla Guatemala.

Muy estimado don Pepe: —Aprovecho gustoso la oportunidad que me presenta el viaje a esa República de mi amigo y secretario, el señor Palma, para enviar a Ud. mis más afectuosos recuerdos, y hacerle una consulta histórica, que espero me resuelva, con su acostumbra da benevolencia.

Tenía el proyecto de crear un departamento en el litoral de la costa de Trujillo y ponerle este nombre, cuando comencé á leer su magnífica "Historia de las América Central", y me fijé en el párrafo 14 de agosto que se encuentra en la página 4., que dice así: "Continuando la navegación tocó la escuadrilla en tierra firme, el domingo 14 de agosto y habiendo desembarcado el Almirante con algunos de los que lo acompañaban, asistieron á la misa que se celebró aquel día por primera vez en el suelo centroamericano. Suceso digno de recordación, pues era el principio del establecimiento del nuevo culto que iba a sustituir a la falsa y sangrienta religión que por tantos siglos había dominado en esta sección del Nuevo Mundo. Aquel lugar que se llamó entonces punta de Caxinas es el mismo donde se estableció después el puerto de Trujillo.

En la excelente obra de Squier, reputado por gran americanista y anticuario, había también leído estas palabras: "En Honduras fue donde primero puso los pies Colón en el continente de América". Así dice en el capítulo IV sus "Apuntamientos sobre Centro América".

Las respetables autoridades de Ud. y de Mr. Squier, me sugirieron la idea de bautizar al nuevo departamento con el nombre de Colón, como un testimonio de gratitud a la memoria de este grande hombre, y para fijar el interesante recuerdo histórico del lugar donde había puesto por primera vez sus pies en el Continente americano el inmortal descubridor del Nuevo Mundo. La obra de Ud. ha creado en mí afición decidida a los estudios de nuestra antigua historia, y los he abrazado con entusiasmo. En varios autores que he leído, no he encontrado el fundamento en que Ud., se apoya para decir, que el Almirante desembarcó en punta de Caxinas; y he aquí de donde han dimanado mis dudas sobre el particular, y la consulta que ahora me permito hacerle.

Colón, en su carta a los Reyes de España, en que les refiere cuanto lo aconteció en su cuarto y último viaje, no hace ninguna referencia á su desembarco en punta de Caxinas, y ni aun mienta este nombre. Diego de Porras en su relación datada á 7 de noviembre de 1504, después de relatar el descubrimiento de la Guanaja, dice: "De esta isla pareció otra tierra muy alta y cercana (la costa de Trujillo), fue á ella por el Sur; estará de esta isla diez leguas: de aquí so tomó un indio para llevar por lengua a esta tierra grande e este dijo algunos nombres de provincia de esta tierra: tomó puerto al cual nombró el Almirante la punta de Caxinas (punta Castilla y puerto hoy de Trujillo)". Este relator tampoco habla del desembarco de Colón en ese lugar. Al pasar por allí estaba el Almirante en situación tan lastimosa que lo obligaba hasta mandar desde su lecho de dolor el derrotero.

Él mismo dice: "Yo había adolecido y llegado fartas veces a la muerte. De una camarilla, que yo mandé hacer sobre cubierta, mandaba la vía". Razón es esta para creer que Colón no estaba entonces para desembarcos.

Herrera, en el capítulo 6o., década 1a., dice: "Salió domingo á 14 de agosto el Adelantado con mucha gente de los navíos á oír misa, etc., etc.". Nada dice del Almirante.

Washington Irving, en el capítulo 2.0, Libro 4., dice: "Al salir de Guanaja tomó al Sur para tierra firme y pocas horas de navegación, descubrió un cabo a que puso el nombre de Caxinas por esta cubierto de árboles frutales llamados así por los indios. En la actualidad se conoce con el nombre de Cabo de Honduras. En él desembarcó el Adelantado el domingo 14 de agosto con los capitanes y muchos marinos para oír misa, que se celebró solemnemente bajo los árboles de la costa, según la piadosa costumbre del Almirante, cuando las circunstancias lo permitían. El 17 desembarcó el Adelantado de nuevo en un río a quince millas del punto anterior, etc., asegura el desembarco fan. Etc. Etc". Irving asegura el desembarco del Adelantado, pero no del Almirante.

El Conde Roselly de Lorgues, en su obra titulada "Historia de la vida y viajes de Colón", dice en el capítulo 20. del libro 4o. tomo 1.°:

“Desde la isla de Guanaja dirigióse el Almirante al Sur en busca de la tierra firme. Descubrió la cerca de un cabo cubierto de árboles que producían una especie de manzanas de hueso esponjoso, que los indígenas llamaban Caxinas, cuyo nombre siguió dándole. Así que lo hubo doblado, renovóse la tempestad. Frecuentes aguaceros y súbitas rachas de viento fatigaron de nuevo la escuadrilla. Sin embargo, el domingo 14 de agosto, víspera de la Asunción, detenido siempre el Almirante en su lecho, mandó que bajasen el Adelantado, el estado mayor y las tripulaciones para asistir al santo sacrificio que celebró el Padre Alejandro; pero no pudieron proceder a la toma de posesión, sino que fue preciso volver a las carabelas, y comenzar otra vez el combate contra los elementos. Finalmente, el 17 de agosto, en un breve espacio de calma, atracaron en tierra a quince leguas del cabo en las orillas de un río, y el Almirante dio orden de que tomasen posesión de la comarca en la forma acostumbrada, levantando una cruz grande. Por esta circunstancia dióse al río el nombre de Río de la Posesión”.

Las autoridades citadas contradicen claramente el aserto de que Colón desembarcó, puso sus pies en punta de Caxinas, como lo afirman Ud. y Mr. Squier. Esta circunstancia ha incitado más mi deseo de saber en qué se apoyó Ud. para hacer esa afirmación; y ha llegado tal punto mi curiosidad, que no he vacilado en molestar la atención de Ud., suplicándole me diga los datos que ha tenido a la vista para asegurar el desembarco de Colón en el punto en que hoy está Trujillo. Para mi Colón tomó puerto en la Bahía de Trujillo, pero no desembarcó. Creo que se ha confundido al Adelantado, que fue el desembarcó, y tomándolo por el Almirante.

No habiendo desembarcado en punta de Caxinas, ni tampoco pisado el Continente cuando estuvo en el golfo de Paria, puesto que él mismo dice en una de sus cartas haberse negado a desembarcar entonces, resulta que Colón no puso sus plantas en la tierra firme del inmenso Continente que había descubierto. Punta de Caxinas y el golfo de Paria son los puntos sobre que más se ha contendido en la cuestión del desembarco. Negados éstos, no he hallado memoria de otro lugar del Continente en que Colón haya desembarcado.

Deseoso de esclarecer este punto histórico, suplico á Ud. se sirva darme sobre él su respetabilísima opinión.

Nadie mejor que Ud., que ha hecho tan profundos estudios de nuestra antigua historia, y que con tan claro talento mira en las oscuridades de nuestro pasado aborígenes y colonial, puede ilustrarme en esta materia, que es para mí tan difícil como interesante.

Esperando su respuesta, me es grato suscribirme de Ud., con la más distinguida consideración y aprecio, su atento, seguro servidor y amigo.

Tegucigalpa, 1. de octubre de 1882.

Señor don José Milla.—Guatemala.

Muy estimado amigo don Pepe: Su apreciable carta de 1° de agosto próximo pasado, que puso en mis manos el señor Palma, me ha ocasionado viva satisfacción.

Celebro mucho que U. esté de acuerdo conmigo, en la parte de mi carta anterior, que se refiere al supuesto desembarco de Colón en punta de Caxinas. Ciertamente, el Almirante no desembarcó en ese punto, y merece rectificarse este aserto histórico, diciéndose que fue el Adelantado.

Con referencia á la segunda parte de mi carta, me dice U. "Que no le parece exacto que el Almirante no haya desembarcado en el continente". En apoyo de esta aserción cita U. varias palabras de la carta que el Almirante dirigió á los Reyes Católicos el 7 de julio de 1503; y fundado en ellas, U. cree, "probado de una manera innegable, el hecho de que si Colón no desembarcó personalmente en punta de Caxinas y río Tinto, por estar muy enfermo cuando toca en aquellos puntos, lo hizo muy pocos días después en un lugar más hacia el Sur, puesto que asegura haber visto una sepultura en el monte, y da razón de animales que no era fácil le llevaran á los buques".

A pesar de la respetabilísima opinión de U., todavía insisto en creer, que el Almirante jamás desembarcó, nunca puso sus pies en la tierra firme del continente americano. Como juzgo interesante esta cuestión, voy a permitirme manifestar a los fundamentos de mi humilde parecer. Tal vez estudiando, dilucidando más este punto histórico, lleguemos a ponernos de acuerdo, o yo a convencerme de mi error. Ruégole, si, disimule U. que sea, en esta carta, hasta prolijo, y que siga paso á paso al Almirante en sus heroicos viajes, por las costas del nuero continente. Empeñado como estoy en cesta discusión, no podría salir avante de otra manera.

Precisamente el cuarto viaje de Colón, que es en el que desembarcó, poco más o menos en la costa de Nicaragua, pasado ya el cabo "Gracias a Dios" y el río "Yare", es uno de los viajes marítimos que tiene más datos, más garantías históricas, que ninguno otro de esa época fecunda en descubrimientos. Comprueban ese viaje los documentos siguientes: La carta citada de Colón fecha 7 de julio de 1503: la Historia escrita por don Fernando Colon, que acompañó en ese viaje al Almirante, su padre: el Resumen escrito por Diego Méndez; y las Notas y el Diario del Notario Real, Diego de Porras. Documentos históricos de tal importancia esclarecen suficientemente los sucesos del cuarto viaje de Colón, y su examen crítico puede resolvernos la cuestión que tratamos del desembarco.

Según los historiadores que he podido consultar, el Almirante, después de haber tomado puerto en punta de Caxinas, navegó hacia el levante, y el 17 de agosto de 1502, aprovechando un momento de calma, ligera tregua en la continua tempestad en que navegaba, dio orden de que atracaran en las orillas de un río y que, en la forma de costumbre, tomasen posesión de aquella comarca. Al río le llamó de la Posesión, hoy río Tinto. Ud. dice en la página 5ª de "A unas quince leguas de la punta de Caxinas desemboca en el golfo un río caudaloso (el Tinto) por el cual subieron los botes, y habiendo bajado a tierra el Almirante, con parte de su gente, enarboló el 17 de agosto el real estandarte de Castilla y tomó posesión del país en nombre de los soberanos españoles. A mi entender, el Almirante no desembarcó en el río de la Posesión. Irving dice: "El 17 desembarcó el Adelantado de nuevo en un río a quince millas del punto anterior y desplegando las banderas de Castilla tomó posesión, etc. Etc". Herrera dice también: "Salió domingo á catorce de agosto el adelantado con mucha gente de los navíos a oír misa porque siempre que podían usaban salir a oírla, y á encomendarse a Dios, y el miércoles siguiente volvió a salir para tomar la posesión por los Reyes de Castilla...". Diego de Porras dice: "15 leguas adelante de esta punta hicieron tomar la posesión en un río que salía grande de la tierra alta, ó dícese el río de la Posesión". Colón en su carta no habla sobre ese particular. Yo creo que al decir que el Almirante desembarcó en el rio Tinto se incurre en la misma equivocación del desembarcó en punta de Caxinas, y que debe rectificarse, diciéndose que fue el Adelantado el que desembarcó en el río Tinto. Por lo que U. me manifiesta, veo que también U. tiene ya esta misma opinión.

Continuó su viajó el Almirante hasta llegar al gran cabo de "Gracias a Dios" el 12 de septiembre. Pasado que lo hubo, mandó río. Las carabelas se detuvieron en la desembocadura y los botes de la Capitana y la Vizcaína remontaron el río para traer dichas provisiones. Un golpe de mar, que entró repentinamente, causó la pérdida completa del bote de la vizcaína y de su tripulación. Impresionado tristemente el Almirante por tal desgracia, llamó al río el Desastre.

El 17 de septiembre encontró Colón un magnífico puerto situado entre la pequeña isla de Quiribirí y la tierra firme, al frente de la aldea dicha Cariari ó Cariay como la llaman Colón y Diego de Porras. Esta aldea estaba a la orilla de un gran río: hay autor que fija su posición en los lugares donde hoy están Blewfield ó San Juan de Nicaragua. La naturaleza espléndida de aquella región y el adelanto que se notaba en sus habitantes, impresionaron agradablemente al Almirante. Desde que llegó comenzó a reparar sus naves, y por esto, ese día y el siguiente nadie saltó a tierra. Los indios de Cariay, nadando, llevaban a las carabelas mantas de algodón, armas, águilas de oro....á proponer en cambio a los castellanos. Colón no concedió permiso para ir a tierra, sino hasta el miércoles por la mañana, 29 de septiembre. El 30 desembarcó el Adelantado para informarse del país, y entonces aconteció, que al ver los indios al Secretario de la escuadra escribir las contestaciones que ellos daban a don Bartolomé, cobraron miedo y huyeron, pensando que el papel, la pluma y la tinta del Secretario eran cosas de hechicería y de maleficio.

Hasta en sus más pequeños incidentes está relatado lo acontecido durante la permanencia de la escuadra en Cariari ó Cariay. Los cronistas refieren el acto de delicadeza de los indios de esa aldea cuando rechazaron los regalos que les había hecho Colón, porque éste no había aceptado los suyos, y el episodio de las dos muchachas que, como rehenes, enviaron los indios á las carabelas. Cuentan también que los habitantes de Caria y practicaban el embalsamamiento, construían sepulcros adornados de esculturas y hasta con figuras humanas, representando la imagen de los difuntos.

Si Colón hubiera desembarcado en Cariay, lo habrían consignado los cronistas, como un suceso más digno de nota que el desembarco del Adelantado, que refieren hasta en sus más insignificantes pormenores.

El Almirante dice en su carta, que llegó á tierra de Cariay donde se detuvo a remediar los navíos y bastimentos y dar tiempo á la gente que venía muy enferma. Más adelante, después de referir el episodio de las muchachas que le enviaron los indios, y de decir que ellas traían polvos de hechizos escondidos dice así: "Allí vide una sepultura en el monte, grande como una casa y labrada y el cuerpo descubierto y mirando en ella". Este aserto no es de extrañarse: estaban carenando las carabelas, y para hacerlo, deben haberlas aproximado mucho á la orilla: estando así, desde su navío, bien pudo el Almirante ver un mausoleo que era grande como una casa.

De muchas maneras de animalías se hubo, dice Colón, mas todos De mueren de barra. Gallings muy grandes y la pluma como lana vide hartas. Leones, ciervos, corzos otro tanto, y así aves. Y continúa: Cuando yo andaba por aquella mar en fuliga, en algunos se puso he rejía que estábamos enfechizados... Diego de Porras explica cómo fue que vieron las aves á que alude el Almirante. El escribano real dice que Colón llegó á una provincia que se llama Cariay, tierra de muy grande altura... "Aquí, afirma, viemos puercos y gatos grandes monteses É LOS TRAJERON A LOS NAVÍOS".

Según el testimonio de don Diego de Porras, Colón debe haber visto los animales á que se refiere estando á bordo y no en tierra. Además, el Almirante dice, "Cuando yo andaba por aquella MAR EN FATIGA. Nunca se refiere á viajes ni á fatigas en tierra.

Extraño parece que el Almirante diga haber visto leones. Puede haber visto pieles de esos animales, que es de suponerse le llevaran los indios, y lo más, aunque improbable siempre, algún león muerto, cazado por los españoles. De otra suerte, no se explica cómo fue que vió leones el Almirante. Habría podido verlos habiendo desembarcado, y que diera la casualidad de que en la aldea de Cariay tuvieran algún león enjaulado, lo cual parece inverosímil. Los leones se encuentran en las selvas solitarias y en las altas montañas: sólo en esos lugares pudo haberlos visto el Almirante. Si Colón hubiera desembarcado é internándose en una cacería, los cronistas habrían consignado el hecho con todos sus detalles. Pero esto no puede haber sido: Colón estaba entonces gravemente enfermo, cansadísimo de las grandes tempestades que había sufrido y ocupado en reparar las naves. No estaba en aquella sazón para desembarcos ni excursiones de montería; y por consiguiente, no pudo haber visto leones vivos, a no ser que se los hubieran llevado á los navíos.

Parece que el Almirante, á veces, da como vistos por él, objetos que deben haberle descrito, a su modo, los de la tripulación. En esa misma carta, "Un ballestero había herido una animalia que se parece á gato paul, salvo que es mucho más grande y el rostro de hombre". Nadie puede haber visto tal animal porque no existe ninguno con rostro de hombre. En varios pasajes de las cartas de Colón se nota que da por suyas observaciones hechas por otros. Por ejemplo; cuando refiere su viaje por el golfo de Pária, dice: "Y el otro día siguiente envié las barcas á sondear y fallé en el más bajo de la boca que había seis ó siete brazas de fondo, etc". Claro es que los que FALLARON esa profundidad fueron los que iban en las barcas y no el Almirante.

En Cariay, Colón mandó tomar algunos indios para llevarlos consigo y saber los secretos de la tierra. Tomaron a siete, y el Almirante se quedó con dos. A estos es que se refiere cuando dice: "Dos indios me llevaron á Carambará, a donde la gente anda desnuda y al cuello un espejo de oro...". Diego de Porras dice también: "Aquí (en Cariay) se tomaron indios para a lenguas é quedaron algo escandalizados." Pero es claro que los indios llevaron á Colón por mar, no por tierra: es decir, indicándole el rumbo de la costa donde se encontraba aquella tierra del oro, de la que le había hablado el indio Giumbé, de la Isla de Pinos.

Cuando Colón se quedó con los dos indígenas para que le sirvieran de guía y de intérpretes, fueron á pedírselos cuatro mensajeros llevando piedras preciosas y otros objetos de valor, como precio del rescate. Colón no devolvió los prisioneros. Los delegados regresaron descontentos, y viendo los indios que el regalo de pedrería no había producido resultado, ni el de muchachas tampoco, dispusieron irá ofrecer al Almirante dos puercos salvajes y muy feroces que llamaban begares ó sea pecaris, especie á que se refiere Cuvier en sus anotaciones al cuarto viaje de Colón. Este recibió los animales é hizo algunos regalos, pero no devolvió los indios prisioneros.

Llegó á Caraurao ó Carambarú, bahía magnífica con varias islas y canales. A este golfo encantador por lo pintoresco le llamaron también Cerabaro, y hoy se llama Bahía del Almirante. El 7 fueron las barcas a tierra firme e hicieron varios cambios de baratijas por espejos de oro que tenían los indios. Pasó en seguida la escuadra á Aburema, á Catibá, Hurirán y á Cubigá, distante como cuarenta leguas de Caraurao. El 2 de noviembre entró en Puerto Belo. Por las lluvias y el mal tiempo, el

Almirante se estuvo allí siete días. El 9 de noviembre entró al puerto de "Nombre de Dios", que llamó también de Bastimentos o de las Provisiones. Siguió hacia el levante y llegó á una tierra llamada Cuiga o Guaigua. Continuó hasta llegar el 26 de noviembre al pequeño puerto del Retreto. Refiriéndose á las escaramuzas que provocaron allí los marineros, que sin licencia del Almirante saltaban á tierra, y cometían abusos en las casas de los indios, dice Herrera, que estos hasta se atrevieron á dar contra los navíos que, como estaban con el bordo en tierra, les parecía que podían hacer daño. Así deben haber estado los navíos de Colón cuando estuvo en Cariay, y esto hace presumir, que lo que vio en aquella aldea, fue desde los navíos y no en tierra. El Almirante iba siempre preocupado con la idea de encontrar el estrecho que él suponía, y seguía casi siempre la costa hasta en sus más insignificantes contornos y rodeos.

El Almirante salió del Retrete el 5 de diciembre y navegó hacia el Este, llegando a Puerto Belo. Al salir de allí le acometió tremenda tormenta, por lo que llamó á esa costa la de los Contrastes. En todo este tiempo no se habla de desembarcos. El Almirante estaba muy enfermo padeciendo de la gota y con una de sus antiguas heridas abierta. El 17 de diciembre logró entrar en un puerto estrecho, cerca del cual había un pequeño pueblo construido encima de árboles, El 6 de enero de 1503 entró la escuadra en el río Yebra, que llamó Colón "Belén". Se internó por ese río en busca de minas. El 12 de enero el Adelantado fue á subir con las barcas el río Veragua hasta el pueblo donde mandaba el cacique Quibian. Este pasó á Belén á visitar el Almirante, quien dice: "Llovió sin cesar hasta el 14 de febrero y no tuve ni una sola ocasión para penetrar en el interior de las tierras ni repararme de lo más mínimo". Sin embargo del mal tiempo, el Adelantado con 70 hombres subió el río de Veraguas y exploró las minas. Don Bartolomé, por orden de Colón, visitó también la costa de abajo y llegó al río llamado Urirá. Estuvo en el pueblo de Zobrabá, pasó á Catebá y regresó á dar cuenta al Almirante, informándole que no había mejor puesto, para poblar, que el río de Belén. Allí fue donde se intentó fundar el primer pueblo castellano en tierra firme.

Diego Méndez refiere extensamente, en su Testamento, lo que pasó en esos días, y no hace la más pequeña mención de desembarcos del Almirante. Refiere, con detalles el desembarco del Adelantado, la fuga de Quibian, que llevaban prisionero en una barca, y la vuelta de don

Bartolomé á los navíos, acaecida el 1.° de marzo.

Del puerto de Belén, dirigiéndose hacia el levante, llegan á Puerto Belo y pasan arriba del "Retrete" á una tierra de muchas islas que llamó el Almirante las "Barbas" y después se llamó "San Blas". Continúan más adelante diez leguas "que fue lo postrero que vió el Almirante de tierra firme, y á primero de mayo volvió á la vía del norte para tomar la Española".

En todas las historias que he leído y de las cuales he tomado los datos á que me refiero en esta carta, no he encontrado el más leve indicio de que haya noticia de algún desembarco de Colón en la tierra firme. Todos los detalles de esa expedición están referidos por los cronistas. Estos hablan minuciosamente de los desembarcos del Adelantado, de las expediciones de Diego Méndez, de las excursiones de los españoles de la herida que recibió don Bartolomé combatiendo contra los indios, de las congojas y desesperaciones de Colon, y de las tempestades que sufrieron en ese viaje tormentoso en que jugaron la vida hora por hora. Si el Almirante hubiese alguna vez desembarcado, no es de creerse que los historiadores dejaran de consignarlo como un hecho digno de nota. En Cariay se dice que desembarcó el Adelantado. Si hubiera hecho lo propio el Almirante ¿por qué habían de callarlo los cronistas? Si tal hubiera sucedido, el mismo Colón lo habría dicho. Creo que el Almirante no abandonaba su puesto a bordo por desconfianzas, porque temía siempre alguna mala partida de los que le acompañaban, y porque su mala salud casi no le permitía moverse. Además, el inmortal genovés, preocupado como estaba de encontrar el paso del estrecho, recorría la costa con ese exclusivo fin, dejando para explorar más tarde, las tierras que descubría en su ruta á lo largo de la costa.

Me dice Ud. también que aunque Colón no haya desembarcado en la tierra de Trujillo, á ésta corresponde la gloria de haber sido el primer punto del Continente descubierto para Colón.

Tampoco en este punto histórico tengo la fortuna de encontrarme de acuerdo con U., pues creo que Colón descubrió la tierra firme del Continente americano en su t tercer viaje, como paso á demostrarlo.

El 30 de mayo de 1498 salió el Almirante con seis buques del puerto de San Lucar de Barrameda. Pasó por las Canarias, por las islas del Cabo Verde y descubrió la isla de la Trinidad. Tocó en el cabo que llamó punta de la Galea y hoy se denomina cabo Galeota: allí encontró un pequeño puerto, pero no pudo entrar en él y continuó hacia el mediodía donde encontró otro puerto. El 1 de agosto de 1498 llegó al cabo del Arenal que hoy se llama punta de Hicacos. Allí descansaron, y Colón mandó plantar una cruz. Cuando el Almirante tuvo á su derecha el último cabo de la extremidad oriental dé la isla de la Trinidad y vió a su izquierda la extremidad de la costa que baña el caudaloso Orinoco, fue cuando contempló por vez primera la tierra firme del Continente americano, aunque a él no le pareciera así, porque veía la tierra dividida por las corrientes de las siete grandes bocas del Orinoco, que dan á aquel litoral la apariencia de islas.

El Conde Roselly de Lorgues dice, en apoyo de esta aseveración, que el primer punto del nuevo continente que fijó necesariamente la atención de Cristóbal Colón cuando quiso doblar la panta de Hicacos para reconocer la costa interior de la Trinidad, se halla comprendido entre el cabo del Morro y el cabo de Medio en el delta del Orinoco.

El Almirante llamó á la primera tierra del continente que tuvo a la vista "Tierra de Gracia". Se dirigió en seguida á un promontorio que divisó y que creía era prolongación de "Tierra de Gracia". Allí encontraron tierra cultivada, agua muy buena, monos..., y el Almirante mandó á Pedro de Terreros que desembarcara con un destacamento. El domingo mandó tomar posesión de aquella tierra en la forma acostumbrada. En este lugar tampoco desembarcó Colón "Representó al Almirante en aquella ceremonia", dice de Lorgues, el virtuoso jefe de su servidumbre, el Capitán Pedro de Terreros, porque el estado agudo de su oftalmia le obligaba en aquel momento á quedarse encerrado en su camarote. El primer europeo, pues, que pisó el nuevo Continente fue Pedro de Terreros, y el segundo Andrés de Corral".

Continúa el Almirante sus excursiones hasta llegar á la tierra de Paria; pero tampoco desembarcó en esa costa. El ilustre Lamartine cree que sí, y en su Biografía de Cristóbal Colón, dice lo siguiente: "Llegado esta vez por otro camino á la isla de la Trinidad, la reconoció, la denominación, y doblando la isla costeó la verdadera tierra de América junto á la embocadura del Orinoco. La dulzura del agua de mar que probó en aquellos parajes hubiera debido convencerle de que el río que desemboca en el océano con una masa suficiente para desalar sus aguas, no podía venir sino del continente. Desembarcó, no obstante en aquella costa sin sospechar que era la playa del mundo desconocido. Halló la desierta y silenciosa como un territorio que aguarda á sus huéspedes. Un humo lejano por encima de vastos bosques, una cabaña abandonada y alguna huella de pies desnudos sobre la arena, fueron todo lo que contempló de la América. Él no hizo más que imprimir en ella su primer paso y pasar una sola noche bajo la vela que le servía de tienda; pero este primer paso hubiera debido bastar para dar su nombre á aquel medio mundo".

Tan bellas palabras son dignas de un poema, pero la poesía no es la historia. ¿En qué puede haberse fundado Mr. de Lamartine para afirmar que Colón desembarcó en la costa del continente, que imprimió su primer paso en aquella playa, y que pasó una noche bajo una tienda de campaña? El mismo Colón en su carta dirigida á los Reyes Católicos desde la Española, refiriéndoles su tercer viaje dice precisamente lo contrario.

El Almirante y sus historiadores refieren, que el 31 de julio, á mediodía, Alonzo Pérez vió tierra al Poniente, donde aparecían tres montañas juntas: era la isla de la Trinidad. A hora de completa, llegó Colón al cabo que nombró de la Galea. El 1° de agosto pasó por la punta del Alcatraz en la costa Sur de la Trinidad, y arribó á la punta del Arenal ó de Hicacos, que es la que está más al Sudeste de la misma isla. allí fue donde los de la tripulación hallaron huellas de patas de venado, y donde llegó una canoa con veinticuatro indios. Cuando llegó Colon a la punta del Arenal notó que se extendía una gran boca de dos leguas de largo y de poniente a levante entre la isla de La Trinidad y la tierra que llamó de "Gracia", y que para entrar é ir rumbo al Septentrión había corrientes muy fuertes. Surgió fuera de dicha boca cuando llegó fuera de la punta del Arenal, y al día esa boca y halló tranquilas y dulces. Luego llegó al Septentrión, hacia una tierra muy alta á donde él calculó había veintiséis de la punta del Arenal; pero rectificada hoy esa distancia sólo se miden trece leguas y dos tercios. "Allí, dice el Almirante, había dos cabos de tierra muy alta; el uno de la parte del Oriente y era de la misma isla de La Trinidad y el otro del Occidente de la tierra que dije de Gracia".

Los nombres que hoy tienen esos cabos son: el de la isla de La Trinidad, Punta de la Peña Blanca, y el segundo, "Punta de la Peña". "Fasta entonces yo no había sabido lengua con ninguna gente de estas tierras", dice Colón. Continuó navegando hacia el Poniente y llegó á unas tierras labradas que se supone son las de Macurro, en la costa Septentrional Occidental del golfo de Paria. Allí surgió y envió las barca á tierra: continuó buscando el fin de la sierra, encontró un rio y muchos indios y le dijeron que esa tierra se llamaba Paria, tomó cuatro de ellos y navegó hacia el Poniente arribando á una punta que dió el nombre de "Aguja" y ahora se llama "Alcatrazes".

"Hallé, dice en su carta, unas tierras las más hermosas del mundo y muy pobladas: llegué allí una mañana á hora de tercia, y por ver esta verdura y esta hermosura, acordé surgir y ver esta gente do lo los cuales luego VINIERON EN CANOAS A LA NAO A ROGARME DE PARTE DE SU REÝ QUE DESCENDIESE EN TIERRA, É CUANDO VIERON QUE NO CURE DE ELLOS vinieron a la nao infinitísimos en canoas". En el párrafo siguiente dice el Almirante, que habría querido detenerse, pero que no podía á causa del mal estado de los víveres: que envió las barcas á tierra á buscar perlas; y agrega: "La gente nuestra que su TIERRA los hallaron tan convenibles". Los que desembarcaron le refirieron los usos y costumbres de los indios, y la manera y modo con que los habían recibido. Después de la visita que hicieron los españoles a los indios, regresaron aquellos en las barcas a los buques, "yo luego, dice Colón, levanté las anclas porque andaba muy de prisa"; agregando que se encontraba también muy enfermo de los ojos.

Las palabras citadas de Colón, prueban evidentemente que lo que afirma Mr. de Lamartine no es exacto. El Almirante asegura que no aceptó la invitación de los indios para desembarcar, y que todas las noticias que de ellos tuvo le fueron comunicadas por los españoles que desembarcaron. Esto es una prueba concluyente, á mi juicio, de la inexactitud del aserto de Mr. de Lamartine. No es este el único dato errado que se encuentra en las bellas páginas que el ilustre cantor de la Gironda consagró al sublime genio del descubridor de América. Colón llegó á la Rábida en el estío de 1485, y Mr. de Lamartine dice que fue en la primavera de 1471. Como se ve, hay un error de 14 años que casi no tiene disculpa.

Washington Irving no habla de desembarcos del Almirante en su tercer viaje. Confirmando la opinión de que la tierra del delta del Orinoco fue la primera tierra firme que divisó Colón, dice: "El 1.° de agosto vió Colón tierra al Sur que se extendía desde lejos más de veinte leguas. Era aquel, trecho bajo de costa que interceptan los numerosos brazos del Orinoco; pero el Almirante suponiendo que era una isla le dió el nombre de isla Santa, no imaginando que entonces, por la vez primera, veía el continente, la tierra firme que con tanto afán había buscado". Según Herrera, Colón llamó primeramente isla Santa á la que después, vista por otro lado, le dió el nombre de "Tierra de Gracia", que él creyó era una isla. Herrera no hace mención alguna de que haya desembarcado el Almirante. Fundado en todo lo expuesto, me parece claramente probado, que la primera tierra firme del Continente americano que vió Colón fue la Tierra de Gracia, y no punta de Caxinas, que visitó hasta en su cuarto viaje.

El Almirante estaba durante su tercer viaje sumamente enfermo y sufría mucho de los ojos. Tal vez esto le impidió desembarcar en una tierra que lo convidaba con sus encantos y que le parecía tan asombrosamente bella que la creía digna de abrigar en su seno el divino paraíso terrenal. Quizá hasta sus deberes de disciplina no le permitían abandonar el buque Almirante ni por un momento siquiera. Cristóbal Colón es el primer europeo que vió y pisó tierra americana, cuando desembarcó, el primero, en la Isla de Guanahaní, el memorable 12 de octubre de 1492. Cuando estuvo en Cuba, creyó haber tocado tierra firme, pero este fue un error; en 1508, Sebastián de Ocampo, de orden del Comendador Obando, rodeó a Cuba y descubrió que esta era una isla y no tierra firme. ¡Destinos raros los del gran Colón! Busca por la vía de Occidente las Indias orientales, y tropieza con la virgen América, tendida entre los dos océanos, encuentra un mundo nuevo destinado á ser templo de la libertad universal, asiento de las nuevas ideas y de las nuevas formas sociales y políticas que batalla por darse la humanidad. Cree haber tocado en Cuba tierra firme adherida al Asia: "el fin de Oriente", y resulta ser la reina de las islas, la grande Antilla. Contempla las costas del verdadero Continente, con que su constancia, su fe, su ciencia y su heroísmo habían completado el mundo, y cree que son islas las que tiene delante de sus ojos. Descubre lo que nadie había soñado que existiera, y lo que nadie tendrá la gloria de volver à descubrir, un mundo nuevo, el complemento del globo, y no pone sus pies en ese Continente, no santifica la nueva tierra con la huella de sus plantas. Presiente su genio prodigioso, que debía de haber un estrecho que sirviera de paso á las regiones orientales, y hasta hoy, en la parte central de la América, donde el gran Almirante del océano lo buscaba, el siglo XIX, el gran siglo del progreso y de la ilustración, corrigiendo á la naturaleza, se ocupa de abrirlo y lo abrirá sin duda en Panamá ó Nicaragua. Sueña con riquezas, y vive en la más estrecha pobreza, mientras que los que se adueñan de su mundo sacian en cantidades fabulosas de oro su atroz codicia. Personifica en toda su alteza la ciencia y las virtudes del mundo antiguo, corona la empresa más grandiosa de la Historia, porque el descubrimiento de América ha hecho la unidad material del género humano, así como la civilización y la libertad harán un día su unidad moral, y la gloria, la gloria por tantos títulos merecida, no le acompaña en sus últimos momentos, amargados por la ingratitud de los grandes, y por la estupidez del vulgo. Tal es la suerte de los grandes hombres: la posteridad los glorifica hasta la apoteosis, pero el presente se ensaña contra ellos, los desconoce, los abate, los ultraja, los calumnia, los martiriza y hasta los mata.

Mientras más estudio los puntos de nuestra antigua historia á que me refiero en esta carta, más deseo siento de descubrir la verdad. Por esto ruego á Ud. se sirva estudiarlos de nuevo y darme sobre ellos su ilustrada opinión, para mí tan respetable. Es de extrañarse no ver tratada en ningún autor la cuestión de si desembarcó ó no Cristóbal Colón en la tierra firme del Continente Americano. Yo soy un simple principiante en esta clase de estudios históricos; no teniendo, por lo tanto, la menor confianza en mi criterio propio, acudo a la fuente de la luz, al maestro en nuestra antigua Historia patria.

Espero que Ud. me mande lo más pronto posible el segundo tomo de la "Historia de la América Central" que está publicando, para dar la orden de que envíen los ejemplares a que está suscrito mi Gobierno.

Todas las épocas son interesantes en la historia. La Geología, estudiando las capas de nuestro planeta, nos interesa y apasiona: la Historia antigua, enseñándonos la formación de las sociedades, nos muestra las capas que las han, sucesivamente, constituido, y no interesa ni apasiona menos que la Geología. Nuestro pasado colonial es de ayer.

Su estudio nos mostrará los elementos heterogéneos de que está formada nuestra sociedad, las ideas predominantes de la colonia, que aún viven, y explicará, en parte, ante la Filosofía de la historia, los sucesos de nuestra moderna edad republicana. La empresa que Ud. está llevando á cabo es tan ardua como importante. Yo deseo ardientemente que Ud. le dé pronto y feliz remate. Saludando a Ud. muy afectuosamente, me repito de Ud. atento servidor y amigo.

www.ingramcontent.com/pod-product-compliance
Lightning Source LLC
LaVergne TN
LVHW050846160826
845684LV00004B/43
* 9 7 9 8 8 9 2 6 7 0 2 5 8 *